Élisée Reclus

L'Homme
et la Terre

Livre I

ISBN : 978-1539808787

10 9 8 7 6 5 4 3 2 1

Élisée Reclus

L'Homme et la Terre

Livre I

Table de Matières

CHAPITRE Ier   6

CHAPITRE II   50

CHAPITRE III   129

CHAPITRE IV   169

CHAPITRE V   254

CHAPITRE VI   326

CHAPITRE Ier

HISTOIRE ET GÉOGRAPHIE. — ORIGINES ANIMALES DE L'HOMME
NEGRITOS ET PYGMÉES. — SÉJOURS DE L'HOMME ANCESTRAL

Les traits de la surface planétaire indiquent l'effet des actions cosmiques auxquelles le globe a été soumis pendant la série des temps.

Les continents et les îles qui surgirent des profondeurs de la mer et l'Océan lui-même, avec ses golfes, les lacs et les fleuves, toutes les individualités géographiques de la Terre en leur variété infinie de nature, de phénomènes et d'aspect portent les marques du travail incessant des forces toujours à l'œuvre pour les modifier. A son tour, chacune de ces formes terrestres est devenue, dès son apparition, et continue d'être, dans tout le cours de son existence, la cause secondaire des changements qui se produisent dans la vie des êtres nés de la Terre. Une histoire, infinie par la suite des vicissitudes, s'est ainsi déroulée d'âge en âge sous l'influence des deux milieux, céleste et terrestre, pour tous les groupes d'organismes, végétaux et animaux, que font germer la mer et le sol nourricier. Quand l'homme naquit, après le cycle immense d'autres espèces, son développement se trouvait déjà projeté dans l'avenir par la forme et le relief des contrées dans lesquelles ses ancêtres animaux avaient vécu.

Vue de haut, dans ses rapports avec l'Homme, la Géographie n'est autre chose que l'Histoire dans l'espace, de même que l'Histoire est la Géographie dans le temps. Herder, parlant de la physiologie, ne nous a-t-il pas déjà dit qu'elle est l'anatomie agissante ? Ne peut-on dire également que l'Homme est la Nature prenant conscience d'elle-même ?

Relativement à l'apparition de l'humanité sur la Terre s'agitent bien des questions qui n'ont point été résolues encore. Notre provenance du monde animal nous rattache-t-elle à un ou plusieurs types ancestraux ? Des deux hypothèses, le monogénisme et le polygénisme, laquelle est, sinon la vraie, du moins la mieux corroborée par l'ensemble des faits déjà connus ? On nous dit bien que « toute cette scolastique est du passé, maintenant que le darwinisme a mis tout le monde d'accord » [1], mais qu'importe, si le conflit renaît sous d'autres noms et si l'on vient à nous parler de « races » considérées comme pratiquement irréductibles ?

Une tendance naturelle à tout individu est de se contempler comme un être absolument à part dans l'ensemble de l'univers. Le sentiment intime de sa vie propre, la plénitude de sa force personnelle ne lui permettant point de voir dans les autres des égaux, il se croit favorisé du hasard ou des dieux. Mais les nécessités de l'existence le rattachant au groupe de la famille, puis à celui du clan ou de la tribu, il ne peut se figurer non plus son origine comme absolument indépendante du cercle des proches, à moins que l'orgueil de la souveraineté n'en fasse une divinité, telle que s'imaginèrent l'être les Alexandre et les Césars. Il se résigne donc à partager avec les siens, mais avec les siens seulement, une origine collective : chaque tribu se crée, en ses imaginations premières, une descendance bien distincte. Dans les premiers âges, tels que nous les ont conservés, avec une certaine ressemblance, les populations les plus anciennes, l'homme professe instinctivement le polygénisme ; mais, de toutes les espèces diverses, il en est une, la sienne, qu'il tient, en toute naïveté et tout orgueil, pour la race humaine par excellence.

Certainement, la liste des noms de peuplades et de peuples se compose principalement de mots ayant pour signification primitive le sens « Homme », dans une acception exclusive, comme si tous les autres groupes d'individus à face humaine n'avaient été, aux yeux des êtres d'élection, qu'un amas informe appartenant à quelque animalité secondaire. Même, lorsque les appellations ethniques ont une signification spéciale due au pays, à la provenance ou à quelque trait particulier, ces appellations perdent leur sens originaire pendant le cours des siècles, pour prendre, dans la pensée de ceux qui les portent, une valeur exceptionnelle, unique, vraiment divine. Il n'est pas de sauvages — et, à cet égard, quelle nation peut se dire complètement dégagée de la sauvagerie première ? — il n'est pas de sauvages qui ne regardent les peuples d'alentour du haut de leur dignité de « peuple élu ».

Mais l'isolement ne peut durer, et, par la suite des événements, alliances et relations de commerce, guerres et traités, les hommes

CHAPITRE Ier

ont appris qu'ils appartiennent, sinon à une même race, du moins à un groupement d'êtres qui se ressemblent d'une manière intime et que des traits essentiels, tels que la station droite, l'usage du feu, la langue articulée, distinguent nettement de tous les autres animaux. Même, en des moments de détresse commune, et le plus souvent de sexe à sexe par l'instinct d'amour, la fraternité naquit entre gens de tribus différentes ; puis, lorsque de grandes civilisations eurent mis en contact toute une partie considérable de l'humanité, comme dans l'Inde, au temps du Buddha, et pendant la période de l'œcumène grecque et latine, sous les Antonins, l'idée de l'unité humaine se répandit : même en se haïssant, les fils de la Terre commune se glorifièrent d'appartenir à une seule et unique descendance ; la monogénie trouva ses apôtres. Comme document de transition entre les deux théories nettement contraires, monogéniste et polygéniste, le livre de la Genèse, d'ailleurs issu de multiples origines légendaires, peut être cité en faveur de l'une ou de l'autre hypothèse, puisqu'il raconte la création d'un Adam qui fut le « dominateur de tous les animaux vivant sur la terre » [2], et que, d'autre part, il fait allusion aux hommes qui peuplaient les campagnes lors d'un premier meurtre du frère par le frère [3]. Depuis lors, la morale humaine, dans sa pratique générale, n'a cessé de comporter une contradiction analogue à celle que les chrétiens trouvent dans leur livre sacré.

Si grand que soit l'orgueil de la race pure chez les peuplades qui s'étudient à éviter tout contact avec les autres hommes, et dans les familles aristocratiques modernes qui prétendent au « sang bleu », le fait est que, dans le torrent circulatoire de l'humanité, mêlant les tribus de remous en remous comme les eaux d'un fleuve, la « miscégénation », c'est-à-dire le mélange des races, s'est opérée d'un bout du monde à l'autre. D'après les rabbins du moyen âge, l'homme, créé de l'argile vive, avait été formé de sept espèces de terres, ce qui signifiait sans doute qu'il comprenait en lui les descendants de toutes couleurs, tous les membres de l'humanité future [4]. De même, l'homme actuel contient en soi les types qui l'ont précédé, car en toute race mélangée l'atavisme garde ses droits.

On pourrait imaginer qu'une tribu enfermée dans quelque prison de rochers soit restée pure de tout croisement, mais dès qu'il y eut contact il y eut mélange. En fait, tous les hommes sont de races mêlées ; même les types les plus opposés, le noir et le blanc, se sont unis depuis des siècles en composés ethniques nouveaux, ayant gardé plus ou moins fidèlement les caractères distinctifs qui en font des individualités collectives, méritant un nom spécial. De génération en génération, le mélange des races s'accomplit très diversement ; ici, d'une manière insensible, pendant la paix ; là, brusquement, avec violence, pendant la guerre ; mais toujours l'œuvre se poursuit. C'est en vain que tel ou tel patriote essaie de contester le mélange de race à race : chaque homme, même le plus fier de la pureté de son sang, a des millions et des millions d'aïeux, parmi lesquels les types les plus divers sont représentés. Aussi les anthropologistes qui se hasardent à sérier le genre humain en « races » distinctes, soit qu'ils croient réellement à des origines polygéniques soit que, par un classement plus ou moins acceptable, ils veuillent faciliter l'étude de l'Homme, sont amenés à de singuliers écarts, suivant l'importance spéciale qu'ils donnent à tel ou tel élément différentiel : couleur de la peau, stature, membres et squelette, forme et dimensions du crâne, aspect de la chevelure, langage et caractères moraux.

Ainsi, tandis que Blumenbach divise l'humanité en blancs, jaunes, rouges, olivâtres et noirs, que Virey compte seulement deux races, que Topinard en énumère seize, puis dix-neuf, que Nott et Gliddon en distinguent huit, divisées en soixante-quatre familles, Hæckel déroule une série de trente-quatre races et Deniker, admirablement muni des mensurations qu'ont rapportées de tous les coins du monde les savants voyageurs modernes, classe avec soin vingt-neuf races diverses, formant dix-sept groupes ethniques ; mais il reste un doute pour beaucoup de représentants de l'humanité et l'on se demande s'il est possible de les faire entrer dans l'une ou l'autre de ces diverses catégories [5].

Nous savons maintenant que toutes ces constructions, si ingénieuses qu'elles soient, sont des édifices changeants. Depuis Darwin, l'ancienne théorie des espèces, d'après laquelle certaines formes seraient définitivement fixées, sans mélange possible avec d'autres types d'une origine différente, est renversée. Faite uniquement pour s'accommoder aux choses présentes, l'idée de l'espèce change suivant les naturalistes : chacun embrasse dans sa conception un ensemble de formes plus ou moins étendu. Ainsi,

CHAPITRE Ier

quelle est l'espèce mère du chien ? Faut-il y voir un loup, un renard, un chacal, une hyène ou bien encore d'autres formes primitives, que la domestication et un genre de vie différent ont graduellement modifiées et développées en d'innombrables variétés ? Le fait est que loups et chacals se croisent avec les chiens et donnent naissance à des individus dont la race se maintient et se recroise à l'infini ; d'autre part, les chiens, redevenus sauvages, reprennent, suivant les pays, des formes qui les rapprochent du loup, du chacal ou du renard. Où commence l'espèce immuable entre des limites absolues ? Où la variété avec ses modifications incessantes ? On ne sait.

Et ces difficultés qui se présentent dans la question de l'espèce canine existent aussi pour d'autres animaux, domestiqués ou non ; elles existent pour l'homme, chez lequel l'écart moyen de l'Homo europæus à l'Homo alpinus est plus grand que celui qui différencie les diverses espèces de canidés[6]. Malgré les innombrables exemples de « miscégénation », qui, aux Etats-Unis, scandalisent grandement les fils des anciens propriétaires d'esclaves, faut-il considérer les nègres comme une espèce ou une sous-espèce[7] distincte de la race dite « caucasienne », ou bien faut-il voir en eux une simple variété de la grande espèce humaine ?

Et si nègres et blancs doivent être embrassés en une même humanité d'origine, que dire des « négritos » de Luzon, des Andamènes et des nains épars dans le continent d'Afrique ? Les nègres eux-mêmes voient dans les Akka, les Ba-Binga, les Ba-Bongo des êtres d'une autre espèce, et les blancs altiers les regardent un peu comme des espèces de singes à forme humaine. Diverses tribus s'étiolent et disparaissent, peut-être par l'absence de tout croisement : tel serait le cas pour les nains des bords de la Sangha. Mais il est certain qu'entre d'autres peuplades de pygmées et des tribus d'Africains bien proportionnés, des mélanges de sang ont lieu. Donaldson Smith nous dit que les nains occupant naguère toute la région qui s'étend au nord des lacs Stéphanie et Rudolf ont perdu leur type originaire par l'effet de mariages avec des tribus de haute stature et que les Dume actuels sont un simple reliquat de l'ancienne race[8]. De même, les Oua-Tua (Wat-wa) de la région du lac Kivu, les « Fils de l'Herbe », petits hommes que certains

Élisée Reclus

nègres, les Oua-Hutu, par exemple, regardent avec aversion, sont acceptés par d'autres, par les Oua-Tussi notamment, comme de « grands amis », et les deux races s'entremêlent volontiers. Les femmes pygmées de l'Uganda sont heureuses de s'attacher à des nègres de grande taille (Johnston).

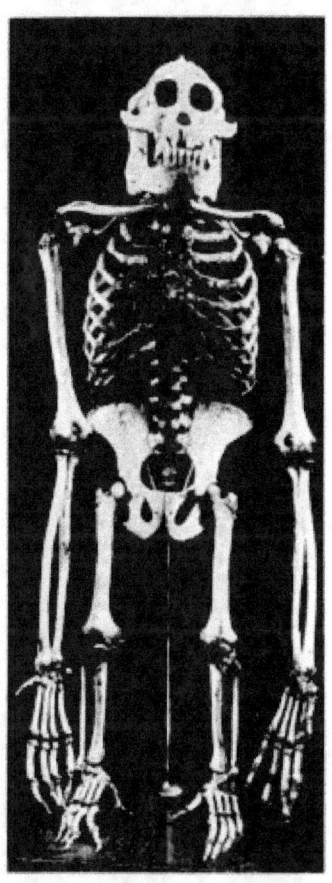

SQUELETTE DE GORILLE
Même échelle et même position que le squelette humain de la page 12.

CHAPITRE Ier

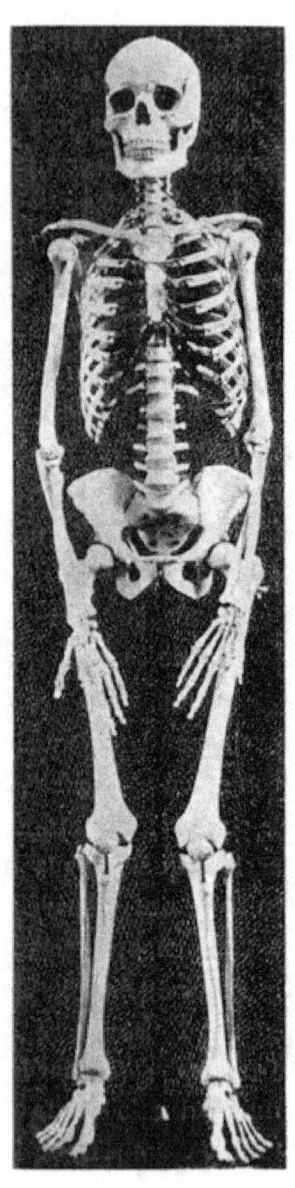

SQUELETTE HUMAIN
Même échelle que le squelette de gorille de la page 11

Élisée Reclus

Il est aussi très probable que les pygmées dont on retrouve les ossements mélangés à ceux des hommes de grandes races en quelques cavernes d'Europe et en tant de *huacas* péruviennes ont disparu par l'effet des croisements et furent absorbés graduellement dans la masse générale des populations ambiantes[9] : ils sont revenus à l'espèce.

Certains anatomistes qui étudient le squelette au point de vue du transformisme, c'est-à-dire comme un appareil façonné lentement, de génération en génération, par un travail d'accommodement au milieu et de perfectionnement, constatent par l'étude comparée des différents types que les races humaines actuelles ne paraissent pas être dérivées les unes des autres par une sorte de gradation hiérarchique, mais doivent être considérées plutôt comme des rameaux parallèles, remontant vraisemblablement à un ancêtre commun, d'origine antérieure même aux quadrumanes ; il faudrait voir peut-être dans ce type primitif un descendant des marsupiaux, issus eux-mêmes des monères par des ancêtres amphibies[10].

Mais sachons nous borner. N'essayons pas de remonter par la pensée jusqu'aux époques si éloignées de nous où l'homme, issu de l'animalité primitive, constitua l'espèce ou les races humaines. Arrêtons-nous à la période où nos ancêtres, accomplissant leur plus grande conquête, avaient appris à moduler leurs cris, inarticulés jadis, et à transformer leurs grognements et glapissements en un véritable langage. Eh bien, à ce grand tournant de l'histoire, les nations étaient constituées en groupes absolument distincts, et les langues qui prirent corps se donnèrent des radicaux d'origines tout à fait diverses, suivant un génie propre pour la formation et l'accent des mots, pour la logique et le rythme de la phrase[11].

Les dialectes aryens, sémitiques, ouraliens, berbères, bantou, algonquins sont mutuellement irréductibles : ce sont les parlers de peuplades qui, à l'époque où leur langue se délia, se trouvaient en des milieux tout à fait différents, constituaient en réalité des espèces ou des humanités à part. En datant de ces temps anciens l'histoire des hommes, on peut dire qu'elle commence par le polygénisme. Alors, les nations éparses sur la Terre ne pouvaient avoir aucune conscience de leur unité. Autant de groupes glossologiques, autant de mondes humains mutuellement étrangers[12]. Voici donc quel est, pour l'histoire de l'humanité, le point de départ certain dans la succession des temps : la naissance polygénique, en diverses parties de la Terre, de langages irréductibles correspondant à divers modes de sentiment et de pensée.

Combien de ces parlers naquirent ainsi, et quelle fut la durée du cycle pendant lequel les divers ancêtres des hommes actuels acquirent cette faculté capitale, condition première de l'être humain tel que nous le comprenons aujourd'hui ? On ne peut le savoir, et d'ailleurs il est certain que, dans la lutte pour l'existence, nombre de ces langues primitives ont disparu ; quant à celles qui persistent, l'inventaire n'en est pas encore terminé ; on n'a guère classé méthodiquement que les groupes de dialectes parlés par les nations principales. Il reste à étudier et à fixer avec précision la place de toutes les séries de formes verbales usitées par les diverses peuplades du monde entier. Cependant, on peut essayer de dresser des cartes glossologiques provisoires qui, tout en constatant l'état actuel de la polygénie linguistique, témoignent aussi des prodigieuses conquêtes accomplies par les langues envahissantes.

Par delà ces âges qui virent la naissance intellectuelle de l'homme véritable, l'être que l'usage de la parole devait faire progresser si merveilleusement n'était en réalité qu'un animal, ne se faisant comprendre que par des gestes, des jappements et des miaulements semblables à ceux de nos amis le chien, et le chat, les candidats à l'humanité les plus rapprochés de nous[13].

Élisée Reclus

N° 1. Répartition des Pygmées.

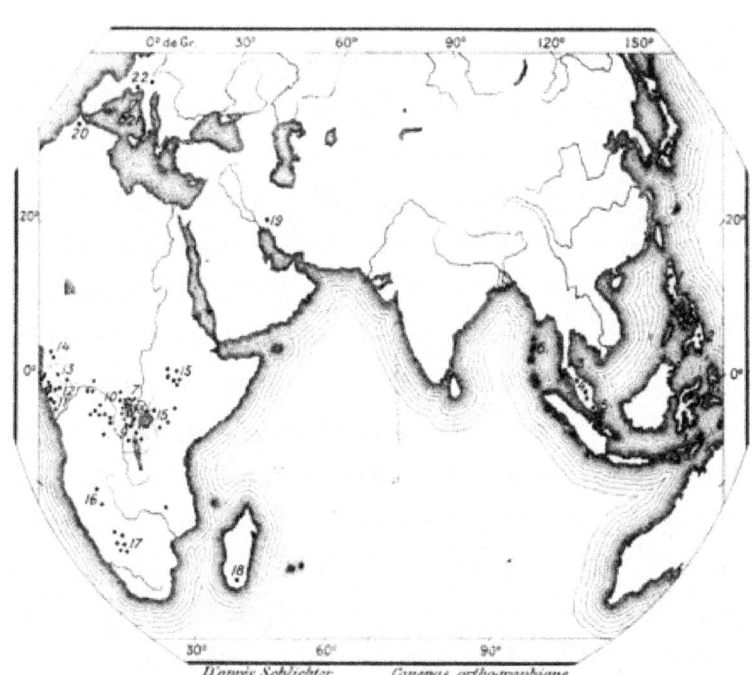

ÉCHELLE AU CENTRE 1: 100 000 000.

Negritos d'Asie.

1. Negritoe Aeta de Luzon.
2. Negritos de Mindanao.
3. Sakaï, Péninsule malaise.
4. Muang, Cholya, etc., id.
5. Semang, id.
6. Andamènes.

Négrilles d'Afrique.

7. Akka, Tikki-Tikki (Schweinfurth).
8. Oua-Mbutti, etc. (Stanley).
9.   —   et divers (Grogan, Sharp).
10. Ba-Tua, Oua-Tua, Ba-Topo, etc. (Stanley).
11. Aehongo, Ba-Bongo, Ba-Bulu, etc. (Du Chaillu, Marche).

CHAPITRE Ier

12. Akoa, Ba-Bonco, Aduma (Palkenstein, etc.).
13. Ba-Yaga, Ba-Binga, etc. (Grampel, Crozel et Herr).
14. Ba-Yaeli (Ktiitd).

Pygmées discutés.

15. Dogbo, Arenga, etc. (croisés de San) (?).
16. Mossaro et autres.
17. San (Bosjesmannen).
18. Kimo, Madagascar (Flacourt) (?).
19. Lemban, Golfe Persique (Wahrmund et Dieulafoy).
20. Race non dénommée, Maroc (Haliburton).
21. Fossiles, Sardaigne (?).
22. Fossiles de Menton et de Schweizersbild.

Toute cette période antique, à laquelle on pourrait donner le nom de « pro-lalie » ou « avant-langage », peut être considérée comme antérieure à l'humanité spéciale : l'Homme ne constitua l'espèce nouvelle qu'en cessant d'être *alalus*[14].

L'étude des formes animales qui nous rattachent aux quadrupèdes et aux reptiles appartient à l'ère pré-humaine, caractérisée par plusieurs espèces d'anthropoïdes (*Dryopithecus, Pliohylobates, Anthropodus, Paleopithecus, Gryphopithecus, Oreopithecus*[15]), et surtout par le *Pliopithecus antiquus*, dont on a trouvé un fragment de mâchoire près de Sansan, dans la vallée du Gers, et qui semble être l'animal le plus voisin de l'homme que l'on connaisse ; de là, sans doute, cette répugnance instinctive que nous avons pour le singe : nous nous reconnaissons trop en lui. Le vieil Ennius l'a dit :

Simia quant similis turpissima bestia nobis[16].

Peut-être le pithécanthrope[17] fossile que le médecin Eug. Dubois a découvert, en 1894, dans les cendres volcaniques du quaternaire ancien de Java, près de Trinil, en compagnie d'animaux fossiles, dont quelques-uns appartenaient à des genres aujourd'hui disparus, fut-il l'intermédiaire cherché, l' « anneau manquant de la chaîne » unissant l'homme à ses ancêtres du monde animal : par son attitude et par sa taille (1^m,657), qui est celle de l'homme moyen, par son crâne, dont la capacité (900 à 1 000 centimètres cubes) dépasse de près d'une moitié la plus forte contenance cérébrale des crânes appartenant aux plus grands anthropoïdes connus, le pithécanthrope paraît bien réellement faire partie de notre lignée humaine, en nous rattachant aux hylobates ou « gibbons », ceux des singes qui se rapprochent le plus de nous par la conformation et qui descendraient comme nous des mêmes ancêtres animaux [18].

D'après Manouvrier, il serait probable que ce « singe-homme », l'*Homo javanensis*, ne possédait pas le langage articulé, ce caractère le plus précieux de l'humanité proprement dite.

L'étroitesse frontale, qui se prolonge très loin sur le crâne de Trinil, permet de nier que la « circonvolution de Broca » ait été plus développée chez le pithécanthrope que chez les anthropoïdes [19]. Près de Bahia, au Brésil, on aurait découvert dans un amas de coquilles un crâne humain à caractères très primitifs, que l'on a voulu rapprocher de la pièce de Trinil [20], mais dont l'âge n'a pas été suffisamment établi.

CRANE DE NEANDERTAL (Profil).
Époque paléolithique.

(Ce fragment de crâne est posé sur des supports pour lui donner la position
qu'il occupe dans la tête reconstituée.)

Ces trouvailles sembleraient indiquer que l'homme, sous sa forme actuelle, aurait pris naissance dans les régions de vie exubérante, où le soleil darde ses rayons les plus chauds et où la

CHAPITRE Ier

pluie tombe en averses très abondantes ; les variétés de négritos se sont développées aussi dans la zone équatoriale, patrie des grandes espèces anthropoïdes apparentées à l'homme.

À pareille éclosion, il fallait, semble-t-il, la nature tropicale en toute sa puissance productrice (Hæckel, Johnston). Si les hommes, en presque toutes les contrées, du moins en dehors des plaines, racontent que leurs premiers aïeux descendirent des hautes montagnes qui bornent leur horizon, ces légendes proviennent d'un pur effet d'optique.

Les fiers sommets qui se dressent en plein ciel, au-dessus des nuages, ne semblent-ils pas être la demeure des dieux, et n'est-ce pas aux pieds de ces divinités créatrices que le primate, animal privilégié, a dû voir en imagination la naissance de ses premiers parents ?

L'homme est un dieu tombé qui se souvient des cieux !

ainsi chantait Lamartine. Non pas un « dieu tombé », car il monte plutôt, mais il se souvient de tout un infini. Issu de générations sans nombre, autres hommes ou anthropoïdes, animaux, plantes, organismes primaires, l'homme se remémore par sa structure tout ce que ses ancêtres ont vécu pendant la prodigieuse durée des âges. Il résume bien en lui tout ce qui le précéda dans l'existence, de même que, pendant sa vie embryonnaire, il présente successivement les formes diverses des organisations plus simples que la sienne. Ce n'est donc pas seulement dans les tribus sauvages qu'il faut essayer de retrouver l'homme ancien : c'est, aussi loin que possible, parmi ses aïeux, les animaux, là où rayonnent les premières lueurs de l'intelligence et de la bonté.

Les sociétés animales nous montrent, en effet, soit en germe, soit en état de réalisation déjà très avancée, les types les plus divers de nos sociétés humaines. Nous pouvons y chercher tous nos modèles. Dans leurs groupes si variés, nous trouvons ce même jeu des intérêts et des passions qui sollicitent et modifient incessamment notre vie et déterminent les allures progressives ou rétrogrades de la civilisation. Mais les manifestations de l'animal, plus naïves, moins complexes, dépourvues de l'enveloppe des phrases, des écrits, des légendes et des commentaires qui déguisent notre histoire, sont

Élisée Reclus

plus faciles à étudier, et l'observateur réussit à voir autour de soi les divers petits mondes dans la basse-cour, dans le hallier voisin, dans l'atmosphère et dans les eaux.

« Du temps que les bêtes parlaient », les hommes les comprenaient. Les êtres à deux et à quatre pattes, à peau lisse, à plumes et à écailles n'avaient point de secrets les uns pour les autres. L'entente était si complète que le peuple, supérieur aux philosophes par la juste, quoique subconsciente intelligence des choses, continua longtemps, continue encore çà et là de s'entretenir avec les animaux dans ces contes de fées qui constituent une part si importante de la littérature, même là plus importante de toutes, car elle est certainement la plus spontanée : elle ignore sa propre origine.

L'homme s'imagine volontiers qu'il est le « roi de la création », et ses religions mêmes partent de cette idée fondamentale. Cela se comprend : l'être qui voit tous les rayons converger dans son regard, toutes les apparences prendre une réalité dans son cerveau doit forcément se considérer comme étant au centre et au-dessus de tout : c'est par la longue réflexion, le contrôle incessant de la vie qu'il arrive à reconnaître la valeur et la place relative des êtres, ainsi que l'égalité virtuelle, dans l'évolution générale, de toutes les formes qui se développent à travers les âges.

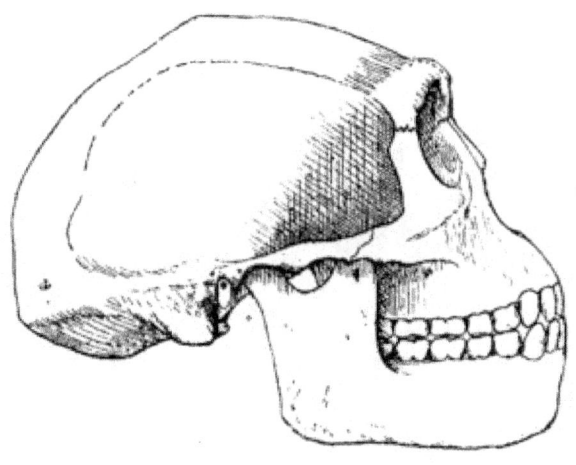

ESSAI DE RECONSTITUTION DU CRANE DU PITHECANTROPUS

CHAPITRE Ier

L'homme ne peut même prétendre à la supériorité que lui donnerait le fait d'être l'œuvre la plus récemment éclose des forces naturelles en travail.

Depuis les époques éloignées, maintes espèces ont pu naître des actions physiques et physio-chimiques du milieu terrestre incessamment modifié ; l'on sait que, d'après Quinton, tout le monde des oiseaux appartiendrait, par sa formation, à une période postérieure à celle de l'homme. Enfin, parmi les espèces appartenant à des familles existant depuis les âges les plus lointains, plusieurs, en évoluant dans une voie différente de celle que l'homme a suivie, ne se meuvent-elles pas dans le sens d'une vie sociale qui certes n'est pas inférieure au chaos dans lequel se débattent les humains toujours en lutte ? Les fourmis, les abeilles, les castors, les chiens des prairies qui, sortis de leurs terriers, vivent en républiques heureuses, les grues, qui dessinent dans l'air bleu les deux traits nets de leur vol convergent, tous ces animaux ont aussi leur civilisation qui vaut peut-être bien la nôtre.

Si l'homme n'avait eu sous les yeux que les exemples donnés par ses compagnes les bêtes, s'il n'avait obtenu leur appui dans les luttes de l'existence, si d'autre part il ne s'était ingénié pour échapper aux animaux qui furent ses ennemis ou pour triompher d'eux, il ne serait resté qu'un bipède sauvage parmi les quadrupèdes, n'ayant d'autre bien que son héritage de bête, et nul progrès ne se serait accompli dans sa destinée ; peut-être eût-il succombé. D'ailleurs, il ne manque pas de contrées où, même de nos jours, l'homme n'a pu se maintenir contre ses rivaux dans la bataille de la vie.

Élisée Reclus

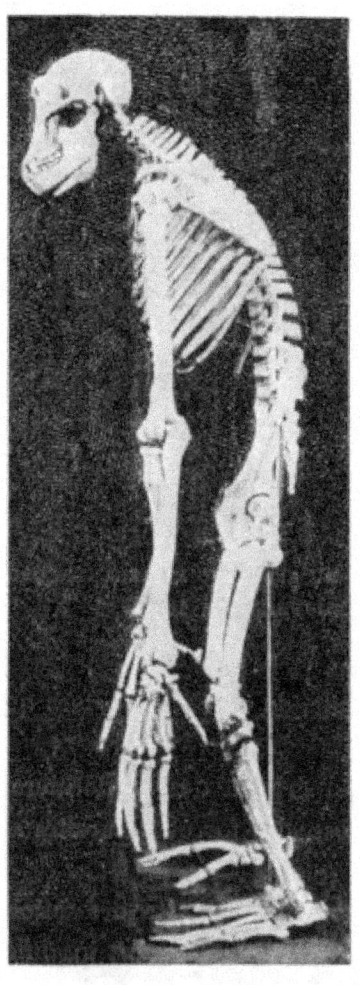

SQUELETTE DE CHIMPANZÉ.
Même échelle et même position que le squelette humain de la
page 22.

Telles plantations dans le voisinage de Singapour restèrent désertes à cause des visites redoutées du tigre royal. En diverses parties de l'Afrique, des éléphants, s'ouvrant des chemins à travers les forêts en écrasant les branches sous leur large pied, dispersaient les indigènes effrayés ; mais voici que le blanc commence la

CHAPITRE Ier

guerre d'extermination contre l'animal à défenses d'ivoire. Dans le Guatemala, sur le versant du Pacifique, tels districts visités par les chauves-souris vampires ont dû être abandonnés par l'homme, impuissant à garder son bétail et menacé lui-même de mort, quand une ouverture de sa cabane donnait entrée au redoutable suceur de sang. Enfin, les infiniment petits, sans parler des microbes de l'air, sont parfois des adversaires auxquels le colon doit céder.

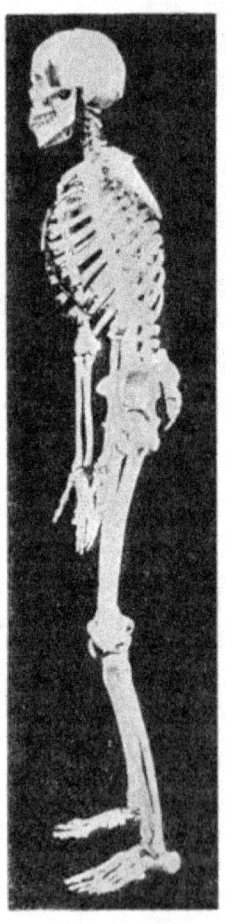

SQUELETTE HUMAIN
Même échelle que le squelette de chimpanzé de la page 21.

Élisée Reclus

Dans les régions où les moustiques tourbillonnent par nuées, affolant les êtres vivants sur lesquels ils se posent, la lutte était impossible avant que les médecins entomologistes eussent découvert le rôle des insectes anophèles dans le transport des microbes et enseigné, propagé les moyens de les combattre sous leur forme larvaire. Sur les bords du lac Pontchartrain et de maint lagon de la Louisiane, dans les îlots d'herbes du Bahr-el-Ghazal qu'habitent les Nuêr et les Denka, il serait absolument impossible de résister et de vivre si l'on ne s'enduisait d'argile, d'ocre ou de cendre. En pareils lieux, l'homme ne pouvait guère que passer et fuir ; mais dans la plus grande partie des étendues terrestres, il a lutté, s'est accommodé au milieu, et, soit par ses forces isolées, soit par l'alliance avec d'autres animaux, est arrivé à se faire dans le monde une très large place, qui comporte la domination effective sur un grand nombre d'espèces animales et la supériorité incontestable sur les autres, sauf, pour un temps, sur les invisibles microbes, dans sa lutte pour l'existence.

Pour les âges obscurs, dépourvus de toutes dates précises, il semble que le fil conducteur doive faire complètement défaut, et cependant, même en ces ténèbres, les hommes qui vécurent et se succédèrent en nombreuses générations ont laissé des traces de leur existence, suffisantes pour que le savant ait pu en constituer une science nouvelle : la préhistoire.

En effet, si les annales proprement dites manquent aux peuples antérieurs à l'écriture, si même on ignore les noms qu'ils portaient et les langues par lesquelles ils émettaient leur pensée, du moins a-t-on trouvé dans la terre d'innombrables documents : os d'hommes et d'animaux domestiques, outils, armes, amulettes, bijoux, pierres taillées de toute espèce, dont l'étude et le classement ont révélé, dans leurs grands traits, les civilisations de nos ancêtres préhistoriques. Il est même possible que l'on arrive un jour à fixer d'une manière générale la succession des périodes chronologiques dans le développement de ces populations primitives, et maintes fois on l'a tenté déjà : du moins les archéologues peuvent-ils dérouler la série des âges de la préhistoire avec une ampleur et une logique supérieures à celles des écrivains qui, sous le flot des détails de l'histoire écrite, cessent d'apercevoir le mouvement des idées maîtresses.

CHAPITRE Ier

La préhistoire, comme ensemble d'études rattachant l'homme actuel à l'homme d'autrefois et nous permettant d'assister à l'évolution continue pendant le temps, constitue une science d'origine très récente : la proclamation officielle de sa naissance ne date que de la deuxième moitié du dix-neuvième siècle, alors que Lyell, dans les congrès anglais, établit comme fait indiscutable l'existence de l'homme et de son industrie pendant la période quaternaire, c'est-à-dire à une époque où les terres et les eaux étaient autrement distribuées que de nos jours et où prévalait un climat différent. Mais, avant que la vérité eût ainsi forcé les portes des congrès et des académies, nombre de travailleurs isolés, de penseurs indépendants avaient déjà nettement reconnu les restes d'un âge de pierre et en avaient interprété le sens.

Dès la première moitié du seizième siècle, le Romain Mercati avait constaté la véritable nature des armes et des instruments que l'universel préjugé désignait sous le nom de « pierres de foudre », et, deux siècles plus tard, Antoine de Jussieu publia un mémoire décisif devançant de cent cinquante années la science officielle [21]. Buffon prononça aussi quelques paroles témoignant de ses pressentiments à cet égard.

Et tandis que Cuvier et ses disciples se mettaient obstinément en travers de tous les novateurs qui n'admettaient pas humblement les dogmes de la science estampillée, la foule des observateurs, que l'étude des terrains amenait à reconnaître des fossiles de l'homme et les témoignages de son industrie à l'époque quaternaire, devenait de plus en plus nombreuse et active. Les Aymard, les Ami-Boué, les Tournai, les Schmerling, les Ghristol, les Marcel de Serres et les Boucher de Perthes triomphèrent enfin de l'obscurantisme représenté par l'école d'un savant qui pourtant avait, lui aussi, laissé un magnifique héritage dans l'histoire de la pensée, tant il est vrai que tout progrès, devenu dogme, se change graduellement en obstacle.

Désormais, il n'est plus d'historien qui conteste l'antiquité de l'Homme et qui se le représente né ou créé soudain de la terre rouge ou de l'écume de la mer, il y a quelque cinq ou six mille ans ; la continuité de la race humaine par lentes évolutions, depuis des temps très antiques, est le fait capital reconnu d'une manière universelle. On se demande même quelle prodigieuse série de

Élisée Reclus

siècles a dû s'écouler pour donner le temps de s'accomplir aux progrès immenses ayant eu lieu pendant le cours de la préhistoire.

N° 2. Fossiles humains trouvés dans le Monde.

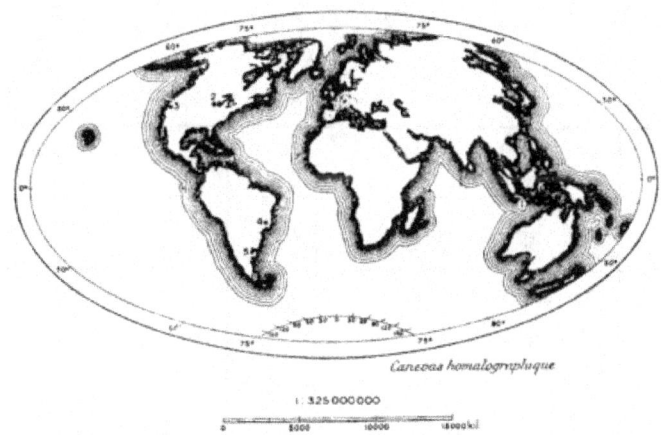

Canevas homalographique

1 : 325.000.000

1.	Trinil, trois molaires, fragment de crâne et fémur de pithécanthrope, trouvé par M. Eugène Dubois.	3.	{ Carson City, id.	Calaveras, crâne (discuté).
	4.		Lagôa Santa, id.	
2. {	Chickaaaw, fragment de crâne (âge discuté).	5.		Pontimelo, id.
	Tumulus de l'Illinois, deux os frontaux, id.	6.		Ultima Esperanza, id.

(Voir carte n° 3 pour les fossiles humains trouvés en Europe.)

En effet, que l'on s'imagine les âges de la pro-lalie, qui précédèrent les modulations de la pensée sous forme de parole, puis ceux de la pro-pyrie, antérieurs à l'invention du feu, et l'on comprendra ce qu'il a fallu d'efforts et de conquêtes pour amener l'homme de son état primitif de bête, ne sachant pas encore articuler des mots,

CHAPITRE Ier

ni alimenter la flamme allumée par l'éclair ou le volcan, au rang d'animal primate et savant, habile à formuler ses idées par des termes correspondants et soigneux de la flamme sainte brûlant sur l'âtre de sa cabane.

N° 3. Ossements paléolithiques humains de l'Europe occidentale.

(Se reporter à la carte de la page 19).

1. {	Arpino (Italie), deux squelettes (E).	22.	Beausemblant, crâne (E).
	Isola del Liri, crâne (E).	23.	Solutré, nombreux ossements (D).
2.	Orvieto, fragment crânien (C).	24.	Delémont (Suisse), squelette (D).
3.	L'Olmo, crâne (G).	25.	Thayngen (E).
4.	Castenedolo, nombreux ossements (C).	26.	Nâgy-Sao (Autriche), crâne et fragment crânien (C).
5.	Savona, squelette (C).		
6.	Barma Grande, nombreux ossements(E).	27.	Brünn, crâne et ossements (B).
7.	Perales (Espagne), crâne (E).	28. {	Predmost, dix squelettes (B).
8.	Sordes (France), deux squelettes (E).		Schipka, mâchoire (E).
9. {	Aurignac, dix-sept squelettes (B).	29. {	Podbaba, crâne (B).
	Aubert, os frontal (E).		Brüx, crâne (E).
	Malarnaud, mâchoire (A).	30.	Voïsec (Lithuanie) (E).
	Mas d'Azil (E).	31.	Egisheîm (Alsace) (A).
10.	Sallèles-Cabardès, maxillaire (A).	32.	Lahr (Allemagne), ossements (B).
11.	Bruniquel (E).	33.	Cannstatt, fragment crânien (C).

{ 2.	Chancelade, squelette (R).	34. {	Gailenreuth, ossements (C).
	Laugerie basse, squelette (A).		Taubach, molaire (E).
	La Madeleine, squelette (B).	35.	Neandertal, squelette (A).
	Cro-Magnon, squelette (B).	36. {	La Naulette (Belgique), mâchoire (A).
13.	Placard, crâne (B).		Furfooz, crâne (B).
{ 4.	Marcilly-sur-Eure,fragment crânien (A).	37.	Spy, deux squelettes (A).
	Bréchamps, crâne (A).	38. {	Engis, débris d'ossements (B).
	Grenelle, squelette (B).		Engihoul (B).
	Clichy, squelette (B).		Smeermaas, mâchoire (B).
15.	Moulin-Quignon, mâchoire (D).	39.	Galley Hill (Angleterre) (E).
16.	Châlons-s.-Marne, ossements divers (C).	40. {	Tilbury, squelette (A).
17.	Arcy-sur-Cure, mâchoire (E).		Bury-Saint-Edmunds, crâne (A).
18.	Gravenoire (E).	41.	Kirkdale (G).
19.	La Denise, nombreux ossements (E).	42.	Settle, péroné (C).
20.	Meyrueis, crâne (C).	43.	Hamilton (Irlande), fragm, crânien (E).
21.	Le Bau de l'Arbusier (E).		D'après M. G. ENGERRAND.

A : Ancienneté certaine. — B : Age discuté. — C : Age douteux. — D Fossiles reconnus d'âge récent. — E : Renseignements manquent.

L'espace de temps pendant lequel se succédèrent ces grandes évolutions peut se partager, d'après elles, en périodes bien autrement différentes les unes des autres que ne le sont les divisions usuelles de notre histoire : ancienne, médiévale, moderne.

Depuis les cycles, si éloignés, où nos ancêtres s'initièrent à la parole, puis, de longs siècles après, à la capture du feu, l'homme, déterminé par un milieu variable, changea lui-même pendant la série des âges, en se différenciant de plus en plus des animaux qui avaient pris leur origine avec lui dans le foyer commun du mouvement-Grâce aux vestiges de son passage dans les cavernes et sur le rivage des eaux, grâce aux débris très variés de son industrie pendant la série des siècles qui se suivirent avant l'époque de l'histoire écrite, les archéologues ont pu en raconter sommairement l'existence dans les diverses parties du monde et dans ses modes nombreux de civilisation successive.

N° 3. Ossements paléolithiques humains de l'Europe occidentale.

(Voir la légende à la page 18.)

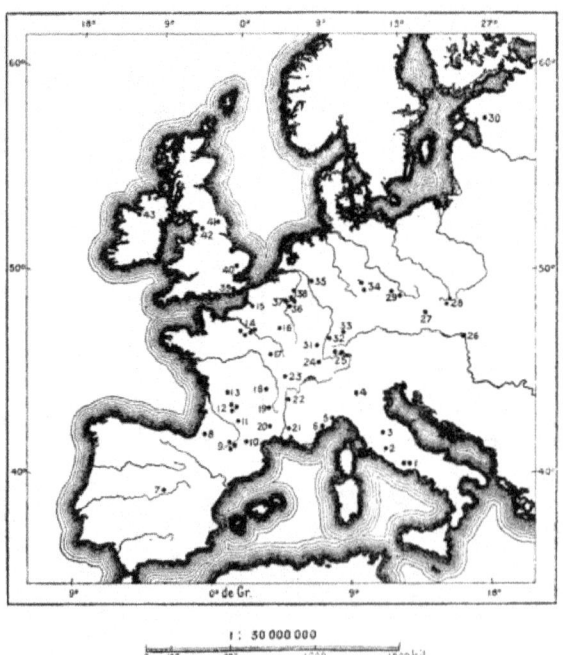

Ils ont pu même essayer de décrire ces différentes tribus préhistoriques, les classer suivant leurs parentés et leurs contrastes, tracer sur la carte leurs chemins de migration et de conquête, en chercher la filiation à travers le chaos des peuples entremêlés.

Le grand fait qui ressort des recherches poursuivies avec tant de zèle est que, dans leur évolution, compliquée nécessairement de reculs partiels, les divers représentants de l'humanité s'élèvent pourtant, de période en période, par l'art de plus en plus ingénieux et savant de compléter leur individu, d'accroître leur force au moyen d'objets extérieurs sans vie : pierres, bois, ossements et cornes. Tout d'abord, le primate dont nous sommes les descendants se bornait à ramasser les branches mortes et les pierres, ainsi que le faisait son frère le singe, et s'en servait comme d'armes et d'instruments. C'était l'âge de l'humanité que perpétue, à certains égards, le farouche Seri du Mexique, portant la pierre ronde qui lui sert de massue.

Puis vint la période « éolithique » ou de simple utilisation de la pierre, période qui commença, semble-t-il, dès la fin du miocène. Des novateurs, des hérétiques du temps, apprirent à employer les cailloux de forme inégale : masses, poignards ou scies, pointes, rabots, racloirs et autres instruments naturels qu'ils se bornaient à retoucher avec d'autres pierres pour en augmenter le taillant ou la pointe : peut-être même se seraient-ils servis de leurs dents pour mordre le silex, si Castaneda ne s'est pas trompé dans sa description des Indiens chasseurs du seizième siècle.

Cet emploi des outils primitifs, qui se continue encore çà et là sous la forme antique, fut le vrai commencement de l'industrie proprement dite : déjà l'on façonnait les pierres de silex que les archéologues ont la chance de retrouver encore là où les ancêtres les abandonnèrent après usage, et qui restèrent parmi les débris, tandis que les bois et diverses matières périssables retombaient en poussière. Ainsi se révèle, dans le bassin anglo-franco-belge, l'âge « reutelien », où l'homme vivait en compagnie de l'*Elephas antiquus* et du *Rhinocéros Mercki*.[22]

Puis de nouvelles révolutions et des changements graduels amenèrent la succession des âges pendant lesquels on apprit à tailler les pierres et à leur donner toutes les formes utiles pour en faire des instruments de travail ou des armes de combat ; ensuite vinrent les siècles où des artistes s'occupèrent de transformer leurs outils et leurs armes en véritables objets de luxe : ce fut le temps avant-coureur de la période qui vit naître l'industrie des métaux. Ces deux dernières étapes de la pierre taillée et de la pierre polie sont celles que l'on désigne ordinairement sous les noms de « paléolithique » et de « néolithique ».

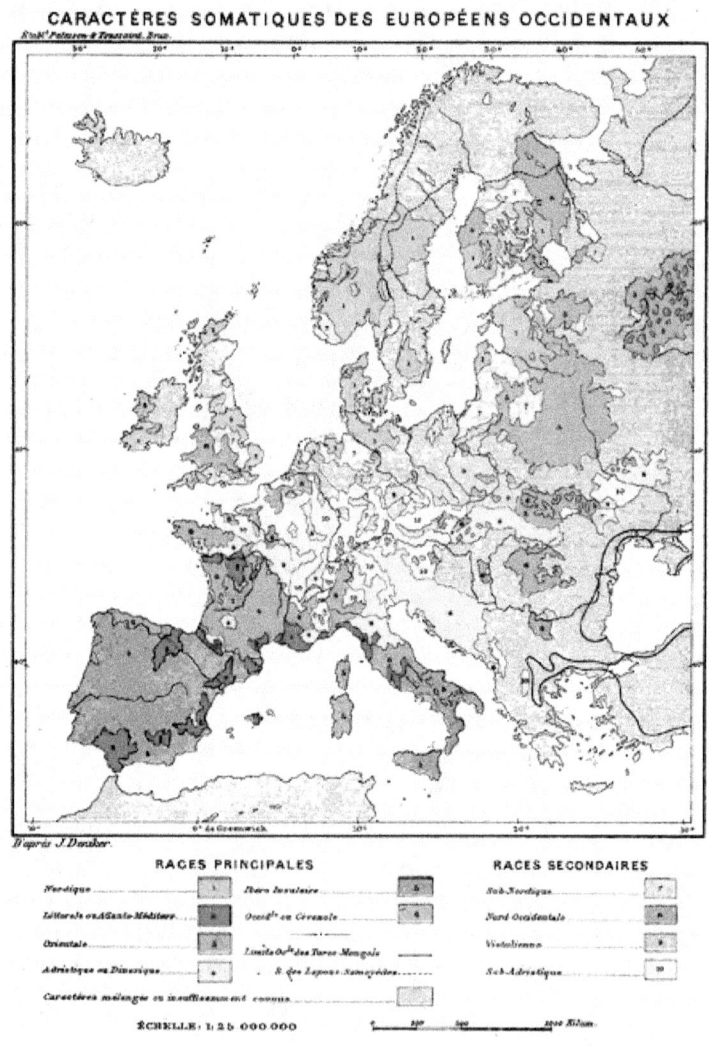

Élisée Reclus

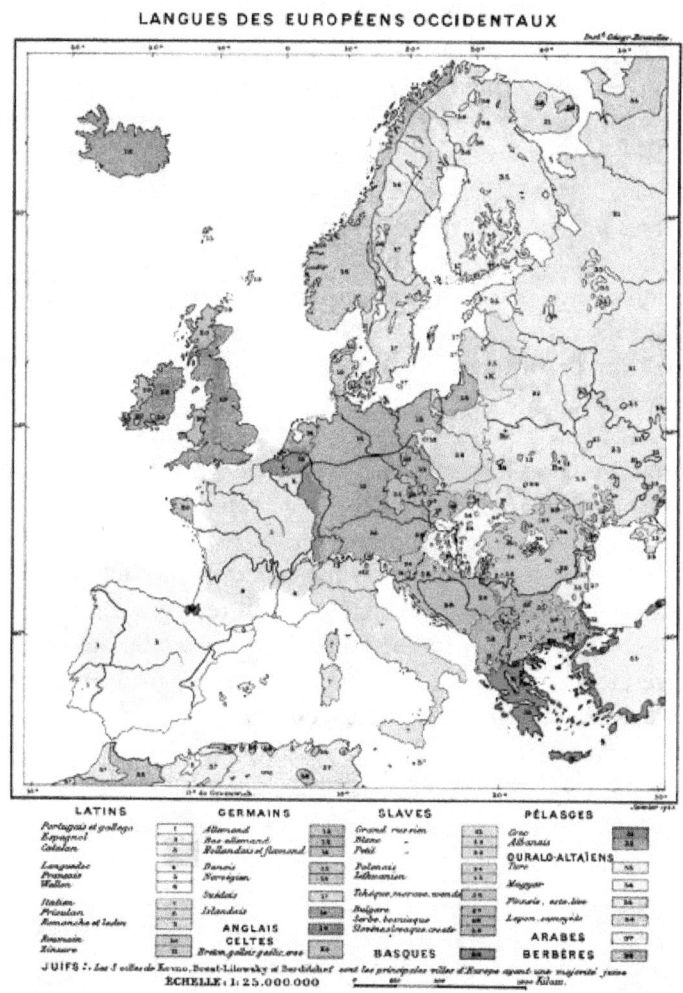

Mais quelles furent les étapes du progrès entre les périodes successives de l'humanité première ? On ne peut répondre encore que par des hypothèses diverses, car en pleine préhistoire, pendant les cycles de durée inconnue — myriades ou millions d'années — qui se sont écoulés depuis que l'*Homo sapiens* a pris possession de la planète, les changements du milieu ont été souvent si considérables qu'ils ont constitué de véritables révolutions, soit

CHAPITRE Ier

brusques et violentes, soit à longue période et d'autant plus sûres dans leurs effets. En conséquence, les indigènes ont eu à subir dans leur histoire des vicissitudes correspondantes : tantôt il leur a fallu se déplacer, tantôt modifier leur genre de vie dans le lieu même d'origine ; parfois la race, détruite presqu'entièrement, a dû recommencer son existence, reconquérir péniblement les résultats acquis déjà par ses ancêtres, comme si des humanités diverses s'étaient mises successivement à l'essai de la vie. Ainsi des éruptions de laves, des tremblements de terre et des effondrements, des inondations de fleuves et des invasions de la mer ont souvent changé la forme extérieure du relief terrestre, détruisant les peuples en partie ou même en totalité. Combien nombreuses sont, par exemple, les traditions de déluges qui auraient recouvert tout le monde habitable ! A l'histoire chaldéenne du déluge universel reproduite dans la Genèse se joignent des traditions analogues venues de la Chine, de l'Inde, de l'Egypte, du nouveau monde, spécialement de toutes les contrées basses exposées à la dévastation par les crues des fleuves. Ailleurs, notamment dans les régions volcaniques, dans les « pays du feu », d'autres légendes, également justifiées par les événements antérieurs, racontent les pluies de pierres, les écroulements de montagnes, les apparitions soudaines ou les disparitions des lacs, les engouffrements des cités.

L'alternance des périodes glaciaires, ou plutôt le va-et-vient du front de glace entraînant l'ensevelissement des zones terrestres sous les neiges, les glaces et les débris pierreux, s'est produite également depuis que l'homme émergea de l'animalité première. En réalité, l'histoire de la Terre ne comporte qu'une seule période des glaces, celle qui dure encore pour le Groenland et les archipels polaires ; mais, suivant les alternances du climat, la masse congelée avance ou recule, et c'est ainsi que, de saison en saison, de cycle en cycle, chaque lieu de la zone bordière des glaces peut avoir sa « période », se trouver envahi pour un temps, puis se dégager de nouveau.

Les progrès et les reculs de la glace déterminent donc des révolutions pour l'ensemble des plantes et des animaux, qui doivent battre en retraite ou qui peuvent reprendre la marche en avant. Ainsi, chacune de ces oscillations marque une étape très différente dans la civilisation des peuples limitrophes du glacier. Or, si la date des divers avancements du glacier polaire reste encore inconnue, la limite précise que les moraines d'avant-garde ont atteinte dans leur voyage vers le sud est, en maints endroits, marquée de la manière la plus nette : on reconnaît les apports pierreux du « Grand Nord », du Grœnland, du Spitzberg, de la Scandinavie sous les alluvions plus récentes et le tissu des racines de la forêt et du gazon. Les cartes que divers géologues ont dressées en Europe et dans l'Amérique du Nord coïncident d'une manière remarquable et nous montrent combien le domaine du genre humain dans l'hémisphère septentrional se trouvait alors relativement étroit en comparaison de ce qu'il est de nos jours. Il l'était d'autant plus que les grands massifs de montagnes, Alpes, Pyrénées, Caucase, avaient alors des fleuves de glace beaucoup plus étendus et que de moindres saillies, Vosges, Morvan, Cévennes, Carpates, déversaient aussi dans les glaciers leurs courants de glaçons, de roches et de boue.

Prenons pour exemple une des contrées de l'Europe les mieux étudiées par les géologues et les archéologues, la région des Pays-Bas que parcourent l'Escaut et la Meuse dans leurs plaines inférieures. En ces contrées, la coïncidence de périodes industrielles humaines avec des phénomènes d'irruptions glaciaires se serait produite à cinq reprises, nous disent les savants : par cinq fois, pendant cet espace de temps, les glaciers arctiques auraient refoulé les eaux, les forêts et les clairières habitées devant leurs murs de cristal [23]. Il n'est pas indispensable de rencontrer des ossements humains pour conclure à la présence antérieure de l'homme : la découverte de ses outils, de ses habitations, de toutes les traces de sa vie suffit à la démontrer, et même à en donner une idée psychologique plus complète que ne le fournit la « trouvaille de crânes bien conservés ».

Les âges primitifs du « bâton » resteront inconnus, parce que cette arme est réduite en poussière, mais l'âge de la « pierre » se révèle encore à nos yeux.

CHAPITRE Ier

N° 4. Avancée des glaces.

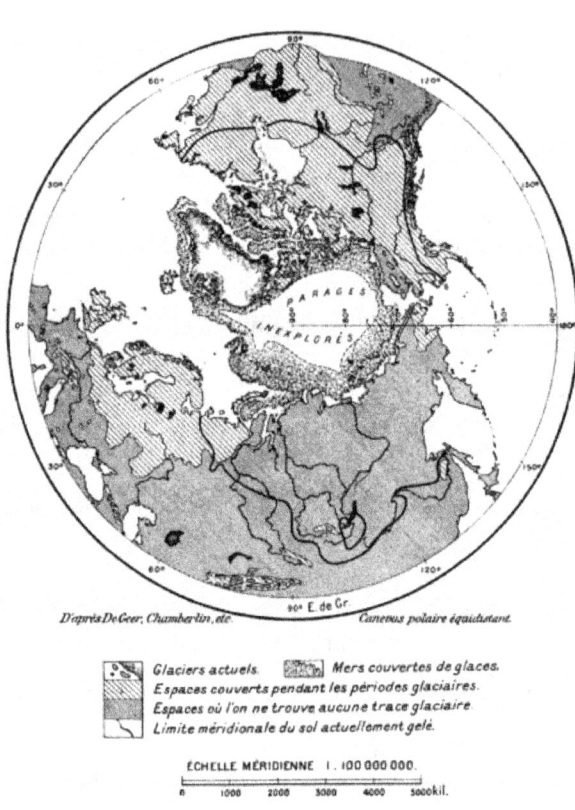

POINTES GRATTOIRS
Vallée de la Vézère.
1/3 grandeur(Coll. de Vibraye.)

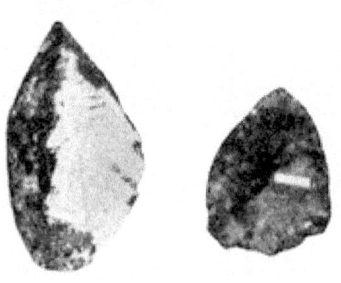

Élisée Reclus

Il est vrai que l'industrie de l'oligocène supérieur, dite « de Thenay » d'après les objets étudiés par Bourgeois dans la vallée du Cher, est considérée comme n'ayant pas été parfaitement établie : on conserve des doutes au sujet de la provenance des plus belles pièces « de ce gisement », que possède le musée de Saint-Germain.

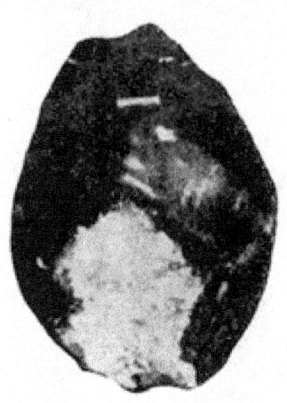

HACHE EN SILEX
trouvée dans la grotte du Moustier, vallée de la Vézère.
1/3 grandeur(Coll. de Vibraye.)

Mais d'autres documents fort anciens, les silex du Puy-Gourny, trouvés près d'Aurillac, par Rames, sont incontestablement authentiques, reconnus comme tels par plusieurs archéologues, et ces pierres, admirablement utilisées par notre ancêtre lointain, appartenaient à l'âge miocène supérieur : ce sont actuellement les témoignages les plus vénérables de notre passé [24].

Les silex que découvrit Prestwich sur les plateaux Crétacés du Kent sont également tenus par la plupart des géologues comme indubitablement anciens, de l'âge moyen du pliocène, qui précéda les quatre dernières progressions glaciaires. Puis se succédèrent d'autres industries éolithiques, de Saint-Prest, de Reutel, de Mesvin [25], jusqu'aux industries classiques de Chelles, de Saint-Acheul, de Moustier, si connues par la multitude des armes et des outils qu'ont livrés les fouilles de l'Europe médiane, de la vallée du Rhône à celle du Dniepr.

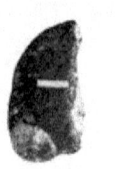

POINTE ET GRATTOIR DOUBLE
Vallée de la Vézère.
1/3 grandeur(Coll. de Vibraye.)

La France méridionale, dans les bassins de la Garonne et de l'Aude et sur le versant des hautes terres centrales, présente une série continue de productions industrielles pendant le va-et-vient des avancées et des reculs de la glace : les révolutions dues, dans les pays du nord, aux progressions et aux retraites successives de la masse cristalline causèrent certainement aussi, par une sorte de choc en retour, des modifications très importantes dans la culture des contrées du sud, mais elles ne la supprimèrent point complètement. Il n'y eut point de « hiatus, suivant l'expression des archéologues ; mais, en divers endroits de l'Europe médiane, il y eut arrêt complet et la civilisation dut recommencer à nouveau par des essaims de colons venus des pays non dévastés [26].

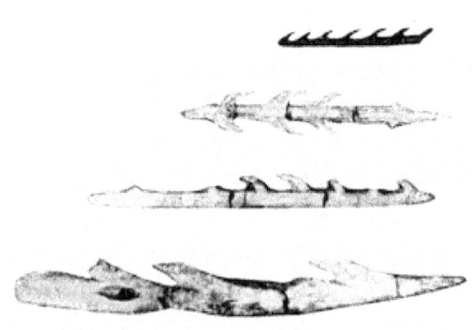

TYPES DE HARPONS EN BOIS DE RENNE
Abri sous roche de Laugerie, basse vallée de la Vézère.
1/3 grandeur(Coll. de Vibraye.)

Élisée Reclus

En diverses contrées de l'Europe, les trouvailles archéologiques et l'aspect du sol où se sont opérées les fouilles permettent d'assister, pour ainsi dire, au combat de l'homme et du glacier. Ainsi, l'on a découvert, au milieu du dix-neuvième siècle, dans les plaines du Suffolk et du Bedfordshire, des vestiges incontestables du travail de l'homme, flèches eu silex et autres instruments, qui appartiennent aux couches de terrain déposées immédiatement après le retrait des glaces, les fleuves actuels n'ayant pas encore eu le temps de creuser leurs lits dans le sol où se retrouvèrent ces restes de l'industrie humaine [27]. Mais c'est principalement en Suisse, où les Alpes suivaient harmoniquement les oscillations des glaces polaires, que l'on constate le mieux les efforts de l'homme pour conquérir le sol sur les glaces en régression.

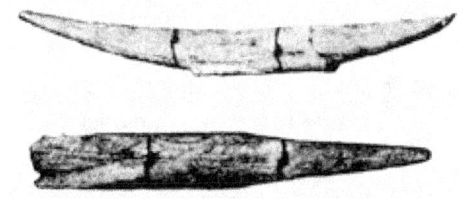

POINTES EN BOIS DE RENNE TRAVAILLÉ
Abri sous roche de Laugerie (basse Vézère).
1/3 grandeur(Coll. de Vibraye.)

D'après Rütimeyer (1875), le témoignage le plus antique du séjour de l'interglaciaire dans les Alpes proviendrait des bords du lac de Wetzikon, où il découvrit et étudia ce qu'il crut être un reste de vannerie, c'est-à-dire trois bâtonnets taillés en pointe à l'extrémité inférieure et tressés de branchilles fendues [28].

HAMEÇON EN BOIS DE RENNE
dont la pointe a été cassée.
Laugerie (basse Vézère).
2/5 grandeur(Coll. de Vibraye.)

CHAPITRE Ier

On a fait remarquer depuis que les castors, jadis nombreux dans les lacs de la Suisse, peuvent avoir été les ouvriers qui façonnèrent ces bâtonnets et que des rameaux brisés s'y entortillèrent peut-être sous l'effort de la houle venant heurter les rivages. D'autres n'ont vu dans ces « paniers » que des ramilles de pins rongées par le temps [29].

Quoiqu'il en soit, d'autres souvenirs évidents de l'homme ancien se sont montrés dans la dernière période des glaciers, aux âges où vivaient deux grands animaux éteints ou absents de la Suisse d'aujourd'hui, l'*Elephas primigenius* et le *Cervus tarandus*. Les trouvailles de Schweizersbild, près de Schaffhouse, rappellent cet ancien Groenland. Il est d'ailleurs facile de comprendre que les traces du séjour de l'homme aient disparu dans les contrées montagneuses où diverses fois les glaces descendirent des grands névés alpins ; entraînant dans leur course les roches éboulées des parois, elles les poussaient devant elles en moraines énormes qui recouvraient le sol sur des milliers de kilomètres carrés, ou labouraient profondément la terre en la parsemant de débris.

POINTE EN BOIS DE RENNE
Avec incisure pour l'emmanchement.
Laugerie (basse Vézère).
1/3 grandeur(Coll. de Vibraye.)

Bien que les fossiles humains se conservent difficilement dans les couches superficielles des terrains et seulement en des conditions très favorables, notamment dans les grottes, sous des couches protectrices de concrétions calcaires, des explorateurs ont trouvé quelques ossements fort anciens ayant appartenu aux artisans qui taillaient les silex, les obsidiennes, les cornes et les ivoires, pendant les âges interglaciaires et les époques plus récentes. Malheureusement, un très grand nombre de ces débris ont été déterrés par des fouilleurs incompétents qui ne se sont pas entourés des garanties suffisantes pour mettre l'authenticité de leur trouvaille à l'abri de tout soupçon et n'ont pas su fournir une description suffisamment précise de leur procédure.

N° 5. Grottes de la basse Vézère.

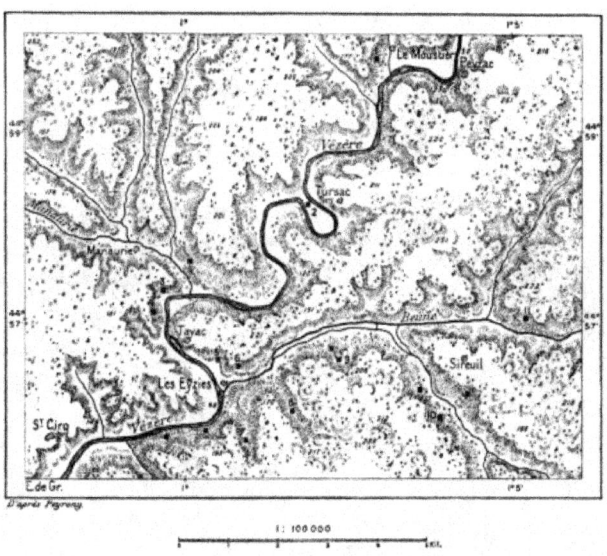

1 : 100 000

1.	Le Moustier.	2.	La Madeleine.	3.	Laugerie haute.	4.	Laugerie basse.
5.	Cro-Magnon.	6.	Les Eyzies.	7.	La Mouthe.	8.	Font de Gaume.
9.	Combarelles.	10.	La Calevie.	11.	Les Grèzes.		

Les grottes non numérotées sont moins importantes.

« Des milliers de sépultures préhistoriques ont été détruites ». (Manouvrier.) Les fragments en ont été dispersés, et les documents ostéologiques des musées sont peu nombreux, en dépit du grand nombre des explorations plus ou moins fructueuses accomplies dans les cavernes.

Divers fragments trouvés dans les couches inférieures de la formation pampéenne paraissent dater d'une époque antérieure aux temps glaciaires de l'Europe occidentale, et, en tout cas, sont plus anciens que les objets de même nature révélés jusqu'à nos jours par les chercheurs dans les contrées d'Europe. Cependant, il semble incontestable que deux molaires, trouvées dans le gisement de Taubach, près de Weimar, appartiennent à l'époque tempérée de la fin du pliocène, avant les âges du mammouth et du renne, aux temps de l'*Elephas antiquus* et du *Rhinocéros Mercki* : des traces de feu, des silex et des ossements tailles, des restes de repas, dont le gibier d'alors avait fourni les mets, témoignent de l'existence de l'homme tertiaire européen.

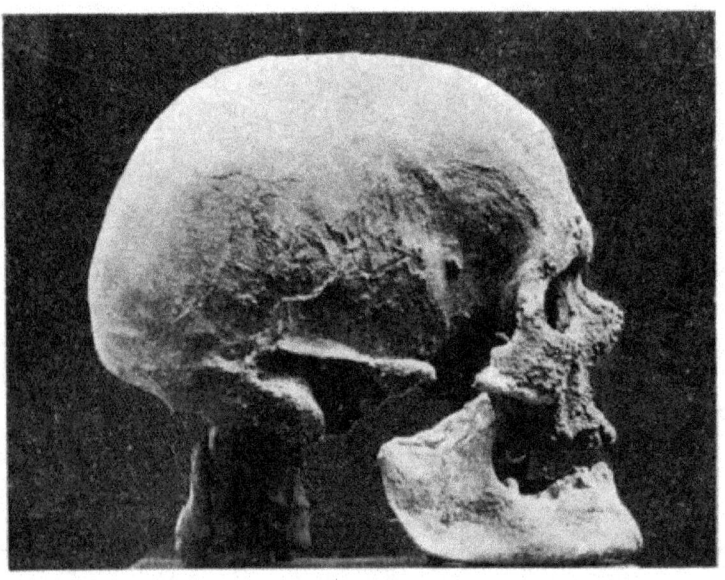

(*Muséum d'histoire naturelle* : Anthropologie.)
CRANE DE L'HOMME DE CRO-MAGNON (Profil)
Epoque magdalénienne.

D'autres fragments humains, provenant de Krapina, en Croatie, ont permis aux archéologues de préciser leurs affirmations sur ces époques lointaines : l'homme de la race locale possédait alors une dentition qui ressemblait beaucoup à celle des grands anthropoïdes [30].

Grâce à ces débris et à d'autres qui avaient été trouvés

précédemment, les savants spécialistes ont cru pouvoir diviser les hommes de l'époque paléolithique en plusieurs races, dont la plus ancienne, dite de Neandertal-Spy, d'après deux lieux de trouvailles des fossiles humains, se distingue par la saillie considérable des arcades sourcilières, véritables auvents de l'œil, et par l'aplatissement du crâne, indiquant une grande ressemblance avec les grands singes : d'après Schwalbe, on devrait considérer ce type plutôt comme une formation intermédiaire entre l'homme et le pithécanthrope que comme un parent direct de l'homme actuel : dans l'arbre généalogique des espèces supérieures, cette race constituerait une branche spéciale.

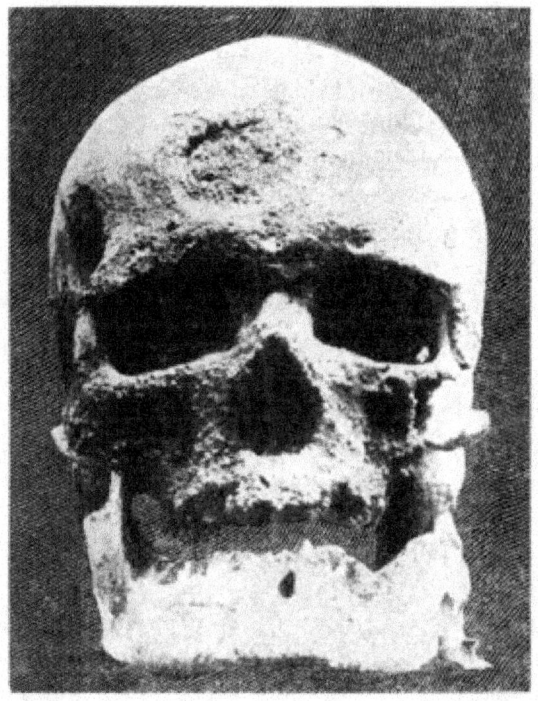

(*Muséum d'Histoire naturelle* : Anthropologie.)
CRANE DE L'HOMME DE CRO-MAGNON (Face)
Epoque magdalénienne.

CHAPITRE Ier

Wilser propose aussi de classifier une nouvelle race, celle de Voïsek, d'après un squelette fossile de Livonie, trouvé en 1902, qui dépasse tous les autres types humains en dolichocéphalie (0,67).

Quant à l'homme de Cro-Magnon, qui vivait à l'époque magdalénienne, dans les cavernes du Périgord et du Limousin, c'était vraiment un homme, de haute taille, de front haut, de crâne noblement arrondi, et tout à fait remarquable par ses qualités artistiques : on a pu même se demander si la race de Cro-Magnon, qui d'ailleurs paraît avoir été violente et barbare, prompte à donner et à recevoir la mort, n'avait pas atteint à certains égards un degré de culture culminant : au point de vue de l'art, toutes les générations suivantes, pendant les âges néolithiques, représentent une période de grand recul. Les auteurs qui s'occupent des hypothèses relatives à ces races préhistoriques cherchent à deviner les conditions de provenance et de milieu dans lesquelles se trouvaient les diverses peuplades dont ils ont découvert les campements, mais la part des opinions personnelles est trop grande dans les théories diverses pour qu'on puisse se risquer à des affirmations précises en matière aussi incertaine ; en tout cas, rien ne prouve qu'il y ait eu progrès continu chez l'homme, au point de vue des dimensions du cerveau et de la forme du crâne. Il est probable même qu'il en fut autrement.

Malgré l'opinion commune, la contenance du crâne ne se serait point accrue depuis les temps paléolithiques. La plupart des crânes fossiles l'emportent en capacité sur la moyenne des crânes actuels. Certains ont cherché la raison de ce fait dans une lutte pour l'existence plus âpre, plus variée, demandant des efforts plus constants, plus de présence d'esprit, d'ingéniosité et d'invention[31] ; avouons plutôt notre profonde ignorance. L'histoire de l'humanité comporte une évolution continue avec alternatives de gains et de pertes en force, en adresse, en acuité des sens, en vigueur intellectuelle, et, dans cette fermentation des sociétés, les progrès de l'ensemble peuvent coïncider avec une moindre valeur des individus.

On a risqué déjà quelques mesures du temps qui permettent d'obtenir de premiers points d'appui pour l'histoire de l'Homme sous nos climats tempérés de l'hémisphère septentrional. Les calculs approximatifs faits sur le dépôt des alluvions dans le lac des Quatre-Cantons et dans celui de Thun ont donné seize mille années au géologue Heim et quinze mille à Brückner et à Beck comme la période probable écoulée depuis le dernier retrait des glaces helvétiques [32].

Aux Etats-Unis, les restes d'un dépôt glaciaire, terminé par une moraine frontale, se poursuivent comme un rempart, de Long-Island aux bords de l'Ohio et du lac Michigan, puis, à l'ouest, jusqu'à la frontière de la Puissance, au pied des montagnes Rocheuses ; or, d'après le travail d'érosion que les pluies et les rivières ont accompli à travers ces amas de débris, les géologues ont évalué diversement la période depuis laquelle les glaces du « grand hiver » commencèrent à se retirer vers le nord, abandonnant la moraine déposée obliquement à travers l'Amérique. Les évaluations les plus récentes l'estiment à près de dix mille années avant nous, et Winchell précise en fixant un nombre de soixante-dix-huit siècles [33].

Les alluvions des fleuves — mesure d'ailleurs très incertaine, — ont pu également servir de mètre à la vie de l'humanité. Ainsi l'on aurait trouvé dans le delta du Nil des poteries recouvertes par des couches de dépôts annuels, les uns comptés, les autres évalués seulement, d'après lesquels ces débris du travail humain remonteraient à 15 000 années [34]. Des observations analogues auraient été faites dans les couches alluviales du Mississippi ; mais pareilles constatations sont de nature trop imprécise pour qu'on puisse, avant discussion nouvelle, y attacher grande importance.

Quoi qu'il en soit, les périodes de temps que nous indiquent les observateurs de la morphologie terrestre comme s'étant écoulées pendant les âges de la géologie moderne — retrait des plaines et formation des fleuves actuels — sont bien peu de chose en comparaison des dizaines de mille et des centaines de mille années avec lesquelles jonglent, pour ainsi dire, les archéologues de la préhistoire. Quand ils nous parlent de la durée probable des temps employés par nos aïeux pour s'élever graduellement de l'état de civilisation éolithique à la connaissance des lettres, ils procèdent dans leurs calculs comme si la nature s'était contentée d'un premier essai d'humanité pour le poursuivre sans reprise et sans retouche à travers la succession indéfinie des pithécanthropes et des hommes. Mais qui nous dit que l'énergie terrestre n'a pas dû s'y reprendre à plusieurs fois pour réussir et pousser à l'état viable cette espèce humaine qui, de progrès en progrès, a fini par avoir conscience de soi-même et de tout ce qui l'entoure, au point de pouvoir se considérer comme l' « âme de la Terre » ?

Un fait est certain, qui témoigne de la très longue durée, de l'existence humaine sur la planète : l'espèce se présente à nous comme s'étant propagée d'un bout du monde à l'autre depuis les temps immémoriaux.

(*British Muséum, Londres.*)*Mansell, phot.*
STATUE COLOSSALE PRÉHISTORIQUE
DE L'ILE DE PAQUES (OCÉANIE) (Dos)

Élisée Reclus

Aux débuts de l'histoire écrite, débuts qui varient d'environ quelques siècles à dix milliers d'années pour les divers pays, suivant la succession des découvertes faites par les civilisés, aryens, sémites ou touraniens, les continents étaient peuplés dans presque toute leur étendue, de même que les grandes îles situées dans le voisinage des côtes : les seuls espaces complètement déserts étaient, comme aujourd'hui, les âpres régions des montagnes, les surfaces neigeuses ou glacées, les tourbières tremblantes, les sables et les rochers dépourvus de toute végétation.

Dans l'Asie, il n'est guère de contrée où les nomades, Arabes, Baloutches, Mongols, ne se soient aventurés, n'aient même habité temporairement, après des pluies d'orage et la soudaine germination des herbes. Cependant, il reste quelques déserts d'Arabie, notamment au nord du Hadramaut, où nul n'osa se hasarder, vu la fluidité des sables dans lesquels l'homme s'engouffre et disparaît en peu d'instants.

En Afrique, de vastes espaces du Sahara restèrent inaccessibles pendant toute la période connue de l'histoire : telles, à l'ouest de l'Egypte et de ses dernières oasis, Farafreh, Khargeh, Dakhel, les formidables rangées de dunes qui se déroulent sur une largeur de plus de mille kilomètres dans la direction du Tibesti.

Les dunes d'Iguidi, dans le Sahara occidental, sont également évitées avec soin par les caravanes, et le Djuf, on « Ventre du désert », au nord-ouest de Tombuctu, est une dépression, peut-être saline, que défendent aussi les dangers de la faim et la terreur de l'inconnu contre toutes violations des sables par les pas humains.

Mais, en dehors de ces régions vraiment inhabitables, les hommes s'étaient répandus sur tous les continents de l'Ancien et du Nouveau Monde, jusqu'aux promontoires extrêmes, jusqu'aux « fins des terres », et par delà l'Océan, dans la plupart des îles et des archipels.

La voie lactée de la Polynésie avait reçu des habitants de proche en proche jusqu'aux groupes des îles Basses, invisibles de loin sur la vaste mer, jusqu'à la solitaire île de Pâques, où l'on a trouvé les traces d'une civilisation préhistorique presque grandiose.

CHAPITRE Ier

(British Muséum, Londres.)Mansell, phot
STATUE DE L'ÎLE DE PAQUES

Le peuplement complet des espaces continentaux témoigne de la longue durée des âges pendant lesquels les diverses races du genre humain se propagèrent à travers le monde. Il est difficile de s'imaginer combien pénible devait être la colonisation avant que les chemins fussent tracés dans les forêts et les marécages, avant

Élisée Reclus

que l'on possédât des barques et des radeaux pour les bras de mer.

Et cependant l'expansion des hommes se fit d'un bout du monde à l'autre, soit lentement, par l'accroissement des familles, soit, en maintes occasions, par de rapides exodes à de grandes distances du lieu d'origine. On est étonné de voir, dans les deux ensembles continentaux, comment des peuplades de même souche et de langues sœurs se trouvent séparées les unes des autres, à des milliers de kilomètres de distance, et sans aucun rapport mutuel qui témoigne de l'ancienne parenté.

Mais il existe aussi de nombreux groupes ethniques dont le séjour en une même région s'est perpétué pendant un nombre indéfini de siècles et que l'on peut considérer pratiquement comme de véritables aborigènes : telles la plupart des tribus américaines, que le naturaliste Agassiz s'imaginait avoir été l'objet d'une « création distincte » de celle de l'Ancien Monde.

Ces groupes d'indigènes, de gens « nés de la terre », habitent des contrées dont le milieu est caractérisé d'une manière tout à fait spéciale par le climat ou par le sol : dans cette ambiance particulière, les résidants doivent prendre un genre de vie très distinct de celui des voisins les plus rapprochés.

Il importe donc de les étudier à part, pour bien constater les effets puissants et durables d'un milieu ne se modifiant qu'avec une très grande lenteur et, par suite, agissant aussi bien sur les groupes qualifiés de race que sur l'individu. L'ensemble du groupe ethnique soumis à ces influences constitue, pour ainsi dire, un être humain de proportions énormes et vivant pendant des périodes de longueur prodigieuse.

Notes

1.   G. Vacher de Lapouge, Les Sélections sociales, p. 11.

2.   Genèse, chap. ii, v. 19.

3.   Ibid. chap. iv, v. 12.

4.   Fr. Spiegel, Ausland, 1872, n° 10.

5.   Golajanni, Razze superiori, razze injeriori.

6.   Vacher de Lapouge, Les Sélections sociales, p. 12.

CHAPITRE Ier

7.   Tarde, Revue scientifique, 15 juin 1895.

8.   Through unknown African countries, pp. «274-275.

9.   J. Kollmann, Globus, n° 21, 5 juin 1902 ; Frobenius, Geographische Kulturkunde, p. 22.

10.   Ernst Hæckel, Anthropogenie, 5e édition allemande, 2e vol., p. 584.

11.   Renan, Histoire du Peuple d'Israël, I, p. 2 ; Hæckel, Anthropogenie, 2e vol. p. 679.

12.   Faidherbe ; Hovelacque, Linguistique.

13.   Condorcet, Esquisse d'un Tableau historique des Progrès de l'Esprit humain.

14.   H. Drummond, Ascent of Man.

15.   Georges Engerrand, Notes manuscrites.

16.   Le singe, bête très laide et combien semblable à nous !

17.   Eug. Dubois, Pithecanthropus erectus, Eine menschenähnliche Uebergangsform aus Java, Batavia, 1894; Manouvrier, Revue scientifique, 30 nov. 1895 ; 7 mars 1896.

18.   Ernst Hæckel, The last Link, p. 22 à 28.

19.   Société d'Anthropologie de Paris, séance du 17 novembre 1895.

20.   A. Nehring, Naturwissenschaftliche Wochenschrift, 17 nov. 1895.

21.   Hamy, Précis de Paléontologie humaine ; — Fr. Lenormant, Les premières Civilisations.

22.   Rutot, Sur l'Homme préquaternaire, page 19.

23.   Rutot, Etat actuel de la Question de l'Antiquité de l'Homme, Bulletin de la Société belge de géologie, 1903.

24.   Rutot, Capitan, Klaatsch, etc.

25.   A. Rutot, mémoire cité.

26.   Moriz Hœrnes, Der diluviale Mensch in Europa, pp. 7-8.

27.   Ch. Lyell, Antiquity of Man, chap. XII et XIII.

28.   Albert Heim, Gletscherkunde.

29.   Cari Schröter, Vierteljahrsschrift der naturforschenden Gesellschaft, 1876.

30.   Albert Heim, Gorjanovic-Kramberger, Klaatsch, Moriz Hœrnes, etc.

31.   Vacher de Lapouge, Les Sélections sociales, p. 113-119.

Élisée Reclus

32.   Albert Heim, Ueber das absolute Aller der Eiszeit, Vierteljahrsschrift der Gesellschaft in Zurich, XXXIX, 1894.

33.   N.-H. Winchell, American Geologist, vol. X, 1892, p. 80 ; Mac Gee, American Anthropologist, vol. V, oct. 1892, p. 337.

34.   Mac Gee, Earth, the Home of Man, p. 15, Anthropological Society of Washington.

CHAPITRE Ier

CHAPITRE II

CLASSIFICATION DES FAITS SOCIAUX. — FROIDURE ET CHALEUR
SÉCHERESSE ET HUMIDITÉ. — MONTAGNES ET STEPPES
FORÊTS. — ILES, MARAIS, LACS. — FLEUVES. — MER. — CONTRASTE DES MILIEUX
L'HOMME LUI-MÊME EST UN MILIEU POUR L'HOMME

« L'inégalité des traits planétaires a fait la diversité de l'histoire humaine » et chacun de ces traits a déterminé son événement correspondant au milieu de l'infinie variété des choses[1]. Plus brièvement De Greef nous dit que « la vie est la correspondance avec le milieu ». Enfin von Ihering s'exprime ainsi : « Le sol est tout le peuple ».

Tel est le principe fondamental de la mésologie ou « science des milieux », que, il y plus de deux mille ans, Hippocrate formulait déjà devant ses disciples d'Athènes. Les vérités générales qu'il énonça furent répétées, amplifiées depuis par maints écrivains, tels que Montaigne, Bodin, Montesquieu, mais avec si peu de précision dans les faits que leurs remarques restèrent sans application sérieuse dans le domaine de la géographie et de l'histoire. C'est au dix-neuvième siècle que commencèrent les observations suivies dont l'ensemble a pris le nom de « science » avant de le mériter encore : du moins, les milieux par lesquels on cherche à déterminer les origines historiques des peuples de la Judée, de la Grèce, de l'Italie, ont-ils été décrits en d'admirables monographies.

Il ne suffit pas de reconnaitre d'une manière générale l'influence de la Nature sur l'Homme, il est nécessaire également de constater la part qui revient spécialement dans cette influence à chacune des conditions particulières du milieu. Aussi, pendant l'époque moderne, des savants se sont-ils livrés à la plus ingénieuse analyse et au tri le plus laborieux des faits, pour les classer chacun suivant l'action déterminante plus ou moins considérable qu'il exerce sur les hommes.

L'école de Le Play surtout s'est distinguée dans cet effort de classement des agents qui règlent l'activité de l'homme, et M. de Tourville, développant l'œuvre de son maître[2], a dressé la

Élisée Reclus

classification de tous ces agents, liste que son école considère comme un « instrument de travail ayant donné à la science sociale une impulsion comparable à celle que la chimie doit à sa nomenclature », comme un « outil précis et complet permettant d'analyser exactement et rapidement les sociétés les plus compliquées ». C'est beaucoup trop dire : cet instrument, de la plus haute utilité dans les mains de celui qui l'emploie en vue de renseignements sur des groupes sociaux déjà connus, peut devenir fort dangereux, manié par les chercheurs qui n'en subordonnent pas l'usage à la connaissance détaillée de la géographie et de l'histoire locales ; car l'importance des faits ne se présente point suivant un ordre régulier, toujours le même : elle varie en tout temps et en tout lieu, pour tout peuple et tout individu. Ici la froidure, les tempêtes, les vagues sont les grands meneurs des hommes ; ailleurs, c'est le bon soleil, c'est la douce brise.

La classification des faits sociaux due à M. de Tourville est divisée en vingt-cinq titres, et l'on s'étonne tout d'abord d'avoir à constater que ce tableau n'établit pas de différence entre les conditions auxquelles sont soumis indistinctement tous les hommes, quel que soit leur état de culture, et celles qui s'appliquent seulement à l'homme moderne.

N° 6. Habitations d'Eskimaux.

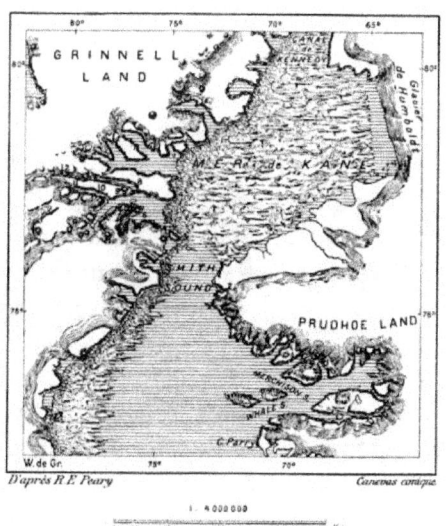

1. Anniversary Lodge. Hivernage de Peary en 1896.

2. Etah ou Ita. Campement semi permanent. Hivernages de Peary en 1897 et 1898.

3. Cap Sabine. Hivernage désastreux de l'expédition Greely en 1890.

4. Cap Albert. Campement abandonné.

5-12. Campements abandonnés rencontrés par M. Sverdrup, dans son expédition de 1898 et des années suivantes.

Il y a pourtant une distinction bien nette à marquer entre les faits de la nature, ceux que l'on ne saurait éviter, et les autres appartenant à un monde artificiel, que l'on peut fuir ou complètement ignorer. Le sol, le climat, le genre de travail et de nourriture, les relations de sang et d'alliance, le mode de groupement, voilà des faits primordiaux ayant leur part d'influence dans l'histoire de chaque homme, aussi bien que de chaque animal : tandis que le salaire, le patronage, le commerce, la circonscription d'Etat sont des fait secondaires auxquels les sociétés ne furent point soumises dans les temps primitifs. Il est vrai que, souventes fois, la part artificielle de l'existence prime chez les individus les conditions naturelles de la vie, néanmoins, une classification ayant un caractère général doit certainement placer au premier rang le milieu d'origine qui exerça l'action déterminante sur les populations primitives. Il faut étudier d'abord le milieu statique, puis s'enquérir du milieu dynamique.

Comme élément primordial, il convient évidemment de placer en tête les phénomènes de la température, avec ses écarts considérables, parfois également mortels, de l'extrême froid et de l'extrême chaleur, et leur action directe : l'assèchement du sol ou la production d'humidité. Les cartes statistiques sont là pour démontrer avec une clarté parfaite que le climat répartit les hommes sur la surface du globe, les groupant en masses pressées dans les régions tempérées, pourvu qu'elles soient suffisamment arrosées, et dans celles de la zone tropicale, raréfiant, au contraire, les habitants dans les terres glacées, et même faisant le vide absolu en des espaces trop froids pour que l'homme puisse y maintenir sa chaleur vitale.

D'une manière générale, la densité kilométrique des hommes,

c'est-à-dire le nombre moyen des habitants par kilomètre carré, reproduit par ses contrastes les contrastes mêmes du climat : du côté, des pôles la ligne isothermique de zéro coïncide presque exactement avec la limite d'habitabilité que la nature a tracée au genre humain. Presque toutes les îles impeuplées du nord se trouvent dans les parages polaires ou subpolaires, sous l'âpre climat des brouillards et des bruines, des neiges et des glaces : d'instinct, les populations émigrantes, refoulées par des révolutions terrestres ou par d'autres hommes, ont reculé devant ces terribles régions, ont péri même sans avoir eu le temps de s'accommoder à ce trop âpre milieu, où cependant quelques sites exceptionnels, revêtus d'une couche d'engrais par des millions de palmipèdes, ont une flore rapidement éclose de graminées atteignant jusqu'à 5 mètres de hauteur[3] : des familles d'Eskimaux vivent au nord jusqu'au campement d'Etah (Ita), à 1 300 kilomètres du pôle, et le voyageur Peary s'est fait accompagner par elles beaucoup plus au nord, dans ses expéditions de découverte ; au sud, les représentants du genre humain sont arrêtés par la mer à une distance beaucoup moindre de l'équateur, dans la Terre de Feu, à 3 800 kilomètres du pôle antarctique.

(*Musée d'Ethnographie.*)
ESKIMAU DANS SON KAÏAK

CHAPITRE II

N'est-il pas évident que si, des deux côtés du globe, les îles polaires sont évitées par l'homme, la cause en est aux froidures et pourrait-on contester ici les influences décisives du milieu ? Avant que l'Homme, émancipé dans une certaine mesure par la science, eût associé ses efforts pour se libérer quelque peu de la domination du climat, aucun de ses représentants n'aurait pu pénétrer, par delà les petites enclaves des Eskimaux, en ces régions terribles du froid polaire, mieux défendues que ne l'était l'ancien paradis chaldéen. La théorie d'après laquelle l'Homme, disposant d'une force innée, serait complètement indépendant de son milieu, est en absolu désaccord avec les faits observés, et personne n'a plus le droit de répéter les paroles de Gobineau : « Il suffirait que le groupe blanc le plus pur, le plus intelligent et le plus fort résidât, par un concours de circonstances invincibles, au fond des glaces polaires ou sous les rayons de l'équateur, pour que toutes les idées, toutes les tendances, tous les efforts y convergeassent. »[4]. Sous une forme plus vigoureuse encore, Driesmans nous dit qu'une forte race porte en elle-même son milieu »[5]. L'expérience a donné le démenti à ces assertions hardies, et l'on a vu récemment, dans les régions polaires, des expéditions composées de voyageurs appartenant à la race que Gobineau exalte par dessus toutes se livrer au cannibalisme, même hâter la mort de faméliques. Les enquêtes officielles ont eu raison de glisser légèrement sur ces incidents lugubres.

Les Eskimaux ou Innuit, c'est-à-dire les « Hommes » de l'Amérique du Nord, de même que les Lapons de l'Europe, les Samoyèdes et les Tchuktchi de l'Asie, portent dans toute leur personne et leur genre de vie le témoignage évident de l'action dominante du froid. D'abord, ils sont très peu nombreux, ce qui provient de la pauvreté des ressources que leur offre la terre arctique, recouverte de glaces sur la plus grande partie de son étendue. Sur un espace d'environ 7 000 kilomètres de l'est à l'ouest, de la côte orientale du Groenland au territoire des Tchuktchi, dans la Sibérie, — région d'environ vingt millions de kilomètres carrés, égale à quarante fois la France, — il y a moins de cinquante mille Eskimaux de race pure ou croisée, et, parmi eux, les indigènes qui, restés complètement à l'écart du monde européen, ont conservé la pureté de leur sang, ne dépassent certainement pas le nombre de quinze mille : le pays des Eskimaux est, en proportion, de quatre à cinq mille fois moins

Élisée Reclus

peuplé que le reste de la Terre. Leur nombre croit du reste assez rapidement au Groenland : l'augmentation a été de près de 10 % dans les dix dernières années du dix-neuvième siècle.

Si parsemés sont ces hyperboréens qu'en maints endroits les groupes, s'étant complètement perdus de vue, ignoraient l'existence les uns des autres. Telle était naguère la bande la plus septentrionale des Groenlandais, composée d'une vingtaine d'individus errant dans les solitudes glacées du nord, entre le détroit de Smyth et la mer Paléocrystique. En 1818, lorsque Ross les rencontra sur la plage d'Etah, au nord de la baie de Melville, ces gens furent stupéfaits de voir d'autres hommes et les crurent descendus de la lune ou montés des abîmes : ils s'étaient imaginé constituer à eux seuls l'humanité tout entière.

N° 7. Densité de la population arctique.

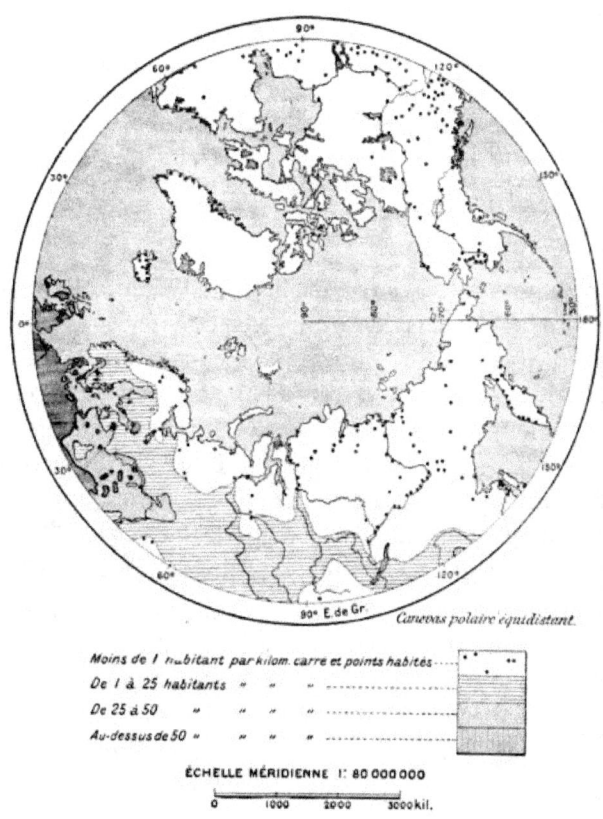

CHAPITRE II

Actuellement, dans ces régions, leur nombre serait d'environ cent cinquante, d'après Isachsen.

Mais ces étendues mornes, où les Eskimaux campent au milieu des glaces, ne leur fournissent que bien avarement les ressources nécessaires à l'existence. Il n'est donc guère probable que ces tribus aient eu pour lieu de naissance les contrées de la grande froidure, habitées aujourd'hui par elles, à moins que le climat local se soit refroidi peu à peu, obligeant les aborigènes à se modifier sans cesse, à changer leur genre de vie pour s'accommoder à la nature ambiante.

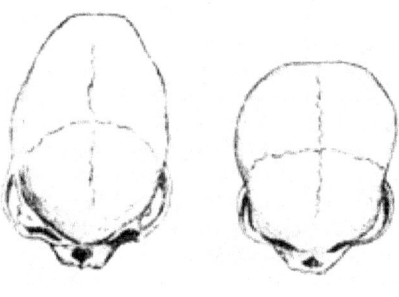

CRANE D'INDUIT   CRANE D'ALGONQUIN

On présume que les habitants du Grand Nord ont été graduellement refoulés de régions plus tempérées vers les rivages de l'océan Polaire et nombre d'archéologues voient en eux des Magdaléniens suivant le retrait des glaces dans la direction du nord. Dans leurs voyages, les Eskimaux furent évidemment guidés par les facilités de la chasse et de la pêche : ils ont accompagné les bœufs musqués, les baleines, les morses et les phoques. Là où manquaient ces animaux, là aussi manque tout vestige d'habitations innuit, notamment dans l'archipel polaire du nord-ouest[6].

Lorsque l'histoire mentionne les Eskimaux pour la première fois, plusieurs de leurs peuplades occupaient encore des contrées d'un climat moins âpre. Il y a neuf siècles, quand les Normands débarquèrent, beaucoup au sud du pays des Innuit actuels, sur les côtes du Helluland (Terre-Neuve) et du Vinland (Nouvelle-Ecosse ?), les hommes qu'ils eurent à combattre n'étaient point des

Algonquins, chasseurs à peau rouge, mais des Skraellinger, c'est-à-dire des Karalit, purs Eskimaux, apparentés à ceux de l'archipel polaire.

De nos jours, la limite est presque partout assez bien marquée entre les deux races et correspond avec les traits de la nature : « Là où sont les arbres, là est l'Indien ; là où commence la mousse, là commence l'Eskimau », dit le proverbe. Dans l'Amérique orientale, des guerres d'extermination ont donné à cette frontière naturelle la consécration du sang versé. « La terre est trop petite pour porter les deux races », disait un Innuit au voyageur Boas[7]. N'est-ce pas là le langage que l'on se répète entre ennemis de race et de classe, d'un bout du monde à l'autre ?

INNUIT

L'action du milieu se montre avec évidence jusque dans l'apparence physique des Innuit purs, car elle est plus difficile à constater chez les Groenlandais du sud, qui sont presque tous métissés de Danois et soumis à des institutions religieuses et politiques d'origine étrangère. Les vrais Innuit ont la tête allongée, mais sans fortes saillies ; leurs oreilles sont collées sur la tête, sous une chevelure épaisse et grasse ; leur nez, large et de faible relief, ne dépasse guère la rotondité des joues ; leurs petits yeux se cachent sous des paupières épaisses et bridées légèrement ; les

CHAPITRE II

pieds, les mains, de forme arrondie, ne laissent point se dessiner extérieurement les muscles.

PEAU ROUGE ALGONQUIN DU LABRADOR

Eux-mêmes, sous leurs épais costumes en peaux et en fourrures, apparaissent comme des boules et semblent rouler en marchant.

De même que l'homme de cheval, maquignon, palefrenier ou jockey, prend une figure chevaline, de même l'Eskimau, pêcheur de cétacés, offre d'une manière étonnante la physionomie du phoque, figure plate avec les quelques poils de la moustache hérissée, expression douce, légèrement effarée, aspect huileux de l'ensemble. Il a aussi les mœurs du phoque, alternant de longues paresses à une activité forcée.

Amplement vêtu à l'extérieur, l'Eskimau doit également se capitonner à l'intérieur par un amas de nourriture dont la plupart des Européens n'ont aucune idée. On parle de 10, 12, 14 kilogrammes de graisse, d'huile, de viandes englouties, entonnées, sans discontinuité de repas, par un seul Innuit ou « Mange-Cru » — tel est le sens du nom « Eskimaux » donné par les Algonquins à leurs voisins du nord — ; mais ces prodigieuses ripailles sont fréquemment compensées par des jeûnes très longs et d'ailleurs moins dangereux pour la santé[8].

Élisée Reclus

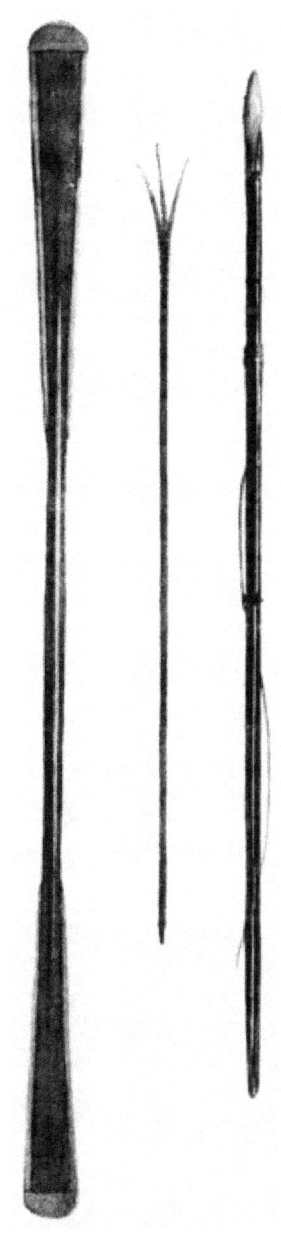

PAGAIE ET HARPONS
DES ESKIMAUX

CHAPITRE II

Chez les Innuit du Lahrador, la grande épreuve des jeunes gens, l'examen final qui devait leur permettre d'entrer dans la compagnie des hommes faits, était un jeûne de plusieurs jours : ample, succulente, la nourriture était à portée de leurs mains ; ils n'y touchaient point, préférant défaillir. La forme des demeures, de même que le vêtement et la nourriture, est commandée par les conditions du milieu. En certains endroits, notamment dans le Groenland méridional, les arbres de dérive apportés par le courant permettaient d'employer le bois dans la construction des huttes ; ailleurs, dans le Groenland oriental, on utilisa les pierres ; mais l'impérieux climat oblige les constructeurs à boiser ou à maçonner leur *iglou* dans la profondeur du sol : les parois sont formées de mottes gazonnées, de lits de mousse revêtus extérieurement de neige battue. En mainte région du pays eskimau septentrional, la hutte ronde, à laquelle on accède par un étroit couloir où l'on s'introduit en rampant, est entièrement construite de neige, et là pendant plusieurs mois d'hiver, séjournent jusqu'à dix familles, débarrassées de tout vêtement, sans autre feu que celui de la lampe, dans une atmosphère étouffante et devenue graduellement horrible par l'accumulation des immondices. Il semble impossible que l'homme vive en un pareil milieu, mais à quoi ne réussit-on pas à s'habituer ? Des traitants de pelleterie, des missionnaires, tels que Petitot, ont vécu pendant des mois en ces horribles tanières[9].

Quand ces prisonniers sont libérés par le soleil d'été, ils éventrent l'iglou, le démo lissent, et bientôt la fusion de la neige en a fait disparaître les ignobles débris.

Naturellement, le climat défendait jadis à l'Innuit toute agriculture, péniblement introduite depuis dans quelques jardins : les naturels n'ont d'autre nourriture végétale que des baies, telles que myrtilles et framboises, et, sur la terre ferme, la « tripe de roche », lichen d'un goût amer ; ils mangent aussi, en manière de légumes, les matières vertes, non digérées, qu'ils trouvent dans les intestins des rennes.

Élisée Reclus

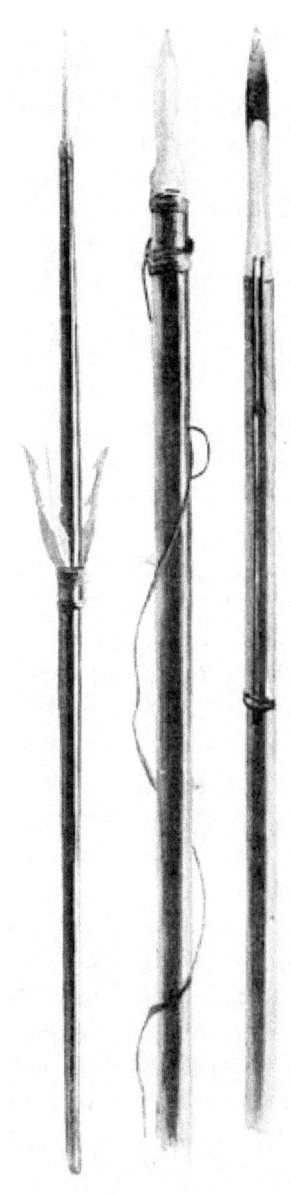

HARPONS DES ESKIMAUX

CHAPITRE II

Presque toute la nourriture des Innuit est animale, obtenue soit par l'élève du bétail, soit par la chasse ou la pêche. Les Tchuktchi de l'intérieur ont de grands troupeaux de rennes ; les Eskimaux du Labrador vivent principalement de la chasse, et ceux de la Terre de Baffin sont fréquemment obligés, pendant des semaines entières, de poursuivre seulement le gibier des plaines, caribous et bœufs musqués, parce que le « frazis » des côtes, ou glace riveraine, s'étend trop au loin des rivages, empêchant d'employer les bateaux de pêche. Mais les Eskimaux du Groenland, habitant au bord de mers profondes que balaie le courant côtier, sont presque exclusivement pêcheurs de phoques, et l'on sait quelle adresse, quel instinct merveilleux ils savent développer pour atteindre leur proie, soit en été dans les eaux libres, soit en hiver au-dessous de la glace, percée seulement d'une étroite cheminée par le souffle chaud de l'animal !

Les outils, les armes de l'Eskimau, destinés à frapper l'être qui fuit sous les eaux, sont des chefs-d'œuvre d'adresse. Les artistes eskimaux rivalisent de zèle pour dessiner, tailler, surtout graver et sculpter (Payne). On dit même que l'ingéniosité des Eskimaux de l'Alaska se serait révélée par la découverte de l'hélice ; en mécanique, ils seraient donc allés plus loin que les Grecs dans toute leur gloire d'inventeurs ! C'est à la pointe de leurs flèches qu'ils appliquaient la courte hélice, courbée uniformément dans le sens de la gauche[10].

Pourtant, malgré la merveilleuse sagacité du chasseur, le gibier manque souvent ; la faim, la terrible faim sévit parfois, et cette faim, toujours imminente, explique des traits de mœurs que ne comprennent pas les populations sédentaires, comptant sur leurs récoltes annuelles. Ainsi les liens de famille se nouent et se dénouent forcément, suivant les nécessités de la pêche et de la chasse. Une femme du campement Point-Barrow est elle devenue trop faible pour s'attacher comme porteuse à une expédition, elle est par cela même divorcée et reste à la colonie avec les vieillards et les enfants ; le mari se fait accompagner par une femme plus forte, capable de subir toutes les fatigues, de s'exposer à tous les dangers du voyage.

D'autres fois, le salut commun oblige les pêcheurs à laisser derrière eux un compagnon malade ou blessé, de même que, pendant les tempêtes, les matelots européens abandonnent, désespérés, leur camarade tombé à la mer. Comme en tous les pays du monde, des scènes de cannibalisme ont eu lieu dans les régions du Grand Nord pendant les périodes de famine absolue ; mais en nombre de communautés innuit, les sacrifices sont réglés d'avance pour l'intérêt commun.

MER DE GLACE

Souvent les parents se laissent mourir de faim afin que les enfants aient à manger. Des mères, se dévouant pour la grande famille, ont livré leurs nourrissons !

LE GIBIER DES MERS POLAIRES : PHOQUES PRENANT LEURS EBATS

Il y a quelques années, la découverte de gisements d'or dans le Klondyke, sur les bords du Yukon et sur le cap Nome, a changé

CHAPITRE II

toute l'économie politique des populations innuit, chargées désormais de fournir aux mineurs blancs des poissons, de l'huile et du lard. Les Tchuktchi du littoral notamment sont devenus riches[11] et peuvent très bien entretenir leurs parents, mais naguère, des vieillards, incapables de suivre les hommes faits dans leurs chasses et menacés de périr d'inanition dans les campements isolés, demandaient volontiers la fin ; or, dans ce cas, les enfants et les amis les plus chers étaient tenus par la coutume, aussi bien que par leur affection, d'accomplir ce devoir du meurtre. C'était à eux de donner au père ou au compagnon le narcotique stupéfiant, puis de lui couper la carotide et de l'étendre sur son lit de mousse. A Point-Barrow, il faut continuer la terrible cérémonie en livrant aux chiens la chair du vieillard, et ces chiens, à leur tour, sont dévorés par la communauté, afin que l'âme de l'être qui n'est plus échappe aux esprits mauvais et profite aux vivants. Après ces rites lugubres, on jeûne longtemps, tous observent le silence, et, quand on reprend les conversations et les discours, on évite toute combinaison de syllabes qui puisse rappeler le nom du mort. Malgré ces drames, que la menace de la famine rend inévitables, il n'est pas de populations que la nécessité absolue de l'aide mutuelle rende plus solidaires que les Eskimaux. Très causeurs, faciles aux confidences, ils se visitent de hutte à hutte et de village à village ; quand ils sont pourvus suffisamment de nourriture et que la chasse ou la pêche ne prend pas tout leur temps, ils se lancent volontiers en des voyages de plusieurs centaines de kilomètres pour aller voir des amis. Tout étranger a droit à l'abri de leur iglou. Cette bonté naturelle, cet esprit de parfaite solidarité, qui portent l'homme vers l'homme, sont de règle chez les Aléoutes et les Grœnlandais.

Nos ancêtres, pendant la période gréco-romaine et au moyen âge, s'imaginaient que la chaleur était trop forte dans la région tropicale pour laisser vivre les hommes : on se répétait que le climat, vraiment « torride », était assez brûlant pour les rôtir, et la couleur des Africains semblait indiquer, en effet, un commencement de cuisson. Les grands voyages de découverte entrepris par les Gama, les Colomb, les Magellan, deux mille ans après la circumnavigation de l'Afrique par les Phéniciens de Nechao, prouvèrent qu'il n'en est pas ainsi, et que l'homme peut habiter et vivre sur les terres éclairées par le soleil zénithal. La chaleur n'oppose donc pas, comme le froid, un obstacle infranchissable à l'extension de la race humaine, ou plutôt l'extrême des hautes températures, qui rendrait le milieu insupportable à l'homme, ne se présente pas sur la planète terrestre. La carte des lignes isothermiques offre des enclaves climatiques où la température moyenne dépasse 30 degrés, en maintes contrées, les chaleurs estivales s'élèvent fréquemment, ou même régulièrement, à une quarantaine de degrés, et parfois, là où l'ardeur du soleil est réverbérée par les roches ou les sables, le thermomètre indique, même à l'ombre, comme un souffle d'incendie qui semble intolérable, mais que l'homme habitué supporte néanmoins sans être atteint dans ses œuvres vives.

S'il est de vastes étendues, dans la zone torride, presque ou même complètement inhabitées, la cause n'en est point à un excès de chaleur, mais soit à une surabondance de vapeur d'eau, soit, plus fréquemment, au manque d'humidité dans l'air. Les climats qui plaisent à l'homme offrent une proportion de vapeur aérienne représentant au plus les neuf dixièmes et au moins les deux tiers de celle qui indique le point de saturation : dès que la proportion tombe au quart, au cinquième ou à moins encore, les conditions deviennent défavorables à l'existence. D'ailleurs, les contrées qui manquent, à l'ordinaire, de la quantité suffisante de vapeur sont aussi privées d'eau dans le sol : ce sont des espaces presque dépourvus de végétation, sans animaux et, par conséquent, sans hommes.

CHAPITRE II

N° 8. Régions de Sécheresse.

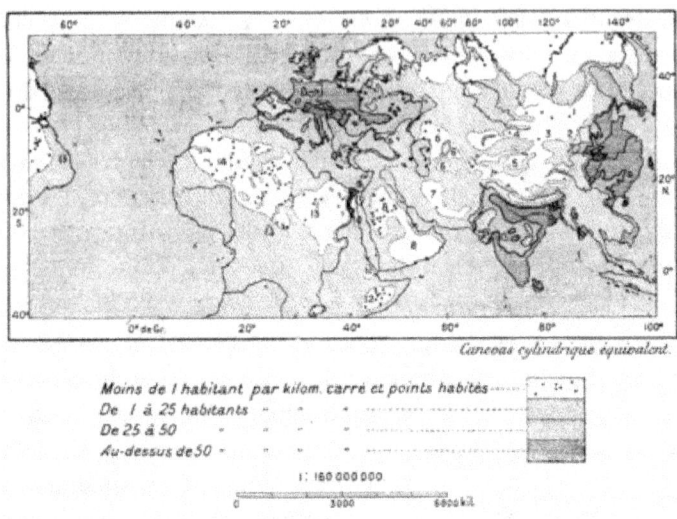

Canevas cylindrique équivalent.

Moins de 1 habitant par kilom. carré et points habités
De 1 à 25 habitants
De 25 à 50
Au-dessus de 50

1 : 160 000 000

1. Khalka mongol, mer des Herbes. 4. Dsungarie. 7. Déserts de l'Iran. 10. Désert arabique. 13. Désert de Libye.	2. Plateau des Ordos. 5. Taklamakan. 8. Déserts de l'Arabie. 11. Erithrée. 14. Sahara.	3. Gobi. 6. Steppes des Turkmènes. 9. Sinaï. 12. Désert des Somal. 15. Ceara, région à dépeuplement
intermittent pour cause de sécheresse.		

Les hauts plateaux et les montagnes élevées de l'Asie, de l'Altaï à l'Himalaya, restent inhabités à cause du froid. Les steppes des Kirghiz, aux alentours du lac Balkhach, peuplées jadis et se repeuplant aujourd'hui, avaient été dévastées par les guerres. La sylve explique la faible densité des populations de l'Amazonie.

C'est à cause de la sécheresse de l'air et de la terre que, de la Mongolie à l'Adrar, s'étend un immense croissant de régions sans habitants

Élisée Reclus

ou presque désertes, comprenant le Gobi, la Kachgarie, le désert de Kirman, l'Arabie, le Sahara ; même le Cearà, dans le territoire du Nouveau Monde, se trouve parfois englobé dans le domaine de l'atmosphère trop sèche, malgré le voisinage de l'Atlantique, et les habitants sont obligés d'émigrer temporairement vers l'Amazonie. Dans l'espace d'environ douze millions de kilomètres carrés que comprend la zone déserte de l'Ancien Monde avec les oasis intermédiaires, la population atteint seulement un million d'individus, cent vingt fois moins que la moyenne des continents.

Les Innuit, que nous avons pris pour type des populations soumises à l'action du climat le plus âpre, ne sont certainement pas des « primitifs » au point de vue de la race, car, durant l'infini des siècles de croissance, les milieux ont continuellement changé ; mais, en comparaison des peuplades diverses de la zone tropicale, ces habitants du « Grand Nord » peuvent être considérés comme aborigènes, « issus du sol » pour ainsi dire. Au contraire, les groupes ethniques les plus isolés des régions torrides, les Touareg du Sahara, par exemple, ou les Nubiens, les Bedja, les Danakil ou les Somal, riverains du littoral ardent de la mer Rouge et de l'océan des Indes, sont des populations déjà très mélangées, qui, depuis de longs siècles, appartiennent au monde historique.

Par leurs aïeux, ils furent en relations fréquentes avec l'Inde, l'Egypte et la Phénicie, ils firent partie du domaine de la civilisation hymiarite ; Méroé, sur le haut Nil, fut une de leurs capitales et un centre de grande culture ; depuis au moins trente-six centaines d'années, ils connaissent le bronze et le fer, puisque, dans un temple de Thèbes, des peintures murales représentent des Punt ou Somal portant des armes semblables à celles dont ils se servent aujourd'hui. Après la naissance des religions modernes, les Bedja se convertirent au christianisme, puis au mahométisme ; les Danakil et les Somal sont même croisés d'Arabes et se disent avec confiance les compatriotes du prophète, aussi bien que les fidèles de son dieu ; quelques-uns prétendent appartenir à la famille même de Mahomet. Cependant ces peuples, qui ont été modifiés si diversement, peuvent, à l'égal des Eskimaux, se présenter comme des exemples typiques de l'action du climat.

On constate d'abord combien ces gens du littoral torride, qu'ils soient de race arabe, galla ou nigritienne, offrent entre eux

CHAPITRE II

de ressemblance physique dans la structure et la démarche. Bien différents des Hyperboréens, gros et courts, aux figures joufflues, aux ventres proéminents, aux mouvements en roulis, ces fils du Soleil sont maigres et nerveux, souples, toujours bien découplés, d'une vitesse étonnante à la course. Ils ont les traits fermes et précis ; l'œil vif se dégage hardiment de la paupière, et la chevelure, seule protection du crâne contre les rayons de feu, retombe en crinière sur les épaules. Pour vêtement, Danakil et Somal n'ont que des blouses, ou simplement des draperies et des écharpes ; les cabanes où ils se retirent la nuit ne sont que des nattes de branchilles entrecroisées. Ils n'ont point, comme les Esquimaux, à entretenir une flamme. La nourriture de tous ces Afer ou « Errants » est des plus simples, car la froidure ne les oblige point à pousser activement la combustion intérieure : un peu de millet, du lait, du beurre, la chair du mouton, celle du poisson s'ils vivent au bord de la mer ; c'est tout. Le Bedja, le Dankali sont la sobriété même ; ils savent jeûner comme l'Innuit, mais leurs repas seraient un jeûne pour le mangeur de phoques. Volney, pesant la nourriture du Syrien, constata qu'elle ne dépasse pas six onces — 170 grammes — par jour, et, pour le Bedja, elle n'est certainement pas plus abondante.

HOMME DE LA TRIBU DES DANAKIL.

Élisée Reclus

Les Bédouins — nom que l'on donne à tous les nomades musulmans — ont des chants pour vanter leur sobriété, comme les Européens modernes en ont pour glorifier la vie et la bonne chère : « Si la faim me presse, dit un héros arabe, si la faim me presse, je ne l'écoute pas, je la trompe, je l'oublie, je la promène, je la tue. »[12]. Et le mourant s'écrie : « Je jeûnerai pour vous dans la mort comme je l'ai fait dans la vie. »[13].

De même, dans le Nouveau Monde, le Papago de la Sonora reste facilement sans boire deux, trois jours sous un soleil implacable. Et pourtant, malgré les tables savantes des médecins qui dosent la quantité d'azote, de carbone et d'eau prétendument indispensable à tout organisme humain, Bédouins et Papagos sont d'une force et d'une adresse étonnantes. Les Papagos sont des coureurs prodigieux : en jouant au kachànekon, c'est-à-dire à la « balle au pied », il leur arrive de courir après la boule de 50 à 65 kilomètres dans leur après-midi[14].

Le caractère nu, monotone des paysages, rochers, argiles ou sables gris, interrompus par de rares oasis de verdure ou n'offrant que des brousses, des herbes rares, doit se retrouver aussi dans la nature intellectuelle et morale des peuplades qui habitent ces contrées de sécheresse et de chaleur. La vie ne peut que très faiblement changer dans ce milieu formidable et violent : les pensées, les mœurs restent presque identiques de siècle en siècle, très simples, sobres, précises, impératives dans leur uniformité.

Mais dans les têtes échauffées par les traits d'un soleil ardent naissent facilement les colères et les fureurs. En ces contrées, les vengeances se poursuivent avec une rage féroce, et dans les grands mouvements nationaux, dans les guerres d'indépendance ou d'invasion, les naturels fanatisés poussent l'intrépidité jusqu'aux extrêmes limites du possible, même jusqu'à l'impossible, a-t-il pu sembler pendant certaines périodes de l'histoire, notamment à l'époque des premières invasions mahométanes et lors de la soudaine ruée des madhistes contre les envahisseurs anglais.

Le contraste absolu de ces régions sèches par l'atmosphère, arides par le sol, nous est fourni par les contrées où l'humidité de l'air et la surabondance des pluies rendent le séjour de l'homme presque impraticable. A cet égard, la côte occidentale du Nouveau

Monde offre des oppositions frappantes.

TYPE DE SOMALI

Tandis que certaines parties du littoral, ainsi la péninsule mexicaine de la Californie, c'est-à-dire le « Chaud Four », et les plages du Pérou méridional, n'ont guère pour habitants que des mineurs, des pêcheurs de perles, d'âpres commerçants en métal et en sels chimiques, les deux régions pluvieuses du nord et du sud, d'un côté le littoral de l'Alaska, de l'autre l'archipel des Chonos, sont restées également désertes, malgré la richesse forestière de la contrée, la fertilité naturelle du sol et l'excellence de ports bien abrités.

La ville de Juneau, qui, en dehors des lieux aurifères, alternativement envahis et délaissés par les prospecteurs et les mineurs, est, comme agglomération normale, la plus considérable des parages du nord, reste quand même un tout petit centre industriel et administratif, quoiqu'elle soit devenue capitale de l'Alaska (1903) et, surtout, que l'exploitation des mines, des forêts, et les pêcheries de saumons permettent de s'y enrichir rapidement, ce qui est la considération primaire aux yeux des Américains et de tant d'autres.

Au sortir du village de Sitka, bâti jadis pour les fonctionnaires russes et servant maintenant de comptoir à quelques traitants, toute excursion est tenue pour impossible. L'eau se répand en flaques dans les inégalités du sol ; même sur les pentes roides, les racines entremêlées des conifères retiennent l'eau de pluie qui gonfle les mousses comme d'énormes éponges ; les gouttes tombent de branche en branche ; les nappes liquides ruissellent sur les fûts des arbres ; les rameaux brisés, gluants et à demi pourris jonchent le sol granitique et pourtant changé en boue coulante : que les averses pénètrent à travers les ramures ou que la buée remonte de la terre, on est toujours dans un bain d'eau ou de vapeurs. Les nuages qui s'abattent et les brouillards qui montent s'entremêlent incessamment et l'homme se trouve, pour ainsi dire, emprisonné dans l'élément fluide qui le trempe et le pénètre. En un pareil milieu, est-il étonnant que les résidents, fort rares, mènent une vie monotone, sans entrain juvénile ? Leur grande préoccupation est de s'abriter.

En beaucoup de contrées que baignent constamment les ondées et les brouillards, l'homme n'a pu même s'établir à demeure, malgré les avantages qu'il pouvait en retirer : notamment, parmi d'autres terres de l'océan Indien, dans la grande île de Kerguelen, que l'on crut d'abord être la pointe avancée d'un continent austral. D'une surface évaluée à quatre ou cinq mille kilomètres carrés, elle offre des surfaces gazonnées qui pourraient être facilement mises en culture : des troupeaux, d'après l'expérience faite par le navigateur John Ross, y réussiraient aussi bien que dans les Falkland des mers américaines, situées sous une latitude plus rapprochée du pôle. La position géographique de Kerguelen — sous le 49e degré — correspondant à celle de Paris, dans l'hémisphère septentrional, n'est point pour effrayer les voyageurs, et la température moyenne de l'île, d'environ 4 degrés centigrades, n'est autre que celle de

CHAPITRE II

Kristiania et de Moscou, villes dont le climat est très favorable à un vigoureux développement de l'homme. En outre, Kerguelen, qui possède d'excellents ports parfaitement abrités contre le formidable vent du nord-ouest, se trouve exactement à moitié chemin sur la ligne de navigation entre Le Cap et Melbourne : on comprend donc facilement que le gouvernement français ait tenu à s'assurer la possession d'une terre qui, si elle était utilisée, pourrait avoir une très grande importance dans l'économie générale de la planète ; mais les marins, les baleiniers et les rares naturalistes qui ont visité Kerguelen pour y passer quelques mois, dans les pluies et les tempêtes, n'ont pas raconté leur séjour de manière à encourager les tentatives de colonisation, du moins sur les côtes occidentales, tournées vers l'éternel orage, entourées d'un brouillard intense ; les albatros mêmes ne trouvent point à se nicher dans les rochers. Les hommes n'y vivent, bien malgré eux, qu'avec le désir de quitter au plus tôt cette « terre de Désolation », ainsi dénommée par Cook en son voyage de 1770. Pour s'accommoder au climat, les insectes de l'île, notamment les mouches et le seul papillon indigène, ont perdu leurs ailes : celles-ci ne pourraient que les gêner, puisqu'ils se trouveraient emportés par le vent sans avoir eu le temps de les ouvrir[15].

ÎLES KERGUELEN. — Panorama du Port-Gazelle, près de la cascade de la Pointe-Duck.
A, montagne, presqu'île, observatoire. — B, dépôt de vivres. — C, cap Ashfeld, entrée du Port-Gazelle.

Élisée Reclus

Pour des raisons analogues, maintes vallées tropicales, admirablement fertiles ou bien riches en métaux, restent abandonnées par l'homme ; il se refuse à vivre sous des pluies continuelles. Ainsi, les mines d'or très abondantes de Caravaya, sur le versant oriental des Andes péruviennes, ont dû être délaissées pendant tout le cours du dix-neuvième siècle par les prospecteurs espagnols, très âpres pourtant à la recherche des pépites. De même, les pentes andines de l'Ecuador, s'inclinant à l'est vers le sillon profond que parcourt l'Amazone, restent presque sans habitants, malgré la valeur de leurs gisements et la variété de leurs végétaux précieux. Que de fois les aventuriers se sont-ils hasardés dans les ravins orientaux de la Sierra Nevada magdalénienne, entre Rio Hacha et Santa Maria, dans l'espoir d'y faire une ample récolte d'or! Mais les pluies qui tombent immanquablement chaque jour, formant par leur buée un milieu favorable pour le développement des moustiques et d'autres insectes, buveurs de sang et porteurs de microbes, n'ont jamais manqué de faire perdre courage aux mineurs. D'ailleurs, il est certain que les ouvriers de demain, mieux outillés que ceux d'hier, mieux avertis au point de vue scientifique, plus habiles à combattre les fléaux, sauront s'établir triomphalement aux lieux mêmes d'où leurs devanciers se sont enfuis.

L'humidité du sol, en mainte contrée où l'humidité de l'air n'est pas suffisante pour empêcher le séjour de l'homme, met l'interdit sur le pays. C'est ainsi qu'en Irlande les *quaking bogs* ou « tourbières tremblantes » et, en tant de régions du Nouveau Monde, les *tremendales* et *tembladeras* sont évités avec soin par les voyageurs et ne peuvent être mis en culture qu'après un long assèchement du sol.

Récemment encore, l'intérieur de la grande île de Terre-Neuve était resté pays inconnu, bien que les villes et les villages se succèdent sur une partie du littoral, au bord des baies poissonneuses et des havres abrités. On comptait les aventuriers audacieux qui s'étaient hasardés à faire des voyages d'exploration d'une rive à l'autre, à travers les rochers, les petits lacs, les mares, les marais, et les fourrés de conifères nains, tellement entremêlés qu'il est impossible de marcher sur le sol : on ne peut cheminer que sur la forêt même, formant un lacis compact de branches inégales où le voyageur trouve péniblement son équilibre. Pour rendre la contrée accessible, il a fallu l'ouvrir à grands frais par des routes et des chemins de fer, où, pendant les tourmentes hivernales, les voyageurs risquent d'être bloqués par les neiges.

Parmi les régions qui sembleraient inhabitables à la plupart des hommes, mais qui, pourtant habitées, donnent à leurs résidants un genre de vie tout à fait à part, il faut citer la partie lacustre du haut Nil, où le fleuve, arrêté par la berge dite le « Joug des rivières », formait naguère, pendant la saison des crues, un lac de dimensions variables, parsemé de *sedd* ou grandes îles d'herbes.

Vivant, sinon dans l'eau, du moins sur les rives marécageuses ou dans les sedd à demi consolidés, les nègres Denka, et spécialement celle de leurs tribus que l'on connaît sous le nom de Nuêr, sont tournés en ridicule par tous leurs voisins à cause de leurs attitudes d'oiseaux pêcheurs. Très grands, aux jambes longues et maigres, ils ont reçu le nom d'échassiers, et, comme les hérons, ils se tiennent souvent avec une jambe hors de l'eau, l'appuyant sur le mollet de l'autre jambe par la plante du pied ; ils peuvent rester au moins une heure dans cette étrange posture.

N° 9. Kerguelen.

Élisée Reclus

Posant avec précaution le pied sous l'eau vaseuse, dans la crainte de marcher sur un être vivant, ils retirent ensuite l'autre pied haut dans l'air au-dessus des tiges d'herbes : même lorsque le sol est asséché, ils conservent cette démarche habituelle d'échassiers. Pour pêcher, ils se placent souvent à la cime d'un de ces nids de termites qui s'élèvent en obélisque dans la plaine, plus haut que dans les régions non inondées, car ici les termites ont dû se construire plusieurs étages pour monter de palier en palier dans leur demeure d'argile, suivant la hauteur des eaux. De loin, quand on aperçoit une longue forme vivante perchée au sommet de la butte rougeâtre, on ne sait quel est cet être bizarre, un pêcheur avec sa corbeille pleine de poissons ou le grand échassier *Balæniceps rex*, « le père du Soulier », disent les Arabes, à cause de son grand bec en forme de chaussure.

Les Denka, les Nuêr sont toujours nus : des vêtements les gêneraient pour marcher dans l'eau, et les étoffes humides, gardées sur la peau, seraient la cause inévitable de fièvres. Aussi, comme toujours, l'usage s'est-il transformé en morale, et les Nuêr tiendraient pour honte de s'habiller : les cicatrices du tatouage, les anneaux, les bracelets et les bagues leur suffisent. Les soins du corps exigent qu'on s'enduise la peau pour combattre l'humidité. D'ordinaire, le Denka se roule joyeusement dans la cendre, après chaque feu d'herbes, à la façon des mulets dont on vient d'enlever le bât, et se redresse, tout gris, ou d'un gris bleuâtre, quand la couleur de la peau transparaît sous la poussière , mais le riche pasteur, propriétaire de nombreux troupeaux, s'oint le corps entier d'une substance huileuse, qu'il recouvre ensuite de bouses régulièrement appliquées.

En beaucoup d'autres pays du monde, dans l'Inde et dans l'Indo-Chine, et surtout dans le Matto Grosso brésilien, dans le Gran Chaco du Paraguay et de l'Argentine, vivent d'autres peuplades d'hommes amphibies analogues à celle des Nuêr, cheminant comme eux dans l'eau, comme eux disputant le poisson aux oiseaux plongeurs, et réussissant à élever leur famille sur un sol tremblant formé de roseaux pourris cachant des eaux profondes. Ces êtres, à part des autres hommes, sont bien des prisonniers du marécage, où tout naturel, non accoutumé graduellement au milieu, ne pourrait manquer de périr. Et les Uaraun ou Guaraunos, que Humboldt

CHAPITRE II

décrivit après d'autres voyageurs et qu'il a rendus célèbres, ne sont-ils pas aussi des captifs de la nature environnante ? A l'époque où les visita le grand voyageur, c'est-à-dire dans les premiers ans du dix-neuvième siècle, les Uaraun, quatre ou cinq fois plus nombreux qu'ils ne le sont aujourd'hui, auraient encore habité la cime des arbres pendant la période des inondations, quand toutes les îles du bas Orinoco, entre les quarante bras fluviaux, étaient recouvertes par la nappe grise des eaux débordées. Unissant vers leurs extrémités les hampes de cinq ou six palmiers euterpe, ils établissaient, au-dessous de ce multiple toit de feuilles, un plancher léger pour soutenir leur demeure aérienne, dominant de plusieurs mètres l'étendue de la nappe liquide[16].

TYPE DE DENKA

Élisée Reclus

Ce mode d'habitation n'a pas subsisté jusqu'à nos jours[17]. En relations constantes avec les Européens d'origine castillane à l'ouest, de langue anglaise à l'est, les Uaraun possèdent maintenant de solides embarcations qui leur servent de maisonnettes dès que la cabane ordinaire est envahie par le fleuve ; quand les eaux se gonflent et débordent, ils n'ont qu'à monter dans leurs bateaux pour les laisser dériver jusqu'au lieu d'ancrage. Le genre de vie s'est également modifié quant à l'industrie et à la nourriture, qui était presque exclusivement limitées aux produits d'un seul arbre, le palmier mauricia. Mais quoique à demi policés, les Uaraun n'en sont pas moins tenus par leur milieu à procéder autrement que les gens de la terre ferme dans les mille circonstances de la vie.

C'est ainsi que pour faire des chemins, ils ne se bornent pas, comme leurs voisins des pays émergés, à ouvrir une percée dans la forêt : après avoir abattu les arbres, ils les rangent transversalement sur la voie et les attachent par des cordages en fibres de palmier. Lors de la crue, le chemin tout entier se soulève d'un bout à l'autre sans se disloquer, et se change en radeau ; il monte, puis redescend avec la décrue et s'échoue de nouveau. Quant à leurs morts, les Uaraun, répugnant à les enfouir dans la boue, les enveloppent d'une épaisse couche d'argile, et les suspendent aux branches, près de leurs cabanes, ou bien les attachent à leurs embarcations et les promènent dans le fleuve. Quelques heures après, les cadavres sont parfaitement disséqués par les poissons, et l'on en dépose pieusement les débris en des corbeilles funéraires.

Même dans l'Europe civilisée, au milieu de populations urbaines parfaitement assouplies aux pratiques modernes, se sont maintenues des coutumes étranges, commandées autrefois par le milieu et justifiées encore par les conditions locales, bien qu'elles aient été grandement modifiées par les changements généraux qu'apporte la civilisation. Ainsi, dans le voisinage même de la puissante Hambourg, premier havre commercial de l'Allemagne et du continent d'Europe, des jardiniers et autres cultivateurs des terres basses riveraines de l'Elbe traversent encore la campagne juchés sur des appareils d'échassiers. A l'est de l'île Noirmoutier, d'autres « maraichins » vivent au bord des « étiers » en des cabanes ou « bourrines », qu'ils construisent en une pâte d'argile mélangée à des roseaux hachés, et qu'ils recouvrent de joncs ou « ronches »,

CHAPITRE II

alourdis par des couches de boue pour résister au vent de la mer. Les habitants ne peuvent cheminer dans la plaine qu'en se servant de longues perches qui leur permettent de franchir les fossés d'un bond.

Quant aux Lanusquets ou Landescots de la Gascogne, dans le voisinage des lacs qui bordent le littoral, ils offrent en marchant un spectacle unique au monde, vu la hauteur de leurs échasses, dont quelques-unes ont près de 2 mètres. Sur ces pâtis, jadis parsemés de flaques d'eau et de mares sans profondeur, ils n'auraient pu suivre leurs troupeaux de moutons s'ils n'avaient armé leurs jambes de ces « chanques » bizarres. Lorsqu'on aperçoit pour la première fois un groupe de ces échassiers des Landes, on ne peut s'empêcher d'être saisi d'un certain émoi, comme à la vue d'un prodige. Revêtus de leurs peaux de mouton à la laine rongée par le temps, ils passent gravement, en tricotant des bas ou en tordant du fil, au-dessus des « brandes » ou grandes bruyères, des fougères et des joncs, comme si, à l'exemple des magiciens, ils avaient le pouvoir de glisser sur les tiges des plantes sans les courber ; le spectateur reste presque enfoui dans la brousse ; eux, au contraire, semblent marcher en plein ciel, sur le bord de l'horizon. Ils paraissent d'autant plus étranges qu'on les voit de plus près ; car, en dépit du raisonnement, le regard, logique à sa manière, ne peut s'empêcher de prendre d'abord les échasses pour des prolongements vrais des jambes, dont ce que l'on croit être les genoux se courbent en arrière et non en avant, comme chez les autres mortels. Le grand bâton que manient les Lanusquets avec une adresse excessive, et qui leur sert à l'occasion de balancier, de bras ou d'appui, contribue à l'étrangeté de leur aspect : on dirait de gigantesques sauterelles. En quelques districts non encore transformés en forêts par les semis, tous les habitants pratiquent les échasses : les enfants eux-mêmes ne craignent pas de se hasarder sur les chanques paternelles, et souvent on aperçoit au-dessus de la bruyère des femmes, presque toujours vêtues de noir, qui ressemblent à de grands corbeaux perchés sur des branches séchées.

Élisée Reclus

LANDESCOT

La montagne est, parmi les milieux distincts que présente la Terre, un de ceux qui, par son ensemble de conditions physiques, détermine avec le plus de force chez ses habitants un caractère particulier, des habitudes et des mœurs propres d'une singulière et frappante originalité. Ces monts, dressés en murailles au-dessus des plaines, contrastent brusquement avec les déserts et les steppes qui sollicitent l'homme au libre parcours, au déplacement dans un espace illimité. Le monde semble complètement fermé par ces brusques remparts, et souvent, en effet, la limite est aussi nette qu'elle le paraît, marquée soudain par les escarpements des roches qui forment la racine de la montagne. Les populations se pressent à la base, nombreuses, actives, pleines de vie, comme l'eau d'un

CHAPITRE II

lac qui vient battre le pied des falaises ; puis, immédiatement au-dessus, commencent les âpres rocailles, les espaces nus et raboteux, évités par l'homme. Mais la pression des populations à la recherche de la nourriture fait, en mains endroits, pénétrer des essaims sociaux par les portes du rempart, et ces régions, inaccessibles en apparence, se peuplent dans les étendues favorables au séjour des colons.

Les pays montagneux renferment, cachés par les murs extérieurs, des espaces parfaitement délimités, mondes à part bien distincts, qui sont assez vastes, assez pourvus de ressources pour subvenir aux besoins d'une grande population et destinés, par leur isolement même, à devenir le berceau d'une civilisation particulière. C'est ainsi que se sont constitués, dans le Nouveau Monde, les ensembles ethniques nettement déterminés des Nahua mexicains, des Muysca, des Quichua, des Aymara. Divers bassins, entourés d'un super beamphithéâtre de monts neigeux qui leur versent des eaux abondantes, sont autant de jardins : telle la merveilleuse vallée de Kachmir, avec ses grands lacs, ses prairies à peine exondées. Même la Suisse, en une moitié de son étendue, est une bande de prairies et de campagnes boisées, que le multiple rempart du Jura masque au nord-ouest et transforme en une vallée intérieure.

Mais si les plissements des montagnes enferment de vastes contrées habitables, donnant asile à des nations composées de millions d'hommes, la plupart des hautes régions cachent leurs habitants en des vallées étroites, bassins fermés qu'entourent des rochers, et qui ne contiennent d'ordinaire, entre des escarpements grisâtres, qu'un pauvre tapis de verdure, souvent lâcheté de pierres écroulées, et parfois menacé par des roches pendantes.

Ces prisons communiquent très difficilement avec le reste du monde, et même, en beaucoup de régions montagneuses, leur centre naturel d'attraction se trouve, non sur leur versant de pente, mais sur le versant opposé, dans un bassin fluvial différent. De ce côté, des seuils accessibles par des penchants herbeux, sur lesquels errent les troupeaux, facilitent le passage, tandis que du côté par lequel s'écoulent les eaux, la seule issue est une étroite et dangereuse fissure ; le voyageur préfère souvent se risquer à l'escalade de rochers affreux que de s'engager dans cette gorge où les torrents descendent en cascades, alternant avec de profondes vasques, entre les parois abruptes. C'est ainsi qu'avant la construction de la route moderne, ouverte à grands frais à travers les rochers qui dominent le Guil, le « nant » furieux du val Queyras, ce bassin était rattaché au monde extérieur par le col d'Isoard, qui s'ouvre au nord vers Briançon.

ENTRÉE DU VAL QUEYRAS

Tellement difficiles sont certains passages qu'on leur donne, dans les Alpes de la France méridionale, le nom de « clus » ou « cluses », témoignant que ce sont de vraies « fermetures » sur le monde extérieur : il faut s'emprisonner ou choisir un autre chemin de sortie. Toute carte détaillée des montagnes vous montre par

CHAPITRE II

centaines des Vais d'Enfer, des Bouts du Monde, des Valchiusa, des Vaucluse, des Klemme, des Klissura, contenant chacun sa petite humanité perdue, son lieu d'asile pour quelques familles, cloîtrées dans une enceinte étroite de rocs et de neiges. Dans la région des déserts de Syrie dite Safah, à l'ouest de Damas, les prisons naturelles où se réfugient les tribus persécutées de la plaine sont bien plus étranges encore : ce sont les crevasses tortueuses d'un plateau de lave : on y disparait comme en des oubliettes, et nul ennemi n'ose y poursuivre les fugitifs. Quelques herbes poussant au fond du gouffre, un peu de terre végétale pour la culture permettent aux captifs volontaires d'entretenir de maigres troupeaux, de semer un peu de grain et de ne pas mourir d'inanition[18].

Si les cabanes sont enfermées, les hommes, les idées le sont aussi[19]. Réduites à leurs seules ressources, fort maigres, les populations isolées de ces « vaucluses », ou vallées closes, ne peuvent évidemment présenter une civilisation complexe comme celle des habitants de la plaine inférieure. Elles doivent s'en tenir à une industrie rudimentaire, à la culture de leur petit bassin de terres arables, à la garde de leurs bestiaux, à la chasse des animaux rupestres.

D'après des légendes que nombre d'historiens adoptèrent sans réflexion, obéissant à la routine du langage, les gens de la plaine seraient descendus de la montagne en suivant le cours des rivières, mais c'est en sens inverse que s'est fait le mouvement de migration. Les habitants des hauts cirques montagneux sont évidemment gens de la plaine ayant été obligés de remonter vers les sommets pour fuir soit des ennemis, soit la famine, en cherchant une retraite sûre ou des terrains vierges. Les vallées supérieures des monts sont, par excellence, des lieux de refuge : des régions les plus contraires y vinrent des épaves ethniques, appartenant aux races les plus différentes et s'étant accommodées primitivement aux milieux les plus distincts.

Parmi tant et tant de peuplades diverses qui se sont cantonnées, dans les vals fermés des montagnes, nulle évidemment ne saurait être considérée comme typique, puisque ces fuites, ces exodes, ont eu lieu à diverses périodes de l'histoire, avec accompagnement de vicissitudes contraires. Mais, si différents par l'origine et les mœurs que soient les habitants des hautes vallées, ils se ressemblent par

Élisée Reclus

certaines conditions du milieu et, par conséquent, présentent beaucoup de traits communs.

N° 10. Val Queyras.

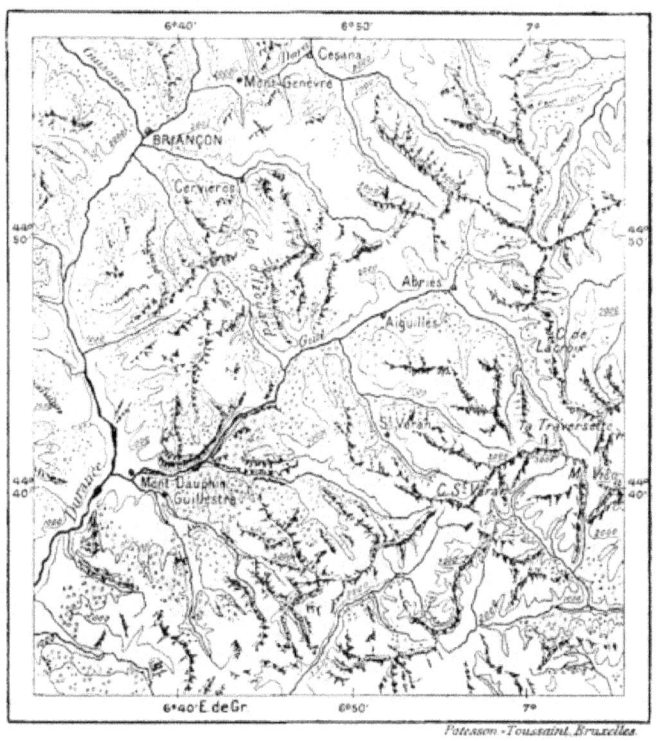

Courbes de niveau de 1000, de 2000 et de 3000 mètres

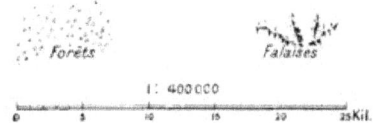

Forêts   Falaises

1 : 400000

D'abord, la rareté de l'air leur impose des phénomènes de respiration analogues : en effet, l'homme qui vit à plus de 2 000 ou 3 000 mètres au-dessus de la mer ne reçoit pas, dans une même aspiration, la même quantité d'oxygène que dans les régions basses, et cette insuffisance de gaz vivifiant l'expose, durant l'ascension, à ce « mal des montagnes » qui provient de la non-élimination des

CHAPITRE II

principes vénéneux restés dans l'organisme.

Par suite d' « anémie barométrique »[20], les visiteurs des hauts plateaux sont donc exposés à des maladies particulières, différentes de celles qui règnent dans les basses plaines. Mais l'être humain peut réussir à s'acclimater, grâce à une modification physiologique : les globules rouges, dont on compte environ 5 millions par millimètre cube de sang chez les hommes qui vivent dans les campagnes du littoral marin, s'élèvent à 8 millions et même au delà chez ceux qui résident à 4 000 mètres d'altitude. Non seulement la succession des familles, mais l'individu lui-même peut s'accommoder assez rapidement, par l'accroissement des globules sanguins, à l'existence dans l'air raréfié des hauteurs[21].

Le résultat de ces changements a permis aux montagnards de se distinguer uniformément des gens de la plaine par les dimensions de la cage thoracique. Les Quichua, les Aymara, aussi bien que les Tibétains, étonnent par la structure massive du tronc, auquel se rattachent des membres que les gens de la plaine trouvent de forme disgracieuse. Même les descendants purs des Espagnols qui se sont établis, il y a trois ou quatre siècles, sur les plateaux de la Colombie et du Mexique diffèrent singulièrement de leurs frères de race castillane par les dimensions du buste.

Nous tous, voyageurs, qui visitons les montagnes pendant la belle saison, et qui nous plaisons à respirer la bonne senteur des herbes, à cueillir les fleurs éclatantes des alpages, à cheminer au bord des gaves sous les branches des aunes, nous ne cherchons point, d'ordinaire, à nous imaginer ce que fut la vie des montagnards primitifs, ce qu'est celle de leurs descendants enfermés dans ces hauts réduits, si pittoresques et avenants en été.

Des routes sinueuses, tracées en encorbellement au-dessus des précipices, même des chemins de fer traversant les promontoires en galeries sous-rocheuses nous mènent dans ces petits univers, jadis fermés, où, fatigués de la vie, surmenés de corps et d'esprit, nous venons reprendre notre équilibre physique, intellectuel et moral. Sur ces hauteurs, tout nous semble beau, mais les naturels savent combien dure est l'existence dans ces étroits domaines. De même que les régions polaires, mainte vallée des Alpes est privée de soleil pendant une partie de l'année, et le jour d'hiver ne donne pas un rayonnement direct, une lumière franche : ce n'est plutôt qu'un amoindrissement de l'obscurité nocturne. De loin, par delà les hautes crêtes, s'épand le reflet de l'astre aimé. A midi, les gens de la vallée suivent des yeux avec anxiété la lueur d'aurore qui, là-haut, rase le profil de la montagne, puis s'affaiblit et s'éteint peu à peu, laissant une morne pénombre sur les formes cadavériques des bas-fonds. Dans les hautes vallées des monts, aussi bien que dans les archipels de l'océan Glacial, « l'obscurité est plus difficile à supporter que le froid ».

Quelle joie pour ces gens de l'ombre quand l'astre, au printemps, montre son limbe supérieur, puis son disque entier, apparaissant comme un dieu, et certainement adoré comme tel ! Dans le Val Godemar, les habitants du village des Andrieux se rassemblaient naguère à la fin de l'été, sur le pont de leur torrent, puis, au moment où, après 102 jours de disparition — du 1er novembre au 10 février — le soleil montrait de nouveau son disque d'or, ils lui offraient une omelette ronde, comme pour imiter de leur mieux, par cette effigie grossière, la forme et la couleur de la divinité, et se la rendre ainsi favorable pour tous les pauvres produits de leur sol infécond[22].

Au manque de lumière correspond le manque de salubrité : l'homme se développe mal à la base des pentes toujours ombreuses et suintantes ; ses jointures se nouent ; il devient rachitique, souvent goitreux ; il peut même descendre jusqu'au crétinisme. Les pays de montagnes sont toujours ceux où l'on montre le plus d'infirmes de toute espèce : scrofuleux, boiteux, aveugles et sourds. Tel village des Alpes portait jadis, et très justement, le nom de « Villard-Goitreux » : les chiens, les poules même, cheminaient, alourdis par de longues chairs traînantes. L'étal hygiénique de la population a complètement changé pendant la deuxième moitié du dix-neuvième siècle, car l'instruction, avec des conséquences pratiques, a largement pénétré dans la vallée ; peut-être même des industries chimiques ont-elles contribué à modifier la constitution de l'air[23]et les habitants sont-ils moins sédentaires.

Himalaya, Pyrénées, Caucase, Andes américaines ont aussi leurs populations de malingres : les goitreux forment la majorité des habitants dans la longue vallée colombienne du Gauca. Et ce ne sont pas seulement les malheureux villages des hauts bassins fermés qui ont à souffrir de l'absence prolongée du soleil : les gens des villes situées en dehors de la montagne, mais encore à l'ombre de ses parois, en pâtissent aussi. L'amoindrissement de la lumière et de la chaleur solaires entraine forcément une diminution proportionnelle dans l'ampleur des idées et dans la liberté d'esprit.

Aux conditions déjà redoutables du milieu s'ajoute, dans les hautes vallées des montagnes, la claustration imposée par les neiges de l'hiver. Les captifs de ces régions se trouvent alors en plein pays polaire : les neiges s'amassent dans les fonds, elles tourbillonnent sur les hauteurs et s'accumulent au bord des précipices, menaçant de s'écrouler en avalanches sur les groupes de cabanes blotties en quelque creux. Pour ne pas être écrasé, il faut se réfugier en des caves, naturelles ou artificielles, et maintenir, par des galeries sous-neigeuses, la libre communication de l'air avec l'extérieur. Les vivres entassés pendant la belle saison suffisent rarement aux familles troglodytes, qui n'ont pas, comme les marmottes, la ressource de s'endormir alimentées par leur excès de graisse : d'ordinaire, les hommes faits, abandonnant à la solitude empestée les vieillards, les femmes et les enfants, descendent vers la plaine pour y trouver des moyens d'existence ; en même temps ils vont chercher aventure, car le montagnard enfermé sent le besoin d'élargir sa prison. Du haut des promontoires qui entourent sa vallée, il aperçoit le monde à ses pieds ; il voit l'infini s'ouvrir devant lui, et il descend, il chemine toujours plus loin, entraîné par la joie de l'espace vers ces belles plaines dont il admire l'horizontalité. C'était un dicton proverbial dans les Alpes de Savoie, que « Dieu a passé de nuit dans les montagnes et il n'y voyait pas clair. »

De tous les habitants de l'Europe, les Suisses sont ceux que l'on rencontre, non pas en plus grand nombre, mais le plus méthodiquement distribués dans toutes les parties de la Terre. C'est que la conquête graduelle des industries itinérantes dans toutes les contrées vers lesquelles rayonnent leurs fleuves, Rhin, Rhône, Tessin, Danube, leur enseigna l'art de se distribuer les champs d'exploitation : nulle part la science de l'expatriation n'a été mieux comprise.

L'émigration partielle des montagnards pendant la saison des froidures a dû se produire de tout temps et finalement s'est régularisée avec un rythme partait ; les habitants des plaines inférieures, ainsi visitées périodiquement, se sont accoutumés à

Élisée Reclus

ces passages d'étrangers de la même manière qu'au vol des oiseaux migrateurs. Ils devaient les accueillir avec complaisance, puisque ces étrangers leur apportaient les produits de la montagne, choses utiles ou belles à voir, telles que cristaux, plantes précieuses, animaux rares, et qu'ils offraient aussi leur travail temporaire en échange du pain. La nécessité les avait ingéniés à se créer des métiers spéciaux : ils savaient se rendre indispensables, et, grâce à leurs services, passer de peuplade en peuplade sans être molestés. Récemment encore, avant que l'immigration européenne et la construction des chemins de fer eussent changé toute l'économie sociale de l'Amérique du Sud, la tribu bolivienne des Collahuaya, qui fait partie de la nation des Apolistas, dans les montagnes d'Apolobamba, envoyait tous ses adultes dans les contrées des alentours jusqu'à Lima, Valparaiso, Buenos-Aires, Rio-Janeiro même, pour y vendre des simples, des pierres aimantées, des remèdes. Les plus habiles, reconnaissables à leur grand crucifix, avaient une haute réputation comme médecins. Après des années de vie errante, ces *Indios del Perù* revenaient dans leur pays, portant avec jalousie leur lourde sacoche d'argent, parfois même poussant une caravane de mules chargées. Ils reconnaissaient les enfants nés pendant leur absence et dressaient les jeunes garçons à continuer leur vie de gagne-petit[24].

Ignorant les rancunes locales, les marchands de la montagne qui parcouraient des pays en pleine guerre n'avaient à prendre parti ni pour les uns ni pour les autres ; cependant, toute industrie leur étant bonne, il leur arrivait aussi de se vendre temporairement pour guerroyer. Tels les Suisses du moyen âge : tuer, piller était devenu leur fonction sociale.

On vante le courage des montagnards, autre conséquence du milieu qu'ils habitent et de leur genre de vie. Restés libres et frères dans leur étroit domaine, grâce au mur de défense qui les protège, ces gens des hauts alpages peuvent s'imaginer, par une illusion naturelle à tout homme, que les privilèges de milieu sont dus à leur vertu propre, et ils tiennent en médiocre estime la foule asservie, pullulant au-dessous d'eux dans la plaine. Chacune de leurs vallées constitue une petite république, souvent alliée en fédération avec les vallées des alentours et formant ainsi un monde inattaquable aussi longtemps que dure l'union contre l'ennemi d'en bas.

CHAPITRE II

Avant la construction des routes, les montagnards pouvaient se garer de toute agression, grâce à leurs cachettes naturelles, au labyrinthe de leurs cirques et de leurs vallons, à leurs âpres rochers, dont seuls ils connaissaient les fissures d'escalade. Les forteresses naturelles des monts leur suffisaient sans qu'ils eussent besoin d'avoir recours à l'art vil des remparts. Ainsi s'explique le maintien des communautés indépendantes au milieu des grands Etats politiques. Les Guanches de Gran-Canaria, cachés dans leurs trous de rochers, se sont longtemps défendus contre les traqueurs espagnols. Les Abor et les autres Himalayens de l'est, protégés non seulement par leurs rochers, mais aussi par les averses qui ruissellent sur leurs montagnes pendant la période de la mousson, n'ont point encore de maîtres, quoique les Anglais soient la nation conquérante à laquelle ils ont affaire.

Il n'est pas de région montagneuse, Pyrénées, Alpes, Balkans, Caucase, Himalaya, Kuenlun, Cordillère des Andes, qui, dans son histoire moderne ou même présente, ne montre des exemples de sociétés distinctes, s'étant constituées en républiques, indépendantes des groupements politiques de la plaine inférieure. La position de Lhassa dans le pays des Grandes Neiges, par delà la double rangée de l'Himalaya et du Trans-Himalaya, en a fait l'une des dernières villes qu'une expédition militaire ait profanées.

Très forts pour la défense, lorsqu'ils n'ont pas été énervés par le monachisme, comme le sont les Tibétains, les montagnards se montrent d'ordinaire très faibles pour l'attaque : relativement peu nombreux, ils se composent d'autant de clans distincts qu'il y a de vallées ; leur disjonction avait été dessinée d'avance dans la structure de la montagne. Ils furent souvent pillards, mais non conquérants. Toutes les guerres dans lesquelles les vies des nations entières se trouvent engagées se sont déroulées dans les plaines[25].

D'ailleurs, chaque massif de montagnes est, à part soi, un si vaste ensemble, offrant comme un résumé de la Terre entière, que l'on y trouve tous les contrastes provenant de la différence des altitudes, des terrains, des pentes, des calories. Les groupes d'habitants se forment naturellement en raison du climat, de l'exposition, du sol, à moins d'une cause spéciale d'attraction, telle que des mines ou des carrières. Les villages s'abritent contre le froid ou contre la chaleur des pentes calcinées ; ils fuient la roche nue ou trop escarpée et recherchent les conques gracieuses, arrosées et défendues par des ceintures de roches. En certaines contrées, en Ethiopie par exemple, les coupures de séparation formées par les ravins et les cluses sont tellement profondes qu'elles sont pratiquement infranchissables et limitent les royaumes. Le volcan Kilimandjaro n'a pas moins de 83 Etats indépendants sur un espace de 800 kilomètres carrés, qu'habitent soixante mille individus environ : les limites naturelles formées par les profondes barranques de la montagne ont parqué les populations comme des troupeaux de brebis.[26]

(*Société de géographie.*)
ATALAYA : VILLAGE DE TROGLODYTES
(GRAN-CANARIA)

En de grandes vallées, comme celles du Rhône supérieur, on constate nettement que les maisons se pressent sur les talus fertiles de déjection apportés par les torrents. Ces cônes sont d'autant plus populeux que leur masse est plus ample, correspondant à un bassin torrentiel plus riche en eaux courantes ; enfin le côté de la vallée tourné vers le soleil, et d'ailleurs le mieux cultivé en espèces plus appréciées, telles que la vigne, offre une guirlande de villages plus rapprochés[27].

Dans les plaines et pénéplaines, chaque massif de collines, même chaque butte insulaire représente en moindres proportions le théâtre des vastes montagnes, et les mêmes oppositions de milieux influent sur les résidents suivant une mesure correspondante. Ainsi les rochers escarpés dominant les villages et leurs cultures ont favorisé la construction des châteaux forts et des repaires murés et crénelés où se tenaient les chevaliers pillards du moyen âge, et c'est encore sur les points dominants que l'on construit de nos jours les ouvrages de guerre.

Mais un sentiment d'orgueil entre aussi pour une grande part dans cet amour des sommets. Dans le Haurau, presque chaque cime de montagne porte son tombeau. En mourant, le chef demande qu'on aille porter son corps sur un piton de volcan et ses fils ont à cheminer péniblement sur les rocs pendant des journées entières pour accomplir la volonté paternelle. Aaron, Moïse, qui étaient aussi des Bédouins, furent également ensevelis par leur Dieu sur de hautes montagnes[28].

De même les cavernes, les sinueuses galeries des grottes ont pu longtemps offrir, pendant les âges de civilisations primitives, les avantages de la sécurité, comme les hautes vallées closes des montagnes, et certaines populations, notamment les Magdaléniens des temps paléolithiques, paraissaient n'avoir pas eu d'autres demeures.

Toutefois la nature du sol ne permettait pas d'ordinaire grande extension aux Troglodytes avant que l'art ne vint à leur aide pour la construction des villes souterraines : la force du peuplement et la domination appartiennent aux hommes que porte la terre libre de tous ces labyrinthes mystérieux. Aux époques d'autrefois, la race humaine, représentée par ses variétés diverses, se développait d'autant plus amplement que le sol était plus ouvert et plus tempéré, à la fois moins stérile et moins couvert de végétation touffue, moins obstrué de rochers ou de marais boueux, mieux pourvu d'eaux claires et ruisselantes.

Élisée Reclus

N° 11. Les deux Versants du Valais.

Le chiffre accompagnant chacun des noms de village est celui de la population au recensement de 1900. Dans les limites de la carte, la population cantonnée au nord du Rhône, sur le versant exposé au soleil, comprend 24 890 habitants répartis en 19 centres. Le nombre des habitants des 16 villages situés au sud du Rhône est de 12 066 ; encore quelques-uns de ces villages, tels que Hérémence, Chandolin, Saint-Luc, sont-ils installés sur des épaulements de montagnes bien exposés au soleil du midi.

Une moyenne générale d'altitude, de fécondité, de climat présente les conditions les plus favorables pour le maintien et la prospérité de l'humanité première. Mais ces conditions de confort sont-elles précisément celles qui conviennent le plus à l'homme pour l'aider dans l'affinement de son génie, dans la voie de la découverte et du progrès intellectuel ? Non certes, il faut une part d'obstacles pour solliciter un effort incessant ; si les difficultés sont trop grandes,

CHAPITRE II

l'espèce succombe, mais elle périt aussi là où l'accommodation au milieu s'accomplit trop facilement. La lutte est nécessaire, mais une lutte qui se mesure aux forces de l'homme et dont celui-ci puisse sortir triomphant.

En comparaison des montagnes aux vallons fermés, les steppes, les prairies sans fin, avec leurs faibles renflements du sol, leurs ravins sans profondeur, leurs rivières peu abondantes, leurs lagunes plates, sont par excellence le pays du libre parcours et de l'horizon illimité ; elles s'étendent au loin comme la mer, et comme sur la mer on peut s'y convaincre de la rondeur de la planète par la forme des objets qui se profilent au loin sur le ciel.

Nulle part on n'a plus la joie de l'espace que dans ces plaines sans bornes décrites avec tant de douceur et de tendresse par les Gogol et les Tourgeniev, chantées avec tant d'enthousiasme par les Petöfi. La terre, uniforme, grise, sans objet saillant qui arrête le regard, laisse l'imagination vaguer librement, et, dans ce monde illimité qui ne retient en aucun endroit la course de la pensée, on pourrait se croire un fils de l'air comme l'antilope ou comme l'oiseau. D'ailleurs le vent est toujours le grand monarque de ces régions basses : il y souffle comme sur la mer, emportant le sable, arrachant jusqu'au gazon. En maints endroits, le Mongol de la steppe s'empresse d'abattre sa tente de feutre dès que la tempête s'annonce : il sait d'avance qu'elle serait bientôt tordue et déchirée par les tourbillons de la rafale[29].

Libres d'aller et de venir au gré de leur fantaisie, les gens de la steppe ne s'éparpillent point pour cela au hasard ; mais, se conformant aux attractions locales des sources ou des fonds herbeux, ils se groupent volontiers en familles et en tribus suivant leurs affinités : la nécessité de l'entr'aide et l'appel spontané de l'homme à l'homme fondent des communautés, semblables aux troupeaux d'herbivores, associés maintenant à leur sort par la domestication. Mais les sources peuvent tarir ; les herbes, broutées jusqu'à la racine, ne fournissent plus de nourriture aux bêtes ; le gibier s'enfuit vers d'autres parages : il faut alors émigrer vers des régions plus favorablement situées, et peu à peu une sorte de rythme, réglé par les saisons, s'établit dans les allées et venues de la tribu. Les déplacements réguliers de pâturage en pâturage sont les seuls changements qui s'accomplissent dans la vie normale de

Élisée Reclus

l'Homme des Herbes.

La vie dans la plaine libre mais nue, sans arbres, sans variété d'aspects, reste donc trop monotone, trop une pour que les habitants de la steppe puissent se modifier et progresser spontanément sous l'influence du milieu. A moins de secousses violentes causées par les incursions d'étrangers, par de longues sécheresses des incendies ou d'autres événements qui les forcent à l'émigration, ils en restent au même degré de civilisation pendant une période indéfinie de siècles. Mais ces révolutions imprévues dans leur existence peuvent se produire soudain, et alors la population tout entière, avec enfants, femmes et vieillards, avec animaux et objets de campement, se déplace en bloc. L'exode est complet.

Des peuplades d'agriculteurs, vivant à l'écart les uns des autres, en des milieux divers, ici dans les vallons des montagnes, ailleurs sur les rivages des lacs, au bord des ruisseaux ou des clairières de forêts, ne pourraient se rassembler ainsi en armées immenses, et d'ailleurs elles seraient retenues par la force d'attraction de leurs intérêts locaux, par cet esprit conservateur qui s'est asservi toutes les sociétés agricoles. Mais des bergers nomades, unifiés par les occupations, les mœurs, le genre de vie, aussi bien que par l'aspect de la nature environnante, n'ont point de pareils liens à briser : accoutumés à la course à travers les steppes, ils peuvent se masser facilement ; ne laissant point de traînards derrière elle, une nation entière peut se grouper dans un seul plissement de la steppe.

Si des régions de la Terre, comme la plaine herbeuse, facilitent les déplacements, donnent même à l'homme l'instinct de migration, il est au contraire des lieux de résidence qui peuvent être considérés comme de véritables prisons, tant le domaine d'habitation se trouve brusquement limité. Telle est la forêt primitive, non pas la forêt qu'on aménage et qu'on transforme en parcs, avec allées, lieux de tir et champ de course, mais la selve dont l'homme a jusqu'à maintenant respecté les arbres géants, ancêtres mystérieux.

La masse enchevêtrée des plantes tropicales, sombre, humide, moite, ne ressemble pas aux temples solennels des forêts septentrionales, aux hêtres, aux pins ou sapins espacés régulièrement. On n'y pénètre pas avec le même sentiment d'émotion religieuse, mais plutôt avec une sorte de terreur : le hallier, aux fûts pressés, entretordus de lianes, ne reçoit pas le visiteur en des allées naturelles au sol uni, parsemé de feuilles, tapissé de mousse, égayé de fleurettes. Si l'on quitte la piste étroite, tout est obstacle : le tronc, la racine, les cordes entremêlées des parasites. A peine quelque vague reflet de lumière descend du faîte dans le chaos des branches et des feuilles. A quarante mètres au-dessus du sol, la forêt s'épanouit peut-être en une nappe de fleurs éclatantes, et les oiseaux volent joyeusement dans l'air libre en rasant de l'aile les vagues arrondies de la mer de feuillage[30] tandis qu'en bas, dans l'obscurité profonde, l'homme chemine péniblement, en se heurtant contre les racines, à moins qu'il n'emprunte un sentier frayé par les éléphants ou les tapirs.

La forêt continue, la selve sans bornes, amazonienne, indienne ou congolaise, constitue sur la Terre l'élément conservateur par excellence : les peuplades s'y maintiennent, sans changements appréciables, dans leur état primitif, beaucoup mieux que les habitants des oasis, des montagnes ou des régions glacées, car le milieu ne se modifie autour d'elles qu'avec une extrême lenteur, et, pendant de longs siècles, elles peuvent vivre complètement à l'écart des autres hommes, grâce à l'obscurité qui les entoure et à la difficulté des chemins qui pénètrent dans leurs retraites[31].

C'est dans les forêts que l'on trouve encore, sinon des primitifs, du moins ceux qui se rapprochent le plus du type originaire, tel que nous essayons de le concevoir. En beaucoup de régions, les noms de « sauvages », « forestiers », « hommes des bois » — *orang-utang* — sont complètement synonymes. Que l'on supprime la forêt, la tribu disparaît par cela même, tant elle est dépendante de son milieu. « Qui tue un chêne, tue un Serbe », disait un proverbe de la Balkanie, alors que les villages du pays se cachaient encore en d'étroites vallées, sous l'ombre des grands arbres.

Vivant comme en cave, sous la tiédeur d'un air humide, les tribus forestières ont en général le teint beaucoup plus blanc que les gens des savanes, brûlés par le soleil.

Les traits des sylvicoles sont plus mous, plus arrondis que ceux des indigènes voisins appartenant à la région des savanes ; le caractère aussi est moins solide et vigoureux; il est d'observation générale que les hommes vivant à l'air libre ont l'esprit plus ferme, l'intelligence plus claire, la démarche plus hardie, l'accueil plus noble et plus bienveillant que les fuyards retirés dans les forêts.

(*Société de Géographie*) Cl. J. Kuhn.

UN CHEMIN DANS LA FORET VIERGE

La plus ignorante des peuplades du Nouveau Monde, celle des Aïmores ou Botocudos, qui habitait la profondeur des selves du Brésil, sur le Doce et le Jequitinhonha, ne savait pas construire de cabanes, ni tisser de hamacs, ni tresser de paniers, ni façonner de poteries, ni cultiver le sol. Mais, vivant avec les bêtes de la forêt, et partageant leurs mœurs, pour ainsi dire, ces Indiens et leurs congénères ont une connaissance singulièrement précise de

CHAPITRE II

tout le monde animal qui les entoure ; nulle part, l'instinct de la compréhension mutuelle n'est poussé plus loin, et cependant l'élève des bêtes, soit pour la nourriture, soit pour des services directs, traction, transport des fardeaux ou collaboration à la chasse, n'est point pratiquée. Les conditions matérielles du milieu s'y opposent absolument. Comment mener du bétail dans les fourrés épais où l'on a peine à se glisser, où les gens de maintes tribus, les Coroados, — « Couronnés » ou « Tonsurés » —, se coupent la chevelure par crainte de l'embarrasser dans les branches ?

Par la nature de leur habitat, les gens des forêts doivent se diviser à l'infini, en groupes peu nombreux, même en simples agrégations de familles, cherchant, par la cueillette et la chasse, peut-être par quelque agriculture rudimentaire, à sustenter leur vie. Telle et telle nation, évaluée par les voyageurs à des milliers d'individus, est clairsemée sur de vastes étendues qu'on mettrait des journées à traverser ; des familles isolées, gîtant sous bois, ou bien, les jours de fête ou de palabre, autant de gens assemblés qu'on en trouve en des hameaux d'Europe, ce sont là tous les naturels que les explorateurs rencontrent dans les forêts du Nouveau Monde.

Les langues se fragmentent, comme les races, en un pareil milieu. Chacune de ces petites humanités modifie graduellement son parler, et, dans l'espace d'un petit nombre de générations, le langage se divise en plusieurs dialectes très distincts. A la suite d'un combat malheureux, d'une inondation fluviale, une langue peut disparaître avec la tribu qui la parlait. Tout le monde connaît l'histoire de la peuplade vénézolane des Atures qui s'éteignit, ne laissant qu'un perroquet pour perpétuer son idiome[32]. Ce fait bizarre inspira prosateurs et poètes, et toute une littérature gravite autour de cet oiseau des Atures. Mais ce qu'on a vu surtout dans cette histoire, c'est la mélancolie des choses, la cruelle ironie de la destinée, faisant d'un volatile sans pensée le seul héritier du génie et de la vie morale d'un peuple. Il faut y voir aussi le sort fatal de tous ceux qui, se laissant isoler, et qui, vivant à part sans s'aider les uns les autres, se trouvent à la merci des événements. D'avance, ils sont voués à la mort ou à la servitude. Non seulement les isolés ont tout à craindre du destin, à cause de leur petit nombre et du manque de cohésion, mais ils sont inhabiles à se modifier, leur vie à l'écart les rendant absolument conservateurs.

Élisée Reclus

C'est parmi les forestiers que l'on trouve les individus représentant les types les plus anciens par la forme du corps et par la conception des choses. Les populations naines de l'Afrique et de l'Insulinde ne subsistent que dans les forêts les plus épaisses : leur vie même est liée d'une façon absolue à la durée de la selve primitive. Et combien peu les idées doivent-elles changer en ce milieu où d'autres hommes ne pénètrent guère !

Même dans l'Europe civilisée, quadrillée dans tous les sens par tant de chemins, les bûcherons, les charbonniers, les résiniers, qui campent sous les futaies, sont toujours les gardiens fidèles des traditions du vieux temps, des contes et des poèmes que les gens de la campagne ouverte ont depuis longtemps oubliés. Ils sont aussi les mainteneurs des antiques libertés : les sabotiers de Lyons, les bûcherons de la Chaux, les bouchonniers de la Garde-Freinet furent toujours, même avant la République, des républicains fervents. S'ils ne constituent point de peuplades indépendantes, il leur suffit de vivre presque complètement à l'écart des villageois et des citadins du voisinage pour qu'ils conservent un mode de penser beaucoup plus antique. Des catholiques ardents, que le doute envahit malgré eux, célèbrent avec envie l'inébranlable « foi du charbonnier ». Quelles que soient les causes géographiques de leur isolement, les familles ou les tribus laissées en dehors de l'humanité toujours active et en effort ont ce même esprit tenace de conservation. Toutes choses égales d'ailleurs, l'évolution de la pensée se fait plus rapide en proportion du nombre des individus qui y participent. C'est ainsi qu'une île perdue dans l'océan, et pourtant habitée, soit à la suite de quelque naufrage, soit par colonisation volontaire, devient toujours un microcosme très distinct des terres les plus voisines par les mœurs et les institutions des individus qui le composent.

Une des îles du petit archipel de Hirt ou Saint-Kilda, situé au large des Hébrides, possède une communauté de ce genre, composée d'une vingtaine de familles qui vivent dans un vallon verdoyant, occupées uniquement de l'élève du mouton et de la chasse aux oiseaux de mer ; durant les hivers rigoureux, les résidents de l'île seraient exposés à mourir de faim si des bateaux de ravitaillement ne leur étaient envoyés d'Ecosse. Le milieu de ce petit monde à part diffère tellement de celui de la Grande-Bretagne que l'arrivée d'un

CHAPITRE II

navire suffisait naguère, avant que les communications fussent assez fréquentes, pour qu'une contagion de rhume se répandit parmi les Gaël de Saint-Kilda. En outre, les enfants nouveau-nés y succombent très fréquemment à la « maladie des huit jours », espèce de tétanos qui provient probablement de ce que les habitants tirent des oiseaux de mer leur principale nourriture, leur chauffage, leur éclairage et le duvet de leur couche. Dans les îles Vestmanneyar, près de la côte méridionale de l'Islande, le même régime produit les mêmes redoutables effets[33].

Quant aux insulaires enfermés dans la prison naturelle la plus redoutable, la terre de Tristûo d'Acunha, environnée de froids et de tempêtes, ils jouissent amplement de la santé que donnent toutes les bonnes conditions de l'hygiène ; ils possèdent même ce que réclament vainement les travailleurs d'Europe : la nourriture assurée ; mais ils se sentent pourtant si à l'étroit qu'ils réclament chaque année du gouvernement britannique le don d'une autre patrie. Autour d'eux l'espace matériel est trop vaste et la solidarité morale fait défaut. Sachant que l'humanité existe, ils veulent en sentir l'influence et la sollicitude.

Plus au sud, une autre île, Gough ou Diego Alvarez, a de gracieuses vallées, de charmants paysages, et les marins naufragés y ont vécu sans peine, mais la solitude en a fait pour eux un lieu d'horreur.

De même que les insulaires, les gens des marais et des lacs peuvent se trouver complètement isolés, et, dans ce cas, ils conservent les vieilles coutumes pendant des siècles : les changements qui s'opèrent dans le monde extérieur s'accomplissent au loin sans les toucher. En exemple d'une de ces populations restées entièrement fidèles aux mœurs antiques, on peut citer la peuplade des Uru, voguant sur des radeaux dans le lac de Titicaca. Au commencement du dix-septième siècle, l'historien Herrera nous parle de ces hommes n'ayant, pour leurs demeures et les besoins de leur existence, d'autres matériaux que la tolora, c'est-à-dire les roseaux qui croissent et flottent en lits épais sur les baies peu profondes du lac. D'après des récits qui reposent probablement sur de simples jeux de mots, les Uru, dépourvus de tout orgueil de race, disaient jadis aux Quichua n'être pas des hommes, mais de simples « vermisseaux ».

Élisée Reclus

N° 12. Tristao d'Acunha.

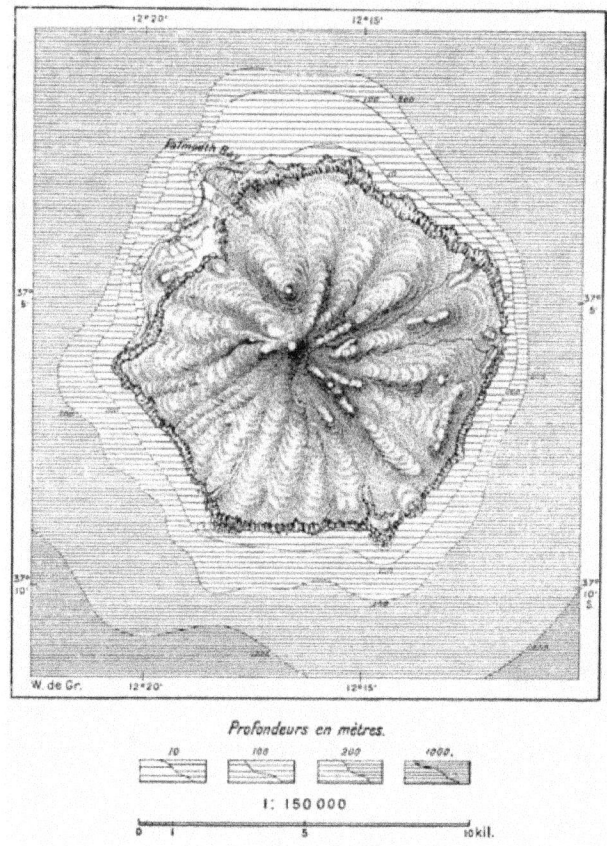

Profondeurs en mètres.

1 : 150 000

Les quelques habitants de l'île (64 en 1897) sont installés à proximité de Falmouth Bay, bien exposés au soleil de midi.

Depuis trois siècles, la vie des Uru n'a certainement pas changé : ils gîtent encore sur des radeaux de totora, en des huttes basses, formées des mêmes roseaux et recouvertes partiellement d'argile. D'ordinaire, ils attachent leur embarcation soit à un rocher, soit à une touffe d'herbe sur le rivage, et ne se hasardent guère à distance, si ce n'est par un très beau temps. Alors, ils tendent leur voile, également tissée de joncs, et gouvernent très habilement le lit de roseaux qui leur sert de navire. Le fond de leur nourriture leur

CHAPITRE II

est aussi fourni par la totora, dont ils mangent la racine avec la chair des poissons et des oiseaux aquatiques. Ils vendent une partie de leur gibier aux Quichua et aux Aymara du rivage, mais jamais, nous dit Basadre, ils ne consentent à habiter de cabanes en terre ferme, ni à contracter d'unions avec d'autres que leurs contribules. Lorsqu'une mauvaise chance les oblige à marcher sur la rive, ils se balancent, roulent comme des hommes ivres.

Aux Etats-Unis même, où les forces industrielles modernes donnent au « civilisé » une véritable toute-puissance en fait de destruction, les Seminoles de la Floride ont pu échapper partiellement à la capture, au massacre par les soldats de l'Union, grâce aux marais, aux courants, aux terres molles des Everglades. Maintenant on visite leurs campements par curiosité en suivant de larges voies bien entretenues. Si l'eau stagnante ou tranquille isole les hommes, l'eau courante les unit d'ordinaire. Les vallons fermés des montagnes, les forêts et les marécages, les îlots et les lacs sont des éléments conservateurs dans l'histoire de l'humanité : les fleuves sont, en comparaison, les principaux agents de la vie par la navigation, par les progrès agricoles, les migrations de proche en proche et ce que l'on appelle du mot compréhensif de « civilisation ».

C'est en pensant aux conquêtes de toute nature, assurées à l'homme par le mouvement des rivières, qu'il faut répéter le mot de Pindare : « L'eau est ce qu'il y a de mieux » !

Telle a été l'influence capitale des eaux mouvantes sur l'histoire de l'homme — devenu lui-même mobile par l'effet de leur inconstance de niveau — que des penseurs, notamment Léon Metchnikoff, dans ses *Grands Fleuves historiques*, ont négligé à tort tous les autres éléments du milieu dans leurs études sur le développement des nations. Pendant la période transitoire qui suivit les âges primitifs et qui embrassa les grandes périodes de civilisation déjà très avancée de l'Egypte et de la Potamie chaldéenne, de la Chine, de l'Indus et de la Gangâ, pour se terminer aux temps helléniques, ils n'ont vu que les fleuves comme agents essentiels du progrès humain.

Par l'effet de circonstances diverses dans le milieu géographique, certains cours d'eau, coupés de barrages naturels, ou bien obstrués

Élisée Reclus

d'herbes et s'étalant en marécages, se trouvent privés de leur rôle favorable à l'homme en tout ou partie de leur cours. Il en est que les populations de l'intérieur ne pouvaient aborder à cause des forêts à demi noyées ou des roselières impénétrables qui en défendaient les rives indécises, constamment modifiées par la lenteur des eaux et les oscillations du courant.

Encore un très grand nombre de rivières, surtout dans les régions tropicales à végétation touffue, sont forcément évités par les tribus riveraines, autres que les peuplades de bateliers : jadis, avant que le travail d'aménagement de la planète eût commencé, la plupart des cours d'eau, même ceux qui eurent plus tard une influence majeure sur les destinées de l'humanité, tels le Nil et les fleuves jumeaux de Chaldée, d'Indoustan et de Chine, furent longtemps inabordables aux habitants des terres émergées.

Green cite l'exemple des rivières de l'Angleterre qui ont pris une importance si considérable dans l'organisme national et dont les riverains s'écartaient avec soin avant l'époque romaine et celle des peuples marins envahisseurs : les anciennes villes étaient bâties sur les collines de l'intérieur, loin des marais et des forêts qui bordaient les eaux courantes[34]. C'est ainsi que l'une des grandes cités du monde, Vienne, a longtemps fui les bords du Danube, presque jusqu'à nos jours. Sur les bords du Rhin sinueux, se tordant comme un serpent coupé, Schifferstadt, une « ville des bateliers », avait dû s'établir loin du fleuve même, sur une berge riveraine.

Le fleuve normal, tel qu'il se montrait çà et là en quelques pays privilégiés, et tel que l'homme l'a fait ailleurs en accédant à ses bords, est par cela même devenu le créateur des grands mouvements historiques. Il coule librement, d'un flot sinon égal, du moins continu, et ceux qui résident sur ses berges voient constamment passer les îlots d'écume, les herbes et les branches d'arbres entremêlées par le courant.

Comment l'esprit pourrait-il échapper à l'obsession de ce fleuve, vainqueur de l'espace et du temps, de cette eau profonde et large, coulant toujours, reflétant dans son miroir les générations, éternelle en apparence, immuable comme le destin, et pourtant si variée, si changeante par ses crues et ses décrues, ses vagues, ses ondulations et ses rides, le miroitement de ses rayons et la moire

CHAPITRE II

de ses ombres ? D'où vient ce fleuve puissant ? Les primitifs campés sur ses rivages ne pouvaient s'en faire aucune idée.

Quel fut le « mystère du Nil » et de tant d'autres fleuves dont les riverains ignoraient la provenance et qu'ils s'imaginaient, par conséquent, être sortis de l'urne d'un Dieu, ou bien être des dieux eux-mêmes ? S'ils apercevaient des montagnes dans le lointain, ils y plaçaient naturellement l'origine du courant, mais non sous forme de simples sources ruisselant parmi les pierres : l'apparition de l'eau se faisait avec accompagnement de prodiges. C'est ainsi que l'épopée de Râmâyana nous montre la « divine Gangâ tombant des cieux sur la tête de Siva » ; puis, après avoir erré sur le crâne du grand Dieu, « plongeant à travers les trois mondes » et réveillant l'allégresse dans l'univers entier.

Ce fleuve où va-t-il ? Le primitif ne le sait pas davantage, mais l'onde qui toujours fuit appelle son regard, et il se sent entraîné à la suivre pour visiter avec elle les pays inconnus. Le courant le sollicite incessamment au voyage, comme les oiseaux qu'il voit voler en longues bandes dans le sens de la vallée et se perdre à l'horizon.

Que de symboles tragiques les poètes ont suscités dans la Sirène ou dans la Lorelei, dans la nymphe charmante qui surgit de l'eau cristalline et nous attire dans les profondeurs ! Mais avant d'avoir pris une signification redoutable, la légende avait le sens le plus simple du monde : la déesse qui attirait à la mort tant de jeunes, de forts et de vaillants, c'était l'onde pure et rapide avec ses reflets de cristal, ses sables fins et ses remous insidieux !

La vue de l'eau courante met une part d'idéal dans l'existence de tout homme, même de celui dont l'intelligence est le moins ouverte. Un beau travail d'érudition que l'on doit à Curtius[35] nous montre combien le peuple grec, pourtant dégagé du naturisme primitif, voit encore dans les eaux vives des êtres agissant, travaillant, passionnés, prenant part avec amour ou avec haine aux mille événements de l'existence des hommes de leur voisinage. Et si la fontaine est vivante, si elle féconde comme l'Eurotas ou tue comme le Styx, comme l'hydre de Lerne, combien plus puissant, tantôt comme allié, tantôt comme ennemi, peut être le fleuve qui rase les villes, noie les campagnes, arrête des armées sur ses bords !

Élisée Reclus

Nº 13. Anciens et nouveaux Lits du Rhin.

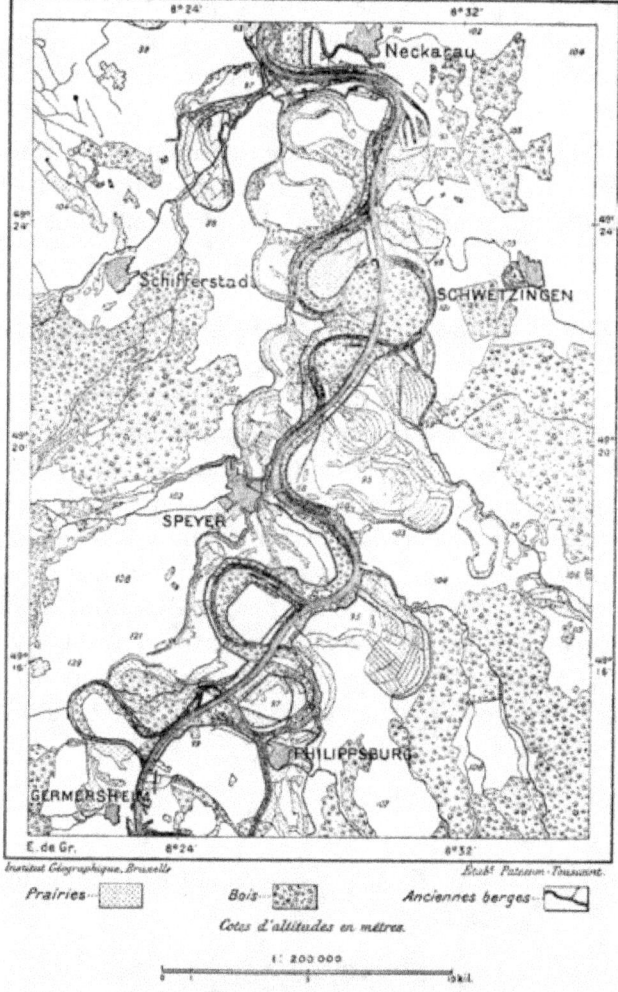

Aussi la traversée d'un fleuve fut-elle toujours considérée comme un acte de réelle gravité, exigeant des prières, des sacrifices, des actions de grâce. On parlait au fleuve comme à un dieu, ou du moins comme à un génie ; mais, en faisant alliance avec d'autres dieux, on pouvait aussi se venger de fleuves méchants qui avaient noyé des hommes. C'est ainsi que, d'après la légende, Cyrus aurait puni le

CHAPITRE II

Gyndos, un affluent du Tigre, en faisant travailler son armée tout entière pendant une année pour le diviser en trois cent soixante canaux[36]. A ce point de vue, Xerxès, condamnant l'Hellespont à recevoir les verges, restait dans les idées de son temps ; le détroit aux flots rapides n'était à ses yeux qu'un cours d'eau comme le Tigre et l'Euphrate.

Les civilisés modernes, dont la vie se ramifie à l'infini en mille petites préoccupations, en des impressions multiples qui s'effacent mutuellement, peuvent se faire à grand'peine une idée de l'attirance, de la puissance d'appel exercée par la vue d'un courant d'eau continu, qui paraît dans la nature comme l'être vivant par excellence, et qui est en même temps le dispensateur de la vie. Cependant l'influence de cet agent dans l'œuvre incessante ne manque jamais d'impressionner profondément, même ceux qui ne sont pas les habitués d'un seul paysage, mais qui, par l'ampleur de leurs impressions et de leurs connaissances, embrassent l'univers, pour ainsi dire, et sont devenus les citoyens du monde entier. C'est ainsi que le grand naturaliste Hudson, ayant vécu longtemps aux bords du Rio Negro de Patagonie, essayait en vain de se représenter en rêve ou dans ses fantaisies d'imagination des paysages différents de ceux dont l'image avait pénétré son cerveau : partout il revoyait le plateau broussailleux, la pente rapide s'abaissant vers la rivière et le large courant disparaissant au détour d'un promontoire dans la lumière ou dans l'ombre[37].

TYPE DE BARQUE EN ÉCORCE, SUR LE NIGER.
Dessin de George Roux d'après une photographie communiquée par le Muséum d'Histoire naturelle

Élisée Reclus

Plus le paysage fluvial est simple, plus il domine l'esprit comme le seul possible à concevoir. Ceux qui résident près de la berge du Mississippi, un des fleuves qui maintiennent le mieux leur individualité dans l'ensemble du cours par la longueur du lit, la régularité du flot, l'uniformité des rivages et le mur sombre de la forêt lointaine ou « cyprière », ont quelque peine à ne pas faire de cette masse liquide, descendant avec une irrésistible puissance, l'axe central de tout le monde habitable. Et si des hommes de pensée et de force intellectuelle ne peuvent triompher de ces impressions durables, comment s'étonner de la prise que peut avoir sur l'imagination de riverains vaguement policés un fleuve comme l'immense courant des Amazones, si long, si large, si puissant qu'il coupe en deux, comme un équateur visible, toute l'Amérique méridionale ? Naguère, les Tapuyos amazoniens ne pouvaient se figurer qu'une résidence humaine fût placée ailleurs que sur l'une ou l'autre rive du fleuve.

Les ouvrages des premiers explorateurs, Spix, Martius, Bâtes, Wallace, sont remplis des remarques les plus bizarres faites par leurs bateliers : rien de ce qu'on leur disait de la nature des autres pays ne pouvait cadrer avec leur compréhension des choses. Les Egyptiens d'il y a six mille ans concevaient le monde à l'instar de leur vallée nilotique, c'est-à-dire comme une longue fissure, occupée dans un axe par un fleuve et bordée de déserts et de montagnes[38].

Au bord des eaux toujours en mouvement des « chemins qui marchent », la navigation était pour ainsi dire découverte d'avance : un tronc d'arbre passant au fil de l'eau, cela ne suffisait-il pas déjà pour attirer les enfants qui s'ébaudissaient près de la rive ? Les oiseaux pêcheurs, parfois même un animal sylvestre, ne profitaient-ils pas de ce véhicule naturel ? De même, entraîné malgré lui par la crue soudaine des fleuves, l'homme a dû souvent voyager sur le courant des eaux, transporté sur quelque île flottante de terrains ou d'arbres enchevêtrés, ou même en sa propre demeure soulevée par le flot montant.

La force de la nécessité devint ainsi l'éducatrice du sauvage : le radeau que lui avait fourni la nature et sur lequel il était associé par la frayeur aux autres animaux de la savane ou de la forêt resta dans sa mémoire, et il put l'imiter sans danger dès que l'onde devint propice. Et lorsqu'un arbre flotté, peut-être creusé d'un côté par la carie du bois, se trouva constituer naturellement un bachot bien stable sur l'eau et ne roulant point au hasard du courant, ne fut-ce pas un besoin instinctif de le remiser près du village et de s'en servir utilement à l'occasion, pour se laisser porter par la pression de l'eau, franchir la rivière, ou même en remonter le courant ?

D'après une photographie de Sven-Hedin.

PIROGUES FAITES D'UN TRONC DE PEUPLIER, SUR LE TARIM
MOYEN

Les joyeuses expériences des enfants et des jeunes hommes leur avaient certainement appris qu'en nageant à demi suspendus aux troncs de bois et en frappant l'eau de leurs pieds, ou bien en employant leurs mains, des branches d'arbres, des objets de toute espèce, ils pouvaient pratiquer d'instinct le travail qui devint plus tard la science de la rame et de l'aviron, et transformer leur esquif en un être d'apparence animée, quoique toujours docile à l'impulsion du maître. De ce tronc creusé par la nature à celui dont les cavités étaient agrandies par l'homme, soit au moyen du feu, soit par un instrument, la transition était facile et dut se faire au bord d'innombrables cours d'eau par d'innombrables peuplades : de là ces barques monoxyles que l'on rencontre dans toutes les

Élisée Reclus

contrées de la Terre.

L'homme primitif apprit même, sans le chercher, à les munir de voiles, grâce aux branches épaisses et feuillues que ploie le vent en donnant de la vitesse à l'ensemble de l'appareil. Cette embarcation de sauvage peut être considérée comme parfaite, vu les matériaux dont elle est construite : ainsi le bateau d'écorce du Niger, le tronc de peuplier creusé du Tarim, la pirogue de bouleau employée par les Hurons et les Odjibway du Grand Nord. L'homme blanc n'a pas un esquif qui puisse lutter avec ce bateau primitif pour la légèreté, la facilité d'entretien et de réparation, l'abondance des matériaux employés ; le « voyageur » indien ou métis trouve au bord de toutes les rivières ce qui lui est nécessaire pour se construire un bateau ; grâce à cette pirogue portative, il peut traverser sans arrêt toutes les régions canadiennes, des grands Lacs aux montagnes Rocheuses.

Ce qui étonne donc, ce n'est pas de voir presque toutes les tribus sauvages connaître l'art de la navigation, mais d'en rencontrer quelques-unes qui, vivant au bord des fleuves, ne se risquent point sur leurs eaux. C'est ainsi que les fameux Botocudos ne se hasardaient pas même à nager et ne savaient pas construire de bateaux[39]. Certes, on comprend que dans certaines rivières des bassins de l'Orénoque et de l'Amazone, pleines de ces redoutables petits poissons, les *pirangas*, qui s'élancent avidement sur l'homme pour le cisailler de leurs dents aiguës, les peuplades riveraines, redoutant les eaux à bon droit, devaient bien se garder d'apprendre la natation ; mais comment s'expliquer que des indigènes ne nagent ni ne naviguent dans les courants où l'immersion est presque sans danger ? Evidemment, il doit y avoir dans ce cas une superstition religieuse persistant à travers les âges malgré le changement du milieu : ayant vécu jadis au bord de courants interdits, par la nécessité de la défense, comme trop dangereux, ils ont fait de cette interdiction un précepte inviolable qui les suivit dans toutes leurs migrations, de rivière en rivière. Ainsi, malgré l'exemple contraire que présentent quelques tribus, et malgré l'absurde logique des puissances militaires qui, revenant à la barbarie première, s'imaginent encore que les cours d'eau profonds sont des limites entre les hommes, entre les peuples, assimilables aux torrents d'eau sauvage coulant au fond des cluses et défilés, on peut considérer la découverte progressive de la navigation sur les rivières de la planète comme un fait d'ordre général s'étant réalisé sur mille points divers.

Que de progrès impliqués d'avance en cette merveilleuse invention, ajoutant au mouvement de l'homme celui de la nature, complétant la puissance individuelle de l'infiniment petit que nous sommes par celle d'un dieu puissant, à la force incomparable, infinie, relativement à nous, comme l'est celle du Mississippi ou du fleuve des Amazones ! Et pourtant, les premiers navigateurs, secoués sur leur tronc d'arbre roulant et chavirant, durent être l'objet de bien des risées ; les gens sages, les prudents restés sur la rive se moquaient à cœur joie de ces aventureux, de ces fous, qui, au risque de la mort, s'élançaient loin de la terre dure, du sol ferme et banal, foulé par le pied des aïeux !

Devenus par le batelage maîtres de l'infini, du moins dans sa direction linéaire, les riverains, dès la période primitive, ont pu largement profiter de leur conquête. Sur les hauts affluents de l'Amazone, dans la Bolivie, vivent des tribus, les Mojos, qui n'oseraient pénétrer dans la forêt voisine à plus d'une portée de flèche ou à la distance qui dépasse l'aboiement d'un chien, mais qui connaissent sur des milliers de kilomètres le fleuve et ses affluents, ses diramations, ses *furos* ou *paranamirim* ; ces « sauvages » ont visité une autre nature que la leur, savent frayer avec d'autres peuples, se trouvent à leur aise au milieu de civilisations très diverses.

L'âme de ces rameurs ne tremble pas à l'approche des rapides et des cascades ; quand, portés au fil du courant, ils entendent le flot gronder à leurs pieds, ils donnent à temps le coup d'aviron pour glisser entre les rocs, éviter les remous et gagner d'écart en écart la nappe d'eau tranquille, le *remanso* qui s'étale aux pieds des chutes. Là où la dénivellation du courant est trop forte, ils utilisent les crevasses de rocher, les lianes entrelacées sur le rivage, les pentes naturelles des berges, les plages sableuses, pour faire glisser leur bateau de l'amont à l'aval.

Plus bas, dans le grand fleuve devenu mer en mouvement, ils apprennent à fuir les tempêtes en se réfugiant au milieu des traînées d'herbes ou *cannarana*, qui amortissent les vagues ; ils apprennent aussi à résister au vent les repoussant vers l'amont,

Élisée Reclus

et attachent leur barque à un tronc d'arbre flottant qui plonge à plusieurs mètres de profondeur dans le courant et continue de cheminer d'un mouvement toujours égal.

N° 14. Routes amazoniennes des Mojos.

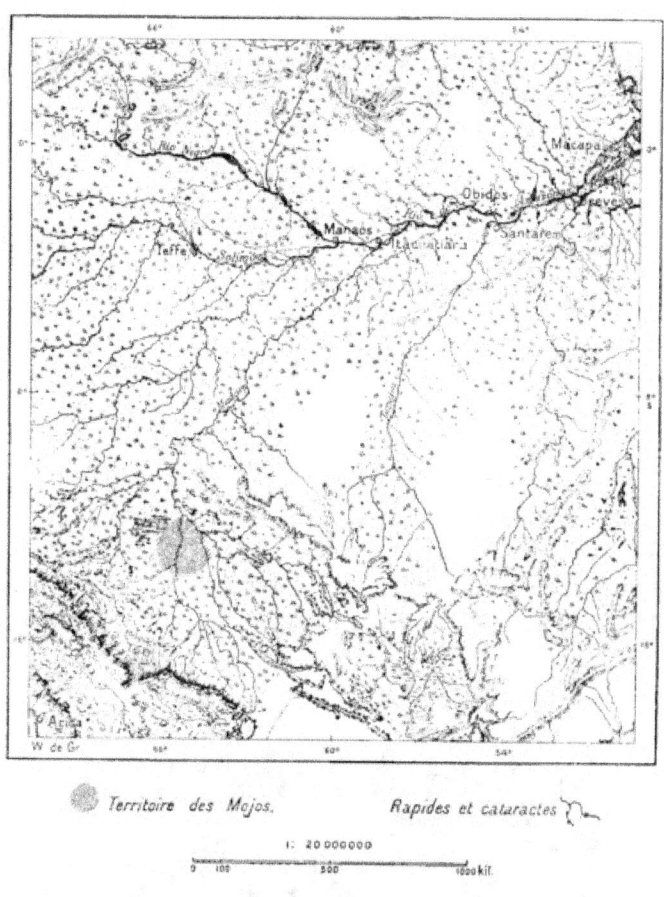

Territoire des Mojos.   Rapides et cataractes

1: 20 000000

A la remonte du fleuve, qui dure des mois et des mois, ils savent utiliser les vents alizés soufflant en sens inverse du courant, et les ramures latérales qui, lors des crues, s'emplissent à contre-flot. En de pareils voyages, les bateliers ne gagnent pas seulement en force et adresse, ils apprennent aussi les industries locales, s'habituent à parler des langues diverses, rapportent dans leurs familles des connaissances et des enseignements de toute nature. Mais ils

CHAPITRE II

ignorent les espaces que l'on pourrait parcourir à pied, entre les cours fluviaux ; c'est par d'autres peuples ou bien par leurs propres explorations que les géographes blancs ont appris l'existence de « savanes » ou « campos » libres de végétation forestière dans l'immense enclos du territoire amazonien[40].

Initiateur de la navigation et, par la navigation, de l'enseignement mutuel, le fleuve fut aussi le premier agent naturel pour enseigner l'agriculture, presque sans effort d'initiative de la part du riverain. Dans ses travaux d'érosion et de dépôt, dans le remaniement incessant des terres alluviales, le cours d'eau n'apporte pas seulement le sol nourricier, il apporte aussi des racines, des graines, des fragments de plantes qui poussent rapidement dans le sol nouveau, et que l'indigène examine avec intérêt à cause de leur étrangeté. Si la plante lui convient, si elle fournit de la nourriture à lui et aux animaux amis, chaque nouvelle inondation lui permettra d'imiter la nature : il ramassera peut-être les graines, les racines encore flottantes, et les confiera au limon vierge que dépose la vague. Certainement ce travail, pour lequel il suffit de se baisser, se fit en mille endroits de la terre, et peu à peu l'homme apprit à le répéter, non seulement au bord des eaux, courantes, mais aussi sur les berges et dans les clairières. On peut encore, çà et là, voir ces humbles commencements de l'agriculture se renouveler de nos jours, sur les plages émergées des grands fleuves américains.

CANOT EN ÉCORCE DE BOULEAU SUR LES RAPIDES DE L'AMERIQUE DU NORD
Dessin de George Roux d'après une photographie.

Élisée Reclus

Que ne devons-nous donc pas aux eaux courantes, à tous ces dieux topiques ! Ils nous ont arrachés à l'inertie primitive, nous ont invités au mouvement, nous ont transformés en une humanité progressive, se renouvelant sans cesse, nous ont enseigné les mille industries diverses par le rapprochement avec les autres hommes, et, finalement, ont contribué à nous donner le pain. Nous sommes ainsi attachés aux fleuves par la mémoire consciente ou inconsciente d'événements innombrables ; nous savons que leurs vallées furent les voies historiques des peuples en marche, et que la vie des nations s'est développée sur leurs rives.

Les grandes civilisations, desquelles nous sommes issus, et dont dérive l'humanité dans le sens moderne du mot, n'auraient pas vécu s'il n'y avait pas eu de fleuve Jaune, de fleuve Bleu, pas de Sindh ni de Gangâ, pas d'Euphrate ni de fleuve d'Egypte, pas de Sénégal ni de Niger. C'est avec piété filiale que l'homme pensant prononce d'aussi grands noms.

Pendant le cours des âges, l'action première d'un élément du milieu se change donc toujours en son contraire. A l'origine, le grand fleuve séparait les hommes : les faunes diffèrent partiellement sur les deux bords de l'Amazone ; de même, à une époque historique récente, certaines tribus, inhabiles à braver le courant, ne passaient jamais d'une rive à l'autre : l'énorme fosse emplie d'eau mouvante formait limite aussi bien pour les hommes que pour les animaux. Et pourtant cet obstacle, infranchissable aux riverains primitifs, est devenu le grand véhicule des civilisés, le moyen de transport pour les choses, les hommes et les idées. De proche en proche, le batelier des fleuves se fait le voyageur par terre, le commerçant, l'homme multiple et divers qui se trouve à l'aise chez tous les peuples : tel le Diola des Rivières du Sud, que l'on rencontre partout, même par delà le Niger, et qui fit son premier apprentissage dans les marigots du littoral.

Mêmes phénomènes historiques pour les relations des peuples avec la mer. Combien de tribus, après être venues de la steppe, de la montagne, des forêts ou des fleuves, ont-elles eu à s'arrêter sur la plage ou sur la falaise extrême, sur la « Fin des terres » — Finisterre ou Landsend, — épouvantées par l'étendue des eaux sans bornes visibles, par le fracas monstrueux du déferlis grondant ! La mer, qui devait un jour porter de monde en monde les orgueilleux

CHAPITRE II

navires, fut d'abord pour les terriens une limite infranchissable, le domaine de la terreur. D'ailleurs, certaines parties du littoral marin devaient être pour leurs habitants de véritables prisons, non moins fermées que les cluses des montagnes ou les clairières perdues dans les forêts profondes. Outre les îles et les archipels de la côte, la zone littorale comprend des espaces nettement séparés de la terre ferme, dunes, marais ou rochers qui restent presque inabordables du côté des étendues continentales. Les résidents, ainsi privés de toutes relations faciles avec l'arrière-pays, restent forcément cantonnés dans leur étroit domaine. Ce sont des plantes auxquelles manque le sol nourricier : tels furent longtemps les « maraichins » de la Vendée.

Les populations strictement maritimes, restées presque tout à fait à l'écart des continentaux, réussirent pourtant en maintes contrées, d'ampleur et de ressources suffisantes, à vivre en sociétés indépendantes, sachant s'accommoder parfaitement à leur milieu pour en tirer leur subsistance et leur culture, mais, là où les riverains de l'Océan gardent leurs libres communications avec l'intérieur du continent, soit par des plaines desséchées, faciles à traverser, soit par des cours d'eau à régime normal, ils peuvent en même temps jouir des avantages qui proviennent de leurs rapports avec le continent et s'approprier graduellement ceux que leur offre la mer.

DIOLA DES RIVIÈRES DU SUD

Élisée Reclus

En certains parages, la vague se prête bienveillamment aux tentatives des hommes. Là où le fleuve se continue en estuaire et l'estuaire en golfe, la navigation suit tout naturellement la même direction dans le voisinage des côtes, tantôt spontanément par la volonté des rameurs qui poursuivent leur gibier, soit involontairement par le caprice des vents ou des courants. La transition se fait ainsi du fleuve à la mer : l'apprentissage de l'eau salée commence sur les eaux douces. Des baies protégées du vent ou des passes garanties de la houle du large par des îles ou des chaînes d'écueils, notamment le long des côtes dalmates, assurent aux riverains des facilités de navigation analogues à celles que l'on a sur les fleuves, et des esquifs du même genre durent se construire sur leurs bords.

La navigation fluviale se change ainsi peu à peu en navigation côtière et celle-ci en navigation maritime. Souvent le batelier est poussé vers la haute mer ; d'autres fois, il la recherche lui-même, pour éviter d'être jeté sur la grève ou contre la falaise. Il apprend ainsi que la mer, avec ses abîmes insondés, est moins dangereuse que la côte avec ses bas-fonds, ses roches, ses bancs de sable, et se rassure en voguant sur les flots immenses[41].

Les mers ont d'ailleurs une force d'attraction toute particulière qui leur vient de l'alternance du flux et du reflux, invitant deux fois par jour les habitants du littoral à cheminer sur le lit abandonné momentanément par la marée : on aime à s'avancer à la poursuite des flots, puis à fuir devant eux, quand ils s'élancent de nouveau à l'attaque de la rive.

On apprend à faire connaissance avec la mer, à deviner les abîmes qu'elle recouvre, à étudier son action sur les plantes et les animaux. Pour les gens de la côte, la nourriture habituelle consiste presque exclusivement en poissons et autres « fruits de mer » que l'on trouve surtout dans les flaques, entre les pierres des récifs, au milieu des fonds de sable ou de vase.

Mais l'âpre recherche du gibier marin et, chez les jeunes, l'esprit d'aventure devaient entraîner les riverains de l'Océan à dépasser la zone soumise aux marées. Comment les enfants auraient-ils pu échapper à l'enthousiasme du jeu et de la lutte contre les vagues ? Ils voient les ondes qui s'alignent au loin en longues rides, puis

CHAPITRE II

se gonflent de plus en plus à l'approche du rivage et s'avancent comme les colonnes d'une armée en bataille ; bientôt elles se hérissent en crêtes aiguës, se recourbent en crinières d'écume, et s'écroulent successivement, ajoutant chacune le fracas de sa lourde masse au tonnerre continu des brisants, au sifflement des fusées qui s'élancent obliquement à la plage. Ce mouvement, ce tumulte donnent une ivresse nouvelle à l'adolescent ivre de sa force : il se précipite dans le bouillonnement des eaux, se bat contre le flot qui le soulève et le renverse, le traîne sur les galets, mais, s'aidant d'un brusque reflux, il reparaît à la surface, au delà du cordon des eaux croulantes, et le voilà qui se joue comme un triton sur l'onde plissée se déroulant au large.

Grâce à ces jeux de force et d'adresse, l'homme, aux prises depuis son enfance avec la puissante mer, arrive à s'y mouvoir comme un amphibie. Ce que les voyageurs nous racontent des Carolins, des Mélanésiens, des Polynésiens et autres insulaires vivant dans les eaux tièdes des mers tropicales semble tenir du merveilleux. Pendant des heures, des journées entières même, les nageurs océaniens se maintiennent sur les vagues comme dans leur élément naturel.

Au dix-huitième siècle, lors des voyages qui nous révélèrent les mœurs des habitants de la mer du Sud, les navires jetaient l'ancre à plusieurs kilomètres du rivage des îles par crainte des récifs, et bientôt ils se trouvaient entourés de toute la population des terres voisines, hommes, femmes et enfants, qui venaient tournoyer avec des cris de joie autour des monstrueux bâtiments.

La navigation dut s'allier de bonne heure à la natation, et tout d'abord par les moyens les plus rudimentaires. Ainsi les « Grands Batanga », gens à peau noire, d'origine bantou, qui vivent sur le littoral africain, entre le Kamerun et le Gabon, se servent d'esquifs qui ne pèsent pas plus de 7 à 8 kilogrammes, et que le batelier prend sous son bras en débarquant ; pour la forme générale, ces embarcations longues, étroites, à peine creusées, peuvent être comparées aux chevaux de bois. Les Batanga s'y tiennent à califourchon, manœuvrant avec leurs jambes pour diriger, équilibrer le bateau, lui faire éviter les vagues et les coups d'embrun qui pourraient le remplir. Les Européens voient avec étonnement ces cavaliers et leurs bizarres montures glisser comme des insectes

Élisée Reclus

sur les lames, dominant par de brusques élans ces vagues si redoutées du brisant littoral où les matelots les plus expérimentés ne s'aventurent point sans peur.

N° 15. Abords de la Côte dalmate.

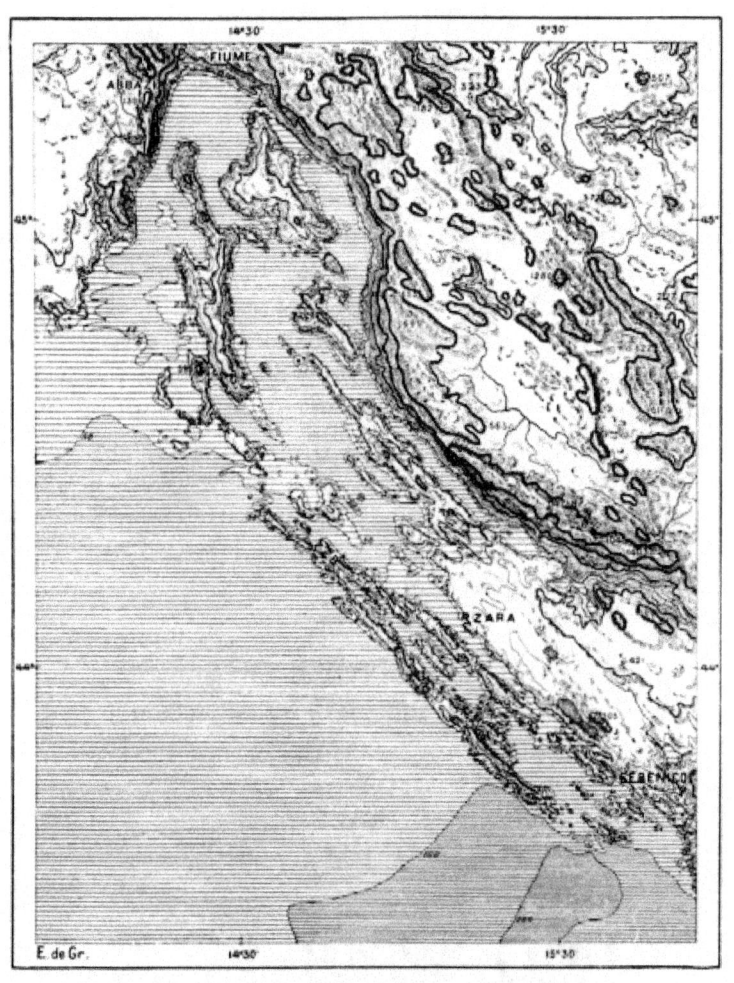

Courbes de niveau de 100, 200, 500 et 1000 mètres

1 : 3 000 000

En des mers où le déferlis n'est pas moins formidable, sur les côtes de Coromandel, par exemple, les riverains se servent

CHAPITRE II

de *catamaram* ou radeaux, sur lesquels se déroulent librement les vagues, menaçant à chaque assaut d'emporter les rameurs. De même sur les côtes brésiliennes, au large de Bahia et de Pernambuco, on rencontre souvent, très loin de la terre, une *jangada*, simple bâti muni d'une voile, pauvre assemblage de bois léger, sur lequel tournoie la vague, aspergeant le rameur qui, d'ordinaire, est obligé de s'amarrer à son épave et d'y fixer aussi sa gourde et sa lourde pierre d'ancrage.

C'est montés sur des embarcations de cette nature que des marins de la côte américaine, appartenant au groupe ethnique des Quichua, découvrirent les Galapagos, au moins deux siècles avant l'arrivée des Espagnols, et qu'ils poussèrent probablement jusqu'à l'île de Pâques, où, d'après quelques auteurs, ils auraient laissé comme témoignage de leur visite les sculptures étranges que l'on a transportées depuis sous le péristyle du *British Muséum*[42]. Dans les mers où soufflent des vents réguliers, alternant du jour à la nuit ou d'une saison à l'autre, les gens d'audace et d'aventure se trouvent tout particulièrement sollicités ; ils sont aussi naturellement entraînés à voyager d'île en île, dans les parages où des terres surgissent à peu de distance les unes des autres : ainsi dans la mer Egée, où les étapes sont marquées d'avance, la navigation devant s'y faire comme par l'appel d'aimants successifs.

CHEF SIOBAN ET SES ENGINS DE PÊCHE (SUMATRA)

Élisée Reclus

Mais toutes les mers ne sont pas bénignes, tous les vents ne sont pas propices, et peu nombreux sont les parages qui mériteraient réellement le nom de Golfo de las Damas « mer des Dames » que les premiers pilotes espagnols donnèrent au « Pacifique » mexicain, parce que le bras d'une femme, disaient-ils, eût suffi pour diriger le navire. Certaines parties de l'Océan, situées sur le parcours des vents rapides, des rafales et des cyclones, se soulèvent et se creusent en ondulations puissantes où, parfois en un chaos bouillonnant de flots entrechoqués, tout esquif, semble-t-il, devrait disparaître aussitôt. Et pourtant, telle est la force d'attraction qu'exerce cette mer toujours en mouvement, et telle est d'autre part la nécessité de la faim pour mainte peuplade établie sur une côte infertile, près des eaux poissonneuses, que, même en ces dangereux parages, le marin se hasarde sur de frêles planches industrieusement assemblées !

Sur le pourtour des continents, dans les îles et les archipels, il n'est guère de lieux qui ne gardent en leur nomenclature toute une histoire sinistre d'engouffrements et de désastres. Pour les riverains de la côte bretonne, ce n'est pas un simple terme géographique comme tant d'autres que le nom de la « baie des Trépassés ». En le prononçant, ils pensent à toute la série des drames qui s'y sont accomplis, à toute l'épopée terrible des existences humaines que la mer a dévorées ; ils voient les navires aux mâts rompus, aux voiles déchirées, poussés irrésistiblement vers la côte ; ils entendent le choc de la quille heurtant la grève, le traînement des ancres et des chaînes sur les galets : pendant les nuits d'orage, les cris, les plaintes des désespérés, des mourants, peut-être la voix des morts, leur semblent parfois s'élever distinctement au-dessus des lamentations du flot.

Et si la mer agit ainsi puissamment sur les esprits des populations côtières plus ou moins civilisées, et même des matelots de nos marines modernes, au fait des inventions nouvelles, des merveilles de la machine, des itinéraires raisonnes, combien plus grande devait être son influence déterminante sur des insulaires éloignés de la côte, vivant, comme les gens des Hébrides, des Orkneys, des Shetlands ou des Färöer, sur des rochers presque sans arbres, revêtus d'un gazon rare, brusquement coupés en falaises par l'érosion du flot et ne communiquant avec la plage et la mer grondante que par d'étroites valleuses ou des cheminées presque verticales, où l'on

CHAPITRE II

s'aide à descendre au moyen de cordages !

Document communiqué par Mme Agassiz.
GROUPE DE PÊCHEURS DE LA NOUVELLE-GUINÉE.

La vie des fleuves agit puissamment sur l'homme, mais combien peu de chose est un Mississippi, un rio des Amazones, sans parler d'un Rhin ou d'un Escaut, en comparaison des étendues océaniques ? Suivant la forme et le contour des rivages, les latitudes, le régime des vents et des courants, la mer est gracieuse ou terrible, câline ou formidable, mais elle apparaît toujours vivante, agissante, passionnée, douée, semble-t-il, d'une volonté à la fois collective et multiple, dans son ensemble et dans chacune de ses vagues, dans chaque brisant, chaque flocon d'écume.

Toutes nos légendes, toutes nos littératures, depuis l'Odyssée célébrant la vie puissante et redoutable de l'Océan « aux mille voix », nous parlent de lui, mais les marins en sentent bien autrement la grandeur. N'ayant pas simplement, comme les terriens, à en goûter les jouissances esthétiques, ils vivent de la mer et par elle : c'est leur génitrice, leur compagne, souvent aussi leur meurtrière ; ils l'aiment, ils l'adorent, mais ils se sentent aussi fascinés, ensorcelés, terrorisés par la vue des eaux, et combien se disent, en les regardant,

Élisée Reclus

qu'ils y dormiront un jour en une couche d'algues ou de sables ! La constante impression donne du sérieux à l'existence : le matelot garde toujours en son œil placide comme un reflet de la mort qu'il a tant de fois bravée.

Le grand contraste des milieux — campagnes de l'intérieur et rivages marins — détermine une singulière opposition entre les gens de terre et les gens de mer. De l'une à l'autre ambiance, tout a changé, la nature et les individus avec elle. Il faut déjà faire partie d'une humanité très avancée pour embrasser en son esprit et fondre dans une plus haute unité les impressions si différentes et les idées si souvent contradictoires que ressentent et que professent les gens de la terre ferme et ceux de la côte ébranlée par le flot : partout, aux origines, se montre comme un dédoublement entre les deux groupes de populations maintenant unis dans l'ensemble mondial. « L'histoire s'est agrandie par degrés avec la grandeur des mers »[43] et devient une lorsque tous les bassins maritimes se sont unis dans l'immense Océan.

Une marche de guerre, souvent déplacée par les incursions et les conquêtes, séparait les ennemis. Etablis sur des îles ou des péninsules, les âpres maritimes voulaient garder pour eux leurs pêcheries de poissons, de coquillages, peut-être de coraux, d'ambre, de perles, et se fournissaient par le trafic des objets précieux avec les pays lointains. Suivant les circonstances, ils étaient commerçants ou pirates : en tel lieu de troc où ils n'auraient pas été les plus forts, ils se présentaient comme des marchands honnêtes, échangeant leurs denrées conformément aux règles convenues du droit des gens que commandent les intérêts réciproques ; ailleurs, ils apparaissaient en ennemis, saccageant les villages, tuant les hommes, enlevant les femmes et les enfants pour en faire des esclaves.

La haine traditionnelle entre primitifs, différant par le milieu, la profession, la compréhension générale des choses, justifia longtemps ces atrocités.

Les Phéniciens et les Carthaginois dans les temps anciens, les Viking au moyen Age et récemment les Barbaresques, les corsaires malais et chinois sont des exemples de ces peuples maritimes, ennemis des gens de la terre ferme. Tour à tour trafiquants ou pirates, suivant les avantages du moment, ils étaient à la fois destructeurs par le ravage, le massacre et l'asservissement, civilisateur, par l'apport des marchandises, par les idées nouvelles qu'ils semaient en route, parfois aussi par les croisements qui faisaient naître des familles plus aptes au changement et au progrès.

Il est certainement indispensable d'étudier à part et d'une manière détaillée l'action spéciale de tel ou tel élément du milieu, froidure ou chaleur, montagne ou plaine, steppe ou forêt, fleuve ou mer, sur telle peuplade déterminée ; mais c'est par un effort d'abstraction pure que l'on s'ingénie à présenter ce trait particulier du milieu comme s'il existait distinctement, et que l'on cherche à l'isoler de tous les autres pour en étudier l'influence essentielle.

Même là où cette influence se manifeste d'une manière absolument prépondérante dans les destinées matérielles et morales d'une société humaine, elle ne s'entremêle pas moins à une foule d'autres incitatifs, concomitants ou contraires dans leurs effets. Le milieu est toujours infiniment complexe, et l'homme est par conséquent sollicité par des milliers de forces diverses qui se meuvent en tous sens, s'ajoutant les unes aux autres, celles-ci directement, celles-là suivant des angles plus ou moins obliques, ou contrariant mutuellement leur action. Ainsi, la vie de l'insulaire n'est pas uniquement déterminée par l'immensité des flots qui l'entourent : il faut aussi tenir compte du degré de latitude sous lequel il passe son existence, de la marche annuelle du soleil qui l'éclairé, des oscillations de la température, de la direction et du rythme des vents, de l'action, moins connue mais non moins réelle, des courants magnétiques, avec tous leurs phénomènes de déclinaison, d'inclinaison et d'intensité ; il importe également de constater, autour du groupe social qu'on étudie, la structure des roches, la consistance, la couleur du sol, l'aspect et la variété des plantes et des animaux, l'ensemble des paysages environnants, en un mot tout ce qui, dans la nature extérieure, peut agir sur les sens. Chacun de nous est, en réalité, un résumé de tout ce qu'il a vu, entendu, vécu, de tout ce qu'il a pu s'assimiler par les sensations.

Élisée Reclus

Dessin de George Roux, d'après une photographie.
PHARE DE L'ÎLE DE UNST
LE POINT LE PLUS SEPTENTRIONAL DES ILES SHETLAND

Encore, ce milieu primitif, constitué par l'ambiance des choses, n'est-il qu'une faible partie de l'ensemble des influences auxquelles l'homme est soumis. Les nécessités de l'existence déterminent un mode d'alimentation qui varie suivant les contrées ; de même, la nudité ou le vêtement, le campement en plein air ou les diverses habitations, grottes et toits de feuilles, cabanes et maisons, agissent et réagissent sur le mode de sentir et de penser, créant ainsi, pour une grande part, ce que l'on appelle « civilisation », état incessamment changeant d'acquisitions nouvelles, mêlées à des survivances plus ou moins tenaces. En outre, le genre de vie, combiné avec le milieu, se complique de maladies nombreuses, de contagions soudaines, changeant selon pays et latitudes, et se propageant à l'infini dans

CHAPITRE II

l'ensemble des forces qui déterminent l'humanité.

Au milieu-espace, caractérisé par les mille phénomènes extérieurs, il faut ajouter le milieu-temps, avec ses transformations incessantes, ses répercussions sans fin. Si l'histoire commence d'abord par être « toute géographie » comme le dit Michelet, la géographie devient graduellement « histoire » par la réaction continue de l'homme sur l'homme. Chaque individu nouveau qui se présente, avec des agissements qui étonnent, une intelligence novatrice, des pensées contraires à la tradition, devient un héros créateur ou un martyr ; mais, heureux ou malheureux, il agit et le monde se trouve changé. L'humanité se forme et se reforme avec ses alternances de progrès, de reculs et d'états mixtes, dont chacune contribue diversement à façonner, pétrir et repétrir la race humaine.

Comment énumérer tous ces faits dont l'action se succède avec les sociétés et les renouvelle constamment ? Les migrations, les croisements, les voisinages de peuples, les va-et-vient du commerce, les révolutions politiques, les transformations de la famille, de la propriété, des religions, de la morale, l'accroissement ou la diminution du savoir, autant de forces qui modifient l'ambiance et en même temps influent sur la part d'humanité baignée dans le milieu nouveau. Mais rien ne se perd : les causes anciennes, quoiqu'atténuées, agissent encore secondairement, et le chercheur peut les trouver dans les courants cachés du mouvement contemporain, de même que l'eau, disparue du lit primitif de la surface, se retrouve dans les galeries des cavernes profondes. Aussi a-t-on pu dire, en toute vérité, que « les morts gouvernent les vivants ». « Le mort saisit le vif ». D'après un proverbe cafre, dont les blancs peuvent tirer profit aussi bien que les noirs, « le fait est fils d'un autre fait, et il ne faut jamais en oublier la généalogie ».

Ainsi, le milieu général se décompose en éléments innombrables : les uns appartenant à la nature extérieure et que l'on désigne fréquemment comme le « milieu » par excellence, l'ambiance proprement dite ; les autres, d'ordre différent puisqu'ils proviennent de la marche même des sociétés et se sont produits successivement, accroissant à l'infini — par multiplication — la complexité des phénomènes actifs. Ce deuxième milieu dynamique, ajouté au milieu statique primitif, constitue un ensemble d'influences dans lequel il est toujours difficile, souvent impossible, de reconnaître les forces prépondérantes, d'autant plus que l'importance respective de ces forces premières ou secondes, purement géographiques ou déjà historiques, varie suivant les peuples et les siècles. Ici, ce sont les froids intenses qui causent le dépeuplement d'une contrée, la mort de la race, ou qui, en obligeant les hommes à s'ingénier pour s'accommoder à un milieu trop dur, contribuent indirectement au progrès ; ailleurs, la mer ou le fleuve est l'agent principal de la civilisation ; ailleurs encore, c'est le contact soudain avec des peuples étrangers, de culture différente, qui fut la cause déterminante de la marche en avant.

GALÈRE PHÉNICIENNE
Dessin de George Roux, d'après une reconstitution du Musée du Louvre.

Le croisement d'un peuple déjà très avancé dans la science et dans les arts avec des éléments d'autre provenance et de culture inférieure est nécessairement le point de départ d'une nouvelle poussée progressive ou régressive : on l'a vu pour Rome sous l'influence des Grecs, et, d'une manière générale, pour toutes les tribus du monde barbare que visitent des civilisés.

Quoi qu'il en soit, les adaptations diverses des peuples, toujours compliquées de luttes et de combats, ne doivent pourtant pas être considérées comme le résultat de la guerre contre la nature ou

CHAPITRE II

contre d'autres hommes. Presque toujours en parfaite ignorance du vrai sens de la vie, nous parlons volontiers du progrès comme étant dû à la conquête violente : sans doute, la force du muscle accompagne toujours la force de la volonté, mais ne peut se substituer à elle. En langage ordinaire on emploie les mots de « lutte », de « victoire », de « triomphe », comme s'il était possible d'utiliser une autre vie que celle de la nature pour arriver à modifier les formes extérieures : il faut savoir s'accommoder à ses phénomènes, s'allier intimement à ses énergies et s'associer à un nombre croissant de compagnons qui la comprennent pour faire œuvre qui dure.

Mais toutes ces forces varient de lieu en lieu et d'âge en âge : c'est donc en vain que des géographes ont essayé de classer, dans un ordre définitif, la série des éléments du milieu qui influent sur le développement d'un peuple ; les phénomènes multiples, entrecroisés de la vie ne se laissent pas numéroter dans un ordre méthodique. Déjà l'œuvre est bien difficile et n'a qu'une valeur de convention et d'appréciation personnelle quand il s'agit d'un seul individu. Sans doute, celui-ci doit chercher à se « connaître soi-même », ainsi que le lui ont enseigné et répété les philosophes ; mais, pour se connaître, il lui faut connaître aussi les influences extérieures qui l'ont façonné, étudier l'histoire de ses ascendants, scruter en détail les milieux antérieurs de sa race, se deviner à l'état subconscient, se remémorer les paroles ou les actions décisives qui lui ont fait choisir, comme Hercule, entre les deux ou plutôt les mille chemins de la vie. Et combien plus grandes sont les difficultés d'étude quand la pensée embrasse de vastes communautés, des nations entières, ayant même changé de nom, de maîtres, de frontières et de domaines pendant le cours du temps[44] et se trompant absolument sur l'origine de leurs aïeux !

Aussi les historiens, même des investigateurs comme Taine, si remarquable par sa pénétrante sagacité, se bornent-ils d'ordinaire à décrire les milieux et les âges immédiatement rapprochés pour interpréter les faits et les caractères, méthode partiellement bonne pour donner des idées générales et moyennes, mais très dangereuse quand on étudie des génies originaux, c'est-à-dire précisément ceux dont le caractère, déterminé par des éléments autres que celui du milieu banal, réagit contre son ambiance. Si difficiles sont les problèmes de l'histoire relatifs à la succession des milieux que d'ordinaire on les écarte sommairement, en arguant d'une prétendue différence essentielle de ce que l'on appelle les « races ». Après avoir cherché à comprendre les influences immédiates agissant d'une manière évidente, on met volontiers tous les autres traits du caractère national sur le compte de la race présumée. Mais qu'est la race elle-même avec toutes ses caractéristiques de stature, de proportions, de traits, d'ampleur cérébrale, qu'est-elle, sinon le produit des milieux antérieurs se multipliant à l'infini, pendant toute la période qui s'est écoulée depuis l'apparition des souches initiales du genre humain[45] ? Ce que l'on appelle « hérédité des caractères acquis »[46] n'est autre chose que cette action successive des ambiances. La race est déterminée comme l'individu, mais elle y met le temps nécessaire.

L'histoire de l'humanité, dans son ensemble et dans ses parties, ne peut donc s'expliquer que par l'addition des milieux avec « intérêts composés » pendant la succession des siècles ; mais pour bien comprendre l'évolution qui s'est accomplie, il faut apprécier aussi dans quelle mesure les milieux ont eux-mêmes évolué, par le fait de la transformation générale, et modifié leur action en conséquence. Ainsi telle montagne qui jadis épanchait de longs glaciers dans les plaines, et dont nul ne gravissait les formidables pentes, a cessé d'arrêter le mouvement des nations quand de larges cols, à peine obstrués par les neiges ou même complètement libres, ont ouvert un chemin entre les pitons, et que des voies souterraines l'ont franchie, parcourues par des voitures emplies d'oisifs et de dormeurs. De même, tel fleuve, qui put être un puissant obstacle à de faibles tribus inhabiles à la navigation, devient plus tard la grande artère de vie pour les bateliers de ses rivages.

Au bord de l'Océan, telle « Fin des Terres », comme le promontoire de Sagres, se transforma en un point de départ pour la découverte des continents inconnus. La plaine constitue, pour le mouvement de la civilisation, un monde tout différent quand elle est recouverte d'arbres, quand il y pousse des herbes folles ou des moissons, quand les routes s'y entrecroisent et que s'y édifient des demeures humaines.

Il est aussi des traits de la nature qui, sans avoir changé en rien, n'en exercent pas moins une action tout autre par l'effet de

CHAPITRE II

l'histoire générale qui modifie la valeur relative de toutes choses. Ainsi la forme de la Grèce est restée la même, sauf pour quelques détails, provenant des érosions et des apports. Mais combien ces mêmes contours et ces mêmes reliefs eurent-ils une signification différente, lorsque le mouvement de la civilisation se portait vers la Grèce en venant de Cypre, de la Phénicie, de l'Egypte, ou, plus tard, lorsque le centre de gravité de l'histoire se fut déplacé vers Rome ! Un contraste des événements se produisit alors, comparable au contraste de la lumière qui se répand à l'aurore sur un versant de montagne et de l'ombre qui l'envahit au crépuscule. Et le voisinage d'une capitale, celui d'un port, d'une mine, d'un banc de houille ne font-ils pas surgir la vie de la nature morne, inerte en apparence ? Le développement même des nations implique cette transformation du milieu : le temps modifie incessamment l'espace.

Notes

1.   H. Druminond, Ascent of Man.

2.   Science sociale, t. II, pp. 502 et suiv. ; — Edmond Demolins, Les Français d'aujourd'hui, pp. 431 et suiv.

3.   Hermann G, Simmons, Etudes botaniques de l'Expédition Sverdrup, La Géographie, 15 février 1904.

4.   Inégalité des Races.

5.   2. H. Driesmans, Wahlverwandtschaften der deutschen Blutmischung, p. 1.

6.   Gunnar Isachsen, Petermann's Mitteilungen, VII, 903.

7.   Petermann's Ergänzungsheft, n° 80.

8.   Elie Reclus, Les Primitifs, p. 31 ; passim.

9.   Quinze Ans sous le Cercle polaire.

10.   Ed. Krause, Globus, vol. LXXIX, n° 1, 3 Januar 1901.

11.   Eberli, Petermann's Mitteilungen, XI, 1903, p. 258.

12.   Schanfara, poème traduit par F. Fresnel.

13.   J.-G. Wetzstein, Reisebericht über Hauran und die Trachonen.

14.   Mac Gee, The American Anthropologist, octobre 1895.

15.   Studer, Ausjlug auf der Insel Kerguelen, Berner Taschenbuch, 1881.

Élisée Reclus

16.   Voyage aux Régions équinoxiales.

17.   Plassard, Bulletin de la Société de géographie de Paris, juin 1868.

18.   J.-G. Wetzstein, Reisebericht über Hauran und die Trachonen.

19.   Gustave Droz, Autour d'une Source.

20.   Tyndall ; Bert ; Jourdanet, Du Mexique au point de vue de son influence sur la vie de l'Homme.

21.   Freshfield ; Whymper ; Tyndall ; — Viault, Société de Géographie commerciale de Bordeaux, Séance du 4 mars 1895.

22.   Ladoucette. Histoire… des Hautes Alpes.

23.   Louis Cuisinier, Notes manuscrites.

24.   Lina Beck-Bernard ; Hugo Reck, Bollaert, etc.

25.   R. von Ihering, Les Indo-Européens avant l'Histoire.

26.   Hans Meyer, Kilimandjaro, p. 235.

27.   Maurice Lugeon, Archives de la Société Vaudoise des Sciences naturelles, 15 juin 1901.

28.   J. G. Wetzstein, Reisebericht über Haurau und die Trachonen.

29.   James Gilmour, More about the Mongols, p. 187.

30.   Marcos Jimenez de la Espada, Notes manuscrites.

31.   R. Green, Influence of the Forests in checking Invasions.

32.   Alex, de Humboldt, Voyage aux régions équinoxiales.

33.   H. Labonne, Du Tétanos des Nouveau-nés. (Gazette hebd. de Médecine… 1888).

34.   John Richard Green, The Making of England.

35.   Ernst Curtius, Beiträge der Terminologie und Onomatologie der alten Géographie, Académie der Wissenschaften zu Berlin, 1886.

36.   Hérodote, Histoires, 1, 189-190.

37.   Hudson, Idle Days in Patagonia.

38.   Bonola, Bulletin de la Société Khédiviale de Géographie, 1896, n° 10.

39.   Paul Ehrenrich, Petermann's Mitteilungen, 1891, Heft V.

40.   Spix et Martius ; Gibbon ; Herndon ; Bates ; Wallace ; H. et O. Coudreau, etc.

41.   Breusig, Die Geschichte der Nautik bei den Alten.

42.   Voir Gravures pp. 32 et 33.

CHAPITRE II

43.   Ratzel, Anthropogeographie, I, p. 273 ; — La Réveillère, Conquête de l'Océan.

44.   P. Mougeolle, Statique des Civilisations.

45.   Friedrich Ratzel, Völkerkunde, tome II, page 5.

46.   Matteuzzi, Les Facteurs de l'Evolution des Peuples, p. 19.

CHAPITRE III
LE TRAVAIL. — L'IMITATION. — AIDE MUTUELLE

DISSENSIONS, GUERRE. — INITIATION A LA CULTURE DU SOL
ASSOCIATION AVEC LES ANIMAUX

La diversité principale que présentent actuellement les hommes est celle du genre de travail déterminé par les nécessités de l'entretien. Originairement, l'anthropopithèque vivait de grains et de fruits, ainsi qu'en témoignent ses ongles, ses dents, ses muscles, toute son anatomie[1] ; mais l'accroissement des familles, l'extension du territoire de peuplement, le manque des aliments habituels et la faim, terrible conseillère, ont changé les mœurs de l'homme en même temps que changeait son milieu. Il s'est mis à poursuivre l'animal pour s'en repaître ; il s'est fait chasseur, pêcheur, tueur de bêtes en obéissant aux conditions de la nature ambiante.

Cette accommodation au milieu s'est faite des manières les plus diverses, quoi qu'en disent la plupart des auteurs, qui nous donnent à cet égard un ordre de succession précis et rigoureux. Après eux, le public se laisse aller facilement à répéter comme des vérités acquises les hypothèses commodes et plausibles qui dispensent de réfléchir. En vertu de cette routine, on nous dit que l'humanité a passé successivement par des états de civilisation bien distincts, mais à rythme régulier. Les temps primitifs pour tous les hommes auraient été ceux pendant lesquels ils sustentaient leur vie par la cueillette, la chasse et la pêche. Puis serait venue là période de la vie pastorale, et l'agriculture à son tour aurait suivi les âges de l'existence nomade à la garde des troupeaux. Condorcet, énumérant les « dix périodes » qu'il distingue dans l'histoire de l'humanité, désigne expressément la « formation des peuples pasteurs » et « le passage à l'état agricole » comme les deux premières étapes du grand voyage de progrès accompli jusqu'à nous[2]. Mais l'étude détaillée de la Terre nous prouve que cette succession prétendue des états est une pure conception de l'esprit en désaccord avec les faits. La différence dans les moyens de conquérir la nourriture eut partout pour cause déterminante la différence même de l'ambiance naturelle. L'homme de la forêt giboyeuse, le riverain du fleuve et de la mer riches en poissons, l'habitant des steppes infinies parsemées de troupeaux, le montagnard enfermé dans un étroit vallon devaient avoir des genres de vie différents, de par les conditions dominatrices du milieu.

Sans mentionner les mœurs particulières provenant chez telle ou telle tribu, carnivore ou frugivore, des traditions et de l'atavisme hérités de l'animalité antérieure, on peut dire d'une manière générale que l'état, sinon universel, du moins normal, fut celui de la cueillette, comprise dans son sens le plus vaste, c'est-à-dire l'utilisation de tout ce que le chercheur famélique trouvait à sa convenance. La faim rend omnivore : l'individu perdu dans la forêt se laisse aller à prendre pour aliments toute espèce de vermine et de débris ; il mangera de l'herbe et des vers, il goûtera avec plus ou moins de répugnance aux baies, aux champignons, en risquant de s'empoisonner, mais d'ordinaire avec la prudence commune aux animaux sauvages. Et ce que l'individu se trouve obligé de faire, de nos jours, comme aux temps anciens, des tribus entières, même des nations ont dû le pratiquer également, soit d'une manière permanente, avant l'aménagement de la terre à leurs besoins, soit pour une saison ou durant toute une période de famine[3].

D'après une photographie de Sven-Hedin.

BERGERS DE TELLPEL SE LIVRANT A LA PÊCHE SUR LES BORDS DU TARIM.

Élisée Reclus

Suivant les pays, le mode primitif de la cueillette peut être déterminé par les circonstances d'un milieu spécial, de manière à prendre un caractère unique au monde. Ainsi, les indigènes qui vivent dans le désert de grès et de sable de l'Australie nord-occidentale et qui sont obligés de parcourir la contrée à la recherche des « points d'eau », qu'ils épuisent successivement, commencent par brûler autour d'eux, souvent dans un espace de huit à dix kilomètres de rayon, la brousse de *spinifex* et autres plantes desséchées ; puis, quand l'incendie s'est éteint, les hommes et les enfants, armés d'un bâton pointu, explorent soigneusement les cendres pour y ramasser les lézards, serpents, rats, vers et semences que le feu, passant rapidement au-dessus du sol, a légèrement grillés sans les réduire en masses carbonisées. Quand le garde-manger naturel est épuisé ou que l'eau est tarie, la tribu se dirige vers un autre campement où elle procède de la même manière. Le cycle de l'année s'accomplit ainsi régulièrement par un voyage circulaire de source en source et par une rotation d'incendies partiels, prudemment étudiés à l'avance[4].

Dans les brousses et les forêts, l'homme qui en était encore réduit à la cueillette primitive dut chercher dans le sol même les graines, les bulbes et les racines, faisant ainsi connaissance avec les premiers éléments qui devaient l'aider un jour à découvrir l'agriculture. Il voyait les semences germer en plantes nouvelles, il cueillait les rejetons qui naissaient à la base d'une tige vieillie, et tel tubercule qu'il trouvait dans le sol avait déjà dressé sa plumule et soulevé la terre au-dessus d'elle[5].

L'agriculture était, pour ainsi dire, en état de préfloraison dans son esprit ; il ne lui manquait pour agir que la patience, la longue prévision, l'alliance avec le temps. L'état nomade, que l'on place d'ordinaire à une étape de civilisation antérieure dans le temps à l'agriculture, semble au contraire demander une préparation plus longue.

L'exemple du Nouveau Monde dans toute son étendue, de l'archipel Arctique aux îles qui pointent vers l'Antarctide, témoigne d'une manière éclatante que l'agriculture n'eut pas besoin pour naître de succéder à l'état pastoral, puisqu'elle était pratiquée par des peuplades ou nations vivant en diverses parties du double continent, tandis que nulle part on n'y rencontrait de bergers nomades. Les Quichua possédaient, il est vrai, un animal domestique, le llama, mais ils l'employaient uniquement pour le transport des marchandises, et la masse de la nation n'en restait pas moins strictement sédentaire et agricole : nul ne pouvait quitter son champ sans un ordre des maîtres.

En Amérique, aucun homme de génie n'avait encore découvert l'art de dresser les animaux femelles à fournir un lait abondant en dehors de la période d'allaitement, et, même dans l'Ancien Monde, il existe plusieurs nations ayant horreur du lait. Les Chinois et les Japonais, qui ont pourtant reçu de l'Occident tant de connaissances diverses, et, indirectement, leur civilisation même[6], n'ont jamais appris à se nourrir du lait de la vache domestique. Il est probable d'ailleurs que cette conquête de l'humanité demanda beaucoup d'efforts et de temps, peut-être aussi des conditions physiologiques exceptionnelles chez l'animal, car, à l'état de nature, les bêtes n'ont de lait que pour leurs nourrissons ; la sécrétion cesse dès qu'on leur enlève les petits, Hahn émet l'hypothèse que le premier emploi du lait fut d'en faire hommage aux dieux[7] : peut-être fut-il d'abord versé en libation, pour implorer le pardon du meurtre, aux génisses brûlées sur les autels.

Le développement de l'industrie humaine ne s'est donc pas accompli suivant l'ordre que l'on avait imaginé jadis, mais il a dû se modifier diversement d'après la nature du milieu. Prenons pour exemple quelques-unes des populations de l'Ancien Monde. Les tribus de nains qui, dans l'Afrique centrale, vivent à l'ombre des forêts sans bornes pouvaient-elles avoir d'autre industrie dominante que celle de la cueillette et de la chasse rudimentaire, à moins que les populations voisines, leurs supérieures en force physique, ne leur permissent ou même ne vinssent leur enseigner l'agriculture et les échanges ?

De même les Nuêr, cantonnés dans les marécages et sur les îles flottantes du Bahr-el-Djebel et du Bahr-el-Zeraf, ne sont-ils pas condamnés au travail exclusif de la pêche des graines et du poisson tant qu'ils resteront privés de toutes communications faciles avec les terres asséchées du continent ? Dans une partie du monde bien éloignée du bassin nilotique, les insulaires des Lofoten n'étaient-ils pas également voués par le destin à la capture du poisson de mer, avant que le va-et-vient des bateaux à vapeur eût rattaché ce littoral au reste de l'Europe ?

Ailleurs, quand des agriculteurs eurent déjà domestiqué des animaux et appris à utiliser le lait des femelles, la nature même assigna l'état pastoral aux habitants de vastes contrées, devenues inhabitables aux chasseurs à cause de la rareté du gibier ou non utilisables pour les laboureurs, par suite de l'insuffisance des pluies : ces terres ne se prêtent qu'au parcours des bestiaux qui, après avoir brouté l'herbe d'un district, se transportent rapidement vers d'autres parties de la steppe également riches en pâturages. Le cultivateur qui s'est instruit dans l'art de faire paître les bêtes autour de sa demeure et qui requiert soit leur aide dans le travail, soit leur lait, soit même leur viande, et les protège en conséquence contre les bêtes féroces, celui-là peut hardiment se faire berger et quitter la région des forêts ou les bords de la mer et des fleuves pour suivre ses animaux apprivoisés dans les prairies sans bornes, même dans les pâturages des montagnes voisines, par delà les rochers et les torrents. Des terrains d'un autre caractère, ici des espaces de sables, d'argiles, de roches ou de cailloux, plus loin des plateaux neigeux ou des cols de montagnes forment des zones intermédiaires entre des pays de productions différentes, et elles restent interdites par la nature aux laboureurs et aux bergers ; entre deux territoires utilisés, ces régions difficiles ne peuvent être parcourues que par des porteurs trafiquants, soit isolés, soit marchant en groupes ou bien accompagnés de bêtes sommières.

En toute région naturelle, les contrastes du sol, de la végétation, des produits se complètent par un autre contraste, celui des populations et de leur industrie. L'ambiance explique l'origine de ces différences entre les hommes ; elle explique aussi pourquoi telle forme inférieure de civilisation peut se maintenir de siècle en siècle, indépendamment des progrès qui modifient plus ou moins rapidement les nations agricoles, nées dans les régions où des conditions favorables ont permis la domestication et l'élève des plantes nourricières. De tout temps, la plage maritime et la rive fluviale, la forêt et la steppe, le désert et l'oasis, le plateau raboteux et la montagne eurent des habitants assouplis à l'industrie qu'imposait le milieu.

Ce qui frappe surtout dans la diversité des moyens employés par l'homme pour la conquête de la nourriture, c'est que les civilisations

CHAPITRE III

particulières corrélatives à ces conditions se rapprochent en l'espace beaucoup plus qu'elles ne se sont succédé dans le temps : on y voit des faits d'ordre géographique plus que des faits historiques. Les Indiens Tineh du Grand Nord américain sont ou chasseurs ou pêcheurs ou agriculteurs suivant les ressources que présentent les contrées, forestières, lacustres ou alluviales[8].

ARABE AGRICULTEUR D'ALGÉRIE SE RENDANT AU MARCHÉ

Dans le nord de l'Afrique, les nomades sont cavaliers, chameliers, chevriers ou bouviers suivant les diversités du sol et du climat[9].

Il arrive même qu'en un pays où s'entremêlent deux régions naturelles, le désert et les campagnes plus ou moins arrosées, la population appartient simultanément à deux états : chaque individu, à la fois agriculteur et pâtre, acquiert une sagacité remarquable, une singulière acuité des sens et un rare esprit de prévision en vertu de sa double industrie. L'époque des labours est-elle arrivée, il monte à chameau, emportant sa légère charrue et son sac de semences, à la recherche d'une terre féconde et suffisamment humide pour qu'il n'ait pas à craindre l'effet des sécheresses prolongées.

Élisée Reclus

N° 16. Juxtaposition de territoires diversement exploités.

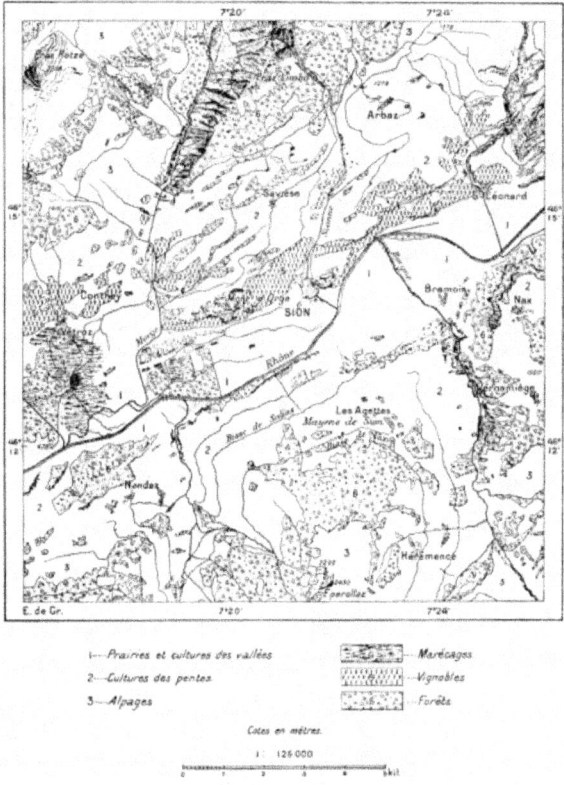

La végétation spontanée du sol, l'aspect du terrain, quelques traits de soc lui indiquent les endroits favorables : il y jette son grain, et, si l'espace utilisé n'est pas suffisant, il va plus loin à la découverte d'un autre champ temporaire. Pour le pacage des troupeaux, il lui faut connaître le pays sur une très grande étendue, des milliers et des milliers de kilomètres carrés. Il doit savoir par tradition ou par étude personnelle pendant combien de semaines ou de mois il pourra rester sur le pâtis, s'il existe fontaine ou ruisseau dans le voisinage, quelles tribus, pacifiques ou guerrières, il rencontrera dans son parcours, quels chemins, quels jours de l'année s'ouvrent devant lui pour la « transhumance »[10].

CHAPITRE III

Les modifications politiques et sociales dues à l'ensemble du progrès humain ont aussi pour résultat de changer les frontières entre les états de civilisation : suivant les vicissitudes des conflits et les invasions des peuples, on voit, comme dans l'Amérique du Nord et dans la Mongolie méridionale, des agriculteurs envahir les contrées des peuples chasseurs ou bergers et les annexer au domaine de la charrue ; d'autres fois, au contraire, il se fait un retour offensif des nomades qui, reconquérant le sol sur des résidents, laissent l'herbe et la brousse reprendre possession des champs cultivés et, complètement impuissants à conquérir leur pain par les semailles, doivent se nourrir de gibier ou de la chair des bêtes qu'ils poussent devant eux à travers les guérets en friche : c'est là un recul de civilisation dont l'antique Chaldée, le Haurân syrien, certaines régions de l'Asie centrale sont des exemples.

Dans le Nouveau Monde, où manquent les peuples pasteurs, la transition ne peut se faire que de l'état de primitifs, s'occupant de chasse ou de pêche, à celui de civilisés, bergers, agriculteurs et industriels.

Aucun degré de civilisation n'est absolument un, parce que la nature elle-même est diverse et que les évolutions de l'histoire, spécialement déterminées, s'accomplissent partout d'une manière différente. Il n'est guère de sociétés d'agriculteurs dans lesquelles ne subsistent aussi des chasseurs et des pêcheurs. Les Peaux Rouges, si ardents à la chasse du bison, étaient aussi de zélés cueilleurs de riz, presque des agriculteurs : ils semaient et récoltaient le maïs. Une des grandes fêtes était pour les Odjibway (Chippeway) de recueillir dans les marais et les lacs les épis de riz sauvage (*Zizania aquatica*).

Le nom de Menominee, que l'on rencontre en tant de lieux du haut bassin mississippien, rappelle l'antique importance de cette cueillette[11].

Élisée Reclus

N° 17. Transhumance de la Provence au Dauphiné.

D'ailleurs, les mêmes individus peuvent appartenir aux stades différents de la civilisation suivant la saison de l'année. Les Khotonts, qui vivent au milieu des Mongols et qui sont probablement des immigrés du Turkestan, ne se livrent à la vie nomade qu'après avoir ensemencé leurs champs. Les Cosaques de la Transbaïkalie, riches en campagnes bien cultivées, s'enfoncent en été dans l'intérieur de la Mongolie, heureux d'errer pendant plusieurs mois dans les vastes solitudes. Et la « vie des Alpes » pour les villageois suisses, est-elle autre chose qu'une rotation de l'état d'agriculteur à celui de pasteur[12] à la façon des Kalmouk, des Kalkha, des Buriates ? Dès que la végétation se réveille les Suisses habitant les vallées arrosent

CHAPITRE III

leurs prairies, sarclent leurs cultures, puis ils montent vers leurs vignes, dont ils réparent les fossés et les appuis ; l'été s'annonce et les troupeaux s'élèvent joyeusement vers les hauts alpages, dans l'herbe fraîche et savoureuse des montagnes ; quand les froids s'abaissent vers les plaines, il faut redescendre au plus vite, mais les bûcherons restent dans les forêts et les troncs d'arbre filent sur les glissoires et cheminent entraînés par le courant des fleuves.

Suivant les milieux secondaires de chaque pays, les populations se répartissent en sociétés partielles : l'ensemble de l'humanité se résume dans chacun de ses groupes. On peut même dire que chaque famille offre dans une certaine mesure ce raccourci du genre humain, car les divers travaux, depuis ceux qui se pratiquent dans la hutte d'un sauvage — telle la préparation d'un mets traditionnel — jusqu'aux plus raffinés, comme la lecture et l'écriture, c'est-à-dire la communion des pensées à distance, s'accomplissent sous un même toit. Tout stade de la civilisation comprend une infinité de survivances datant chacune de périodes historiques différentes, mais s'unissant en un organisme harmonique, grâce à la vie qui incorpore les traditions de toute origine et de tout âge en une seule conception générale.

Les forces nécessaires à la production du renouveau dans l'homme et dans la société sont toujours dues à une impulsion venue du dehors, même chez l'enfant génial qu'anime un sentiment de révolte contre les pratiques ou les obligations héréditaires. Parfois, l'impulsion provenant de la nature inorganique est brutale, impérieuse, sans appel. Une explosion volcanique, un débordement fluvial, une invasion de la mer, les ravages d'un cyclone ont maintes fois forcé les habitants de tel ou tel pays à quitter la terre natale pour fuir vers des contrées hospitalières. Dans ce cas, le changement de milieu amène forcément des changements d'idées, une autre conception de la nature ambiante, une autre façon de s'associer aux circonstances, différentes du milieu précédent. Il se peut donc, malgré la catastrophe et tous les malheurs qui en sont la conséquence, que l'événement soit pour la population frappée une cause puissante de progrès. Sans doute, les individus ont souffert, ils ont peut-être perdu le produit de leur travail et leurs approvisionnements ; mais que sont pareilles pertes en comparaison des acquisitions intellectuelles que peut donner

Élisée Reclus

l'adaptation à un nouveau milieu ?

KALMOUK DE LA TRANSBAÏKALIE

Parfois, il est vrai, le désastre entraine autre chose que des ruines matérielles : des peuplades ont été décimées ou même complètement exterminées par ces catastrophes de la nature et, dans ce cas, il faut que la tribu frappée se reconstitue à grand'peine ; que, par une sorte de reviviscence dont elle trouve les traces ataviques en soi, elle revienne aux institutions du passé, et reprenne péniblement les mœurs antiques dans sa lutte pour la vie, lutte dans laquelle il est d'ailleurs possible que le groupe d'hommes menacés succombe définitivement. Dans l'éternel effort vers le mieux de l'existence et le bien-être, l'homme se trouve quelquefois le plus faible et régresse alors vers la sauvagerie primitive ; d'autres fois, il triomphe des obstacles et progresse d'autant vers un état plus élevé.

Aux causes extérieures de changement provenant de la nature

CHAPITRE III

inanimée, s'ajoutent, chez les groupes humains, celles qui, proviennent du ressort donné à l'intelligence par l'enseignement mutuel, dont la forme ordinaire est le jeu. Le libre amusement, tel est l'un des plus grands éducateurs de l'homme[13]. Ce que nous appelons le jeu et que nous distinguons actuellement avec tant de soin du travail, fut, après la nourriture, la forme la plus ancienne de l'activité des hommes[14]. De même que la mère s'amuse en enseignant à son nourrisson les mouvements, les gestes, les sons qui l'accommoderont graduellement à son milieu, de même les enfants et les jeunes hommes entre eux ressentent une joie profonde à faire dans tous leurs jeux la répétition de la vie.

Leur puissance d'imagination est telle que, seuls, ils éprouvent déjà du plaisir à se figurer et à jouer des scènes dont ils sont à la fois les acteurs, les patients, les spectateurs, mais combien plus grande est leur passion, avec quel zèle éperdu, avec quelle sincérité dans la fantaisie se livrent-ils à leurs jeux quand ils sont nombreux à y participer et que chacun a son rôle dans le drame ou la comédie ! Ils sont alternativement chasseur et gibier, vainqueur et vaincu, juge et victime, coupable et innocent ; ils passent par toutes les phases imaginables de l'existence, ils en éprouvent toutes les émotions, et, suivant les tendances naturelles de leur être, apprennent à développer telle ou telle de leurs qualités lectrices ; ce qu'ils acquièrent a dans leur être des racines d'autant plus fortes que l'éclosion s'en est faite inconsciemment ; ils s'imaginent alors volontiers être des créateurs. Il se produit chez eux comme une sorte de rythme entre la vie pratique ordinaire et la vie d'imagination que donne le jeu, et cette dernière existence semble souvent la plus réelle parce qu'on y jette toute sa force avec le plus d'intensité. Ce n'est pas la simple récréation, comme la pratiquent les gens usés, privés de leur ressort naturel, c'est la réalisation même de l'idéal d'enfance ou de jeunesse. Du reste, cet idéal de l'homme qui s'amuse ne diffère point de celui qu'il voit flotter devant lui dans le repos de sa pensée. Tel apprend dans ses jeux à rester libre, bon, franc camarade ; tel autre s'ingénie à commander ou s'habitue à servir. Dans les amusements comme dans la vie sérieuse, on voit des tyrans et des esclaves.

Même à son insu, l'homme, qu'il joue ou qu'il travaille, se laisse presque toujours entraîner par l'exemple d'autrui ; la plupart des

Élisée Reclus

spontanéités apparentes ne sont qu'imitation. Ainsi, l'historien doit le constater à l'origine même de l'humanité, le monde des animaux auquel nous appartenons et que nous continuons est devenu notre grand éducateur, il nous offre de précieux exemples pour tous les actes de la vie.

En premier lieu, la science par excellence, celle qui consiste à chercher et à trouver la nourriture, n'est-elle pas admirablement enseignée à l'homme par ses frères aînés, vertébrés et invertébrés ? Si l'homme, animal lui-même, avait été en peine pour les arts de la cueillette, de la chasse et de la pêche, les exemples à suivre ne se pressaient-ils pas autour de lui ? Sur la plage, les crabes et autres crustacés montrent les endroits du sable et de la vase où se cachent tels ou tels « fruits de mer » ; chaque animal allant à la glandée, à la fouille des racines, au viandis, à la pêche fut soigneusement observé par le famélique, et celui-ci essaya tour à tour les nourritures diverses, baies et fruits, feuilles et racines, bestioles et bêtes, qu'il voyait servir d'aliment à ses frères rapprochés. Bien plus, l'homme a pu demander à ses éducateurs l'art d'emmagasiner ses vivres pour les temps de disette : ce sont les termites, les fourmis, les abeilles, les gerboises, les écureuils et les chiens des prairies qui lui ont appris à se construire des silos pour y placer l'excédent de nourriture recueilli dans les saisons d'abondance ; tel village de termites, construit avec une méthode architecturale bien supérieure à celle des villages humains de la contrée environnante, offre un ensemble merveilleux de galeries, de greniers, de séchoirs et de magasins qui constituent tout un monde[15]. Enfin, que de moyens thérapeutiques, feuilles, bois ou racines, le malade ou le blessé a-t-il vu d'abord employer par des bêtes !

Peut-être même est-ce également à l'exemple des animaux que l'homme dut en mainte contrée ses débuts en agriculture. D'après le naturaliste Mac Gee, le travail de la terre américaine en vue d'une récolte annuelle aurait eu son premier stade en plein désert, notamment dans le pays des Indiens Papajos ou Papagos, partie de l'Arizona voisine du golfe de Californie. Ici les indigènes ont sous les yeux le travail des fourmis « laborieuses », dont les colonies, parsemant la plaine par dizaines de millions, ont mis en production le quart, sinon le tiers de toute la Papagueria. Chaque colonie a son champ de céréales bien entretenu et son aire à battre

CHAPITRE III

le grain d'une propreté parfaite.

CHIENS DES PRAIRIES ET LEURS SILOS.

L'éveil naturel de l'amour-propre, à la vue de ces prodiges, devait nécessairement entraîner le Peau Rouge à imiter l'œuvre de la fourmi : chaque année, il visite les régions du sud pour en rapporter des graines de maïs, des pépins de citrouille, des haricots, qu'à son retour, au commencement de la saison des pluies, il jette dans les terres arrosées et dans le sol des ravins humides. Cette pratique de semailles date probablement des âges les plus antiques et paraît même avoir été dans ce pays la principale cause de l'organisation des Papagos en tribu[16]. L'agriculture, dit Mac Gee dans un autre mémoire[17], fut dans ses origines une « industrie du désert ». C'est là, sans nul doute, une affirmation trop catégorique. Du moins est-il certain que l'ancienne hypothèse, relative à la naissance de la culture sur les terres les plus fécondes, doit être également revisée.

Si l'homme doit infiniment à son éducateur, l'animal, pour la recherche et la conservation de la nourriture, c'est à lui aussi, ou à ses propres ancêtres animaux, qu'il doit très souvent l'art de choisir une demeure ou de se faire un abri.

Élisée Reclus

RÉSERVOIRS A BLÉ CHEZ LES OVAMBO (AFRIQUE SUD-
OCCIDENTALE)

Plus d'une caverne lui serait restée inconnue s'il n'avait vu la
chauve-souris tournoyer autour de la fissure du roc au fond de
laquelle s'ouvre la porte secrète des galeries souterraines. Mainte
bonne idée lui fut donnée également par l'oiseau constructeur de
nids, si habile à entretresser fibres, laines et crins, même à coudre les
feuilles. Le monde des insectes put enseigner diverses industries,
l'araignée surtout qui tisse entre deux rameaux de si merveilleux
filets, à la fois souples, élastiques et fermes. Dans la forêt, l'homme
se plaît au bruit rythmé que fait le gorille[18] frappant sur une
calebasse, il suit les chemins que lui ont frayés le sanglier, le tapir
ou l'éléphant : en observant les traces du lion, il sait de quel côté il
trouvera de l'eau dans le désert, et le vol des oiseaux, cinglant haut
dans le ciel, lui fait deviner la brèche la plus facile pour la traversée
de la montagne, et, sur la rondeur de la mer, le détroit le moins
large, l'île inaperçue de la rive.

Souvent, l'instinct commun à l'animal et à l'homme apprit à celui-
ci l'art de feindre, de fuir ou de se déguiser au moment du danger.

CHAPITRE III

Les exemples de la bête, aussi bien que le ressouvenir de la race propre, auraient pu lui enseigner à « faire le mort », c'est-à-dire à se tenir coi pour ne pas attirer le coup de bec ou de griffe sur sa tête. Les mères peuvent aussi tirer avantage, pour l'éducation des enfants, de l'art avec lequel les oiseaux savent apporter la becquée, mesurer la nourriture et le temps du vol, lâcher les oisillons, désormais maîtres de l'espace. Enfin, l'homme a reçu de l'oiseau cette chose inestimable, le sens de la beauté, et, plus encore, celui de la création poétique. Aurait-il pu oublier l'alouette qui s'élance droit dans le ciel en poussant ses appels de joie, ou bien le rossignol qui, pendant les nuits d'amour, emplit le bois sonore de ses modulations ardentes ou mélancoliques ? Maintenant il apprend à imiter l'oiseau pour construire des aéronefs ; de même qu'il imita jadis le poisson pour se façonner des esquifs avec une épine dorsale servant de quille, des arêtes qui sont devenues des membrures et des nageoires transformées en rames et en aviron[19].

Le domaine de l'imitation embrasse le monde des hommes aussi bien que celui des animaux. Il suffit qu'une peuplade soit en contact avec une autre peuplade pour que le besoin de lui ressembler par tel ou tel caractère se fasse aussitôt sentir. Dans un même groupe ethnique, l'individu qui se distingue des autres par quelque trait frappant ou par quelque travail personnel devient aussi un modèle pour ses camarades, et du coup, le centre de gravité intellectuel et moral de toute la société doit se déplacer d'autant. D'ordinaire, l'imitation se fait d'une manière inconsciente, comme par une sorte de contagion, mais elle n'en est que plus profonde, et celui qui en est atteint en reste modifié dans tout son être. Les imitations conscientes ont une part moins importante dans la vie, mais une part encore très considérable, puisque l'homme désireux de se rendre semblable aux autres peut être entraîné par ses diverses facultés, soit par sympathie quand il s'agit d'un ami, soit par obéissance à l'égard d'un maître, ou par fantaisie, par amour de la mode, enfin par le désir et la compréhension raisonnée du mieux[20].

La plupart, sinon toutes les fonctions d'ordre intellectuel, le langage, la lecture, l'écriture, le calcul, la pratique des arts et des sciences supposent la préexistence et la culture de l'aptitude à l'imitation : sans l'instinct et le talent d'imiter, il n'y aurait point de vie sociale ni de vie professionnelle. La littérature primitive n'a-

Élisée Reclus

t-elle point commencé surtout par la danse, c'est-à-dire par des pantomimes, des attitudes rythmées, accompagnées de la cadence des instruments et du son de la voix humaine ? Et la première forme de la justice, c'est-à-dire le talion : « Œil pour œil, dent pour dent » ! n'est-elle pas imitation pure ? Tout le code des lois ne fut jadis autre chose que la coutume : on était convenu tacitement de répéter sans cesse, sous la forme antique, ce qui avait été fait depuis un temps immémorial, et à cet égard la loi anglaise, qui cherche avec tant de sollicitude à s'appuyer sur les « précédents », se répète comme une cloche au son toujours le même.

Nº 18. Territoire des Indiens Papagos.

La règle des convenances sociales est de rendre visite pour visite, repas pour repas, présent pour présent, et la morale même est née dans son essence de l'idée du devoir, du paiement, de la restitution d'un service à l'homme, à un groupe collectif, à l'humanité [21].

CHAPITRE III

L'imitation se confond en beaucoup de circonstances avec l'aide mutuelle — ou plus brièvement l'entr'aide — qui fut dans le passé, qui est encore de nos jours et qui sera dans tous les temps le principal agent du progrès de l'homme. Lorsque, dans la deuxième moitié du dix-neuvième siècle, Darwin, Wallace et leurs émules eurent si admirablement exposé le système de l'évolution organique par l'adaptation des êtres au milieu, la plupart des disciples n'envisagèrent que le côté de la question développé par Darwin avec le plus de détails et se laissèrent séduire par une hypothèse simpliste, ne voyant dans le drame infini du monde vivant que la « lutte pour l'existence ». Cependant l'illustre auteur d'*Origin of Species* et de *Descent of Man* avait aussi parlé de l' « accord pour l'existence » ; il avait célébré « les communautés qui, grâce à l'union du plus grand nombre de membres étroitement associés, prospèrent le mieux et mènent à bien la plus riche progéniture »[22].

Mais que de prétendus « darwinistes » voulurent ignorer complètement tous les faits d'entr'aide et se prirent à vociférer avec une sorte de rage, comme si la vue du sang les excitait au meurtre : « Le monde animal est une arène de gladiateurs… ; toute créature est dressée pour le combat »[23] ! Et sous le couvert de la science, combien de violents et de cruels se trouvèrent du coup justifiés dans leurs actes d'appropriation égoïste et de conquête brutale ; tout joyeux d'être parmi les forts, que de fois n'ont-ils pas poussé le cri de guerre contre les faibles : « Malheur aux vaincus » !

La configuration des continents est le facteur prédominant dans les itinéraires des oiseaux migrateurs. Certaines espèces suivent, chacune avec ses préférences, les voies pélasgiques (numérotées de 1 à 8, en traits pleins) et restent en vue des côtes ; d'autres oiseaux volent autant que possible au-dessus des terres, à peu de distance du littoral, puis pénètrent dans l'intérieur le long des fleuves (itinéraires en pointillé).

Élisée Reclus

N° 19. Passages d'oiseaux.

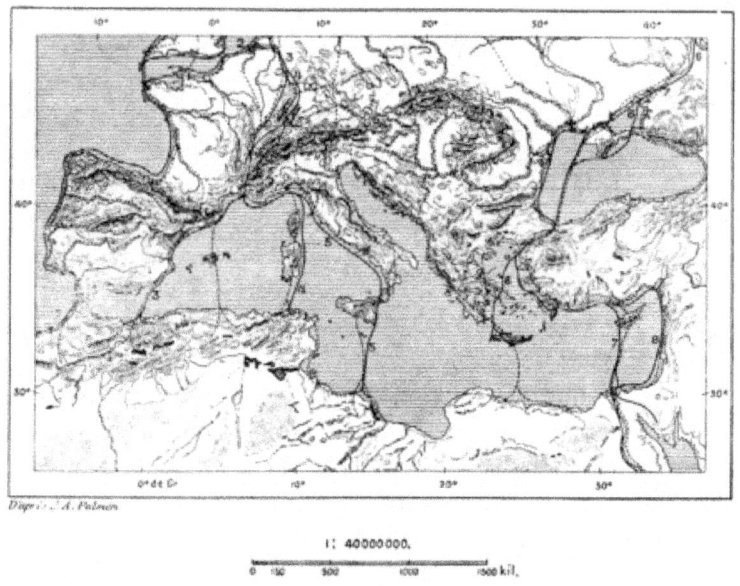

D'après A. Palmén

1 : 40000000.

0   150   500   1000   1500 kil.

Sans doute le monde présente à l'infini des scènes de lutte et de carnage parmi tous les êtres qui vivent sur le globe, depuis les graines en conflit pour la conquête d'une motte de terre et les œufs de poissons se disputant la mer, jusqu'aux armées en bataille s'exterminant avec fureur par l'acier, les balles et les obus. Mais les tableaux opposés sont encore plus nombreux puisque la vie l'emporte, et que sans l'entr'aide la vie même serait impossible. Puisque les plantes, les animaux, les hommes ont réussi à se développer en tribus, en peuples immenses, et que parmi eux un grand nombre d'individus ont parcouru leur espace normal de vie durant des jours, des mois ou des années, c'est que les éléments d'accord l'ont emporté sur les éléments de lutte. Ce simple « bon jour » ou « bon matin », que dans tous les pays du monde on échange sous les formes les plus diverses, indique un certain accord entre les hommes, provenant d'un sentiment au moins rudimentaire de bonne volonté à l'égard les uns des autres. Un proverbe arabe l'exprime de la manière la plus noble : « Un figuier regardant un figuier apprend à porter des fruits. Il est vrai qu'un autre dicton,

CHAPITRE III

encore plein des haines antiques, limite cette bonne volonté aux membres d'une même nation : Ne regarde pas le dattier, dit l'Arabe, ne le regarde pas, car il ne parle pas à l'étranger.

Les exemples d'aide mutuelle parmi les animaux, cités dans les ouvrages des naturalistes, sont innombrables et il n'en est pas un seul qu'on ne puisse retrouver sous des formes peu différentes parmi les hommes[24]. Les fourmis et les abeilles fournissent à cet égard des faits d'une telle éloquence qu'il faut s'étonner de l'oubli momentané dans lequel les ont laissées les protagonistes d'une lutte constante et sans merci entre tous les êtres combattant pour l'existence. Sans doute des guerres se produisent entre telle et telle espèce de fourmis ; elles aussi ont des conquérants, des propriétaires d'esclaves ; mais il faut constater également qu'elles s'entr'aident au point de se nourrir mutuellement en cas de nécessité, de s'adonner à des travaux agricoles et même industriels, tels que la culture de certains champignons et la transformation chimique des grains, enfin de se sacrifier les unes pour les autres avec un dévouement absolu. Des colonies de fourmis, comprenant des centaines ou même des millions de fourmilières habitées par des espèces alliées, n'offrent que des scènes de bonne intelligence et de paix cordiale[25]. A la vue de toutes ces merveilles mentales, on est tenté de répéter les paroles de Darwin que « la cervelle de la fourmi est peut-être un prodige supérieur à la cervelle de l'homme ».

Et parmi les oiseaux, parmi les quadrupèdes et les bimanes, que d'exemples touchants de la solidarité qui unit certaines espèces ! La confiance mutuelle entre individus de la grande famille est telle que nul n'a besoin d'apprendre le courage : les plus petits oiseaux acceptent le combat avec un rapace ; on a vu le hoche queue braver des buses et des éperviers. Les corneilles, conscientes de leur force, s'acharnent après un aigle et le poursuivent de leurs moqueries. Dans les terres argileuses qui dominent le fleuve Colorado, dans le Grand Ouest américain, des colonies d'hirondelles s'établissent tranquillement au-dessous d'une roche où perche le faucon. Certaines espèces n'ont pour ainsi dire d'autres ennemis que l'homme, et, dans les conditions ordinaires, vivent en paix avec tout l'univers, protégées par leur parfaite union ; tels sont les « républicains » du Cap, les perruches et perroquets des forêts américaines et naguère les nuées d'oiseaux de l'île Loysan à l'ouest

Élisée Reclus

de l'archipel hawaiien.

Chez ces animaux, la solidarité va jusqu'à la bonté et au dévouement, tels que l'homme les conçoit et les pratique, rarement d'ailleurs. Ainsi quand un chasseur, tirant par désœuvrement sur un vol de grues, blesse un de ces animaux qui, ne volant plus que d'une aile, risque de tomber à pic, aussitôt la bande se reforme et deux compagnons, de droite et de gauche, soutiennent de leur vol le vol fatigué de l'ami. Même de petits oiseaux joignent les migrateurs pour les accompagner par-dessus la Méditerranée : on a vu des alouettes s'abattre ainsi du ciel avec des bandes de grues, après avoir traversé la mer[26] ; qu'elles aient été secourues directement ou non, il est certain qu'elles doivent avoir au moins été accueillies pour le grand voyage.

Combien donc contraire à toute vérité est l'assertion des pessimistes qui parlent du monde animal comme s'il consistait seulement en destructeurs se déchirant à coups de griffes et de serres et buvant le sang de leurs victimes[27] ! Quoi qu'on en dise, la lutte pour la vie n'est pas la loi par excellence et l'accord l'emporte de beaucoup dans l'histoire du développement des êtres. La meilleure preuve nous en est donnée par ce fait que les espèces les plus heureuses dans leur destinée ne sont pas les mieux outillées pour la rapine et le meurtre, mais au contraire celles qui, munies d'armes peu perfectionnées, s'entr'aident avec le plus d'empressement : ce sont non les plus féroces, mais les plus aimantes.

La tendance à l'entraide a pu n'être au début de la vie animale qu'une variation individuelle, mais quand ce penchant trouvait à s'exercer en réciprocité, il constituait un facteur favorable dans la lutte pour l'existence, et les êtres qui en étaient doués pouvaient, dans de meilleures conditions, le transmettre à une descendance. C'est ainsi que ce caractère s'est, dans la suite des générations, étendu à un nombre d'individus de plus en plus considérable[28].

Les témoignages de la préhistoire, de même que l'étude des populations contemporaines, nous montrent un très grand nombre de tribus « primitives » ou « sauvages » vivant en paix et même dans l'harmonie d'une possession commune de la terre et d'un travail commun : les exemples de peuplades guerrières outillées seulement pour le combat et vivant exclusivement de déprédations sont assez rares, quoique souvent cités. Il est de morale constante parmi les contribules que l'individu doit, si la disette se fait sentir, se mettre à la ration pour que les provisions puissent durer plus longtemps. Souvent les grands se privent pour les petits, loin d'abuser de leur force. Le fait capital de l'histoire primitive, telle qu'elle se présente à nous dans presque tous les pays du monde, est que la gens, la tribu, la collectivité est considérée comme l'être par excellence, auquel chaque individu donne son travail et fait le sacrifice entier de sa personne. L'entr'aide est si parfaite qu'en mainte circonstance elle cherche à se produire même par delà la mort : ainsi, dans les Nouvelles Hébrides, quand un enfant mourait, la mère ou la tante se tuait volontiers pour l'aller soigner dans l'autre monde[29].

Même le meurtre ou plutôt la mort volontaire des vieillards qui se pratique en divers pays — ainsi chez les Batta de Sumatra, et jadis chez les Tchuktchi sibériens déjà mentionnés — est un fait qu'il conviendrait de citer plutôt comme un exemple d'entr'aide qu'en témoignage de la barbarie des populations où s'accomplissent de pareils événements. Dans une communauté où tous vivent pour tous, où la prospérité du groupe entier est la sollicitude d'un chacun, où la difficulté de vivre est quelquefois si grande par suite du manque de nourriture ou de l'excès du froid, le vieillard qui se rappelle sa vie passée dans l'effort de la lutte commune et qui se sent désormais impuissant à la continuer comprend parfaitement la logique des choses : la vie lui pèse tout autrement qu'au vieillard des nations civilisées, qui, par les accoutumances morales et les relations de société, continue d'être utile, dans une certaine mesure, ou du moins peut s'imaginer qu'il l'est encore. « Manger le pain des autres », alors que l'on comprend si bien l'indispensable nécessité de l'aliment par excellence pour les collaborateurs les plus actifs de la commune, finit par se changer en un véritable supplice, et c'est en grâce que les gens d'âge, devenus inutiles, en scandale et en horreur à eux-mêmes, demandent aux leurs de les aider à partir pour le pays du repos éternel ou d'une nouvelle vie éternellement jeune. Les familles modernes sont-elles vraiment meilleures pour les parents âgés, lorsque ceux-ci, souffrant de maladies atroces, demandent avec larmes qu'on leur épargne le supplice continu ou les douleurs fulgurantes, et que cependant, sous prétexte d'amour filial ou conjugal, on les laisse lamentablement gémir pendant des semaines, des mois ou des années ?

La forme communautaire de la propriété, qui prévalut dans presque tous les pays du monde et qui se maintient çà et là, même dans les contrées le plus complètement accaparées par des propriétaires individuels, permet de constater combien l'entr'aide fut l'idéal et la règle chez les peuples agricoles arrivés à un degré de civilisation déjà très avancé. Là aussi le souci d'un chacun dut être la prospérité de tous, ainsi qu'en témoignent les mots mêmes qui servent à désigner la collectivité des villageois associés. Ce sont les « universités » des Basques, les « mir » russes ou petits « univers », les zadrughi ou « amitiés » des Serbes, les « fraternités » des Buriates.

Le terme de « commune » que l'usage du latin et des langues qui en sont dérivées a généralisé dans le monde s'applique à tous les hommes « qui prennent part aux charges », c'est-à-dire à tous ceux qui s'entr'aident. Et de la commune naît la communion, c'est-à-dire le partage du festin et l'échange des pensées intimes. Car « l'homme ne vit pas de pain seulement » et l'entr'aide n'a cessé de se produire par la communication des idées, l'enseignement, la propagande. Il n'est pas un homme, pas même un égoïste, qui ne s'évertue à faire pénétrer sa façon de concevoir les choses dans l'intelligence d'autrui. Car plus la société progresse, plus l'individu isolé apprend, même inconsciemment, à voir des semblables dans ceux qui l'entourent.

La vie, qui fut simplement végétative chez les types inférieurs de l'animalité, de même que pour les hommes vivant dans la brutalité première, prend un caractère tout autre et bien plus ample chez ceux dont l'intelligence et le cœur se sont agrandis. Ayant acquis la conscience de vivre, ils ajoutent un nouveau but au but premier, qui se bornait à l'entretien de l'existence : le cercle infiniment développé embrasse désormais le bien-être de l'humanité entière[30].

Mais il y a des retours, et terribles parfois, dans la marche du progrès humain. L'entr'aide, qui a tant fait pour développer d'homme à homme et de peuple à peuple tous les éléments d'amélioration mentale et morale, laisse souvent la place à l'entre-lutte, au féroce déchaînement des haines et des vengeances. C'est parmi les chasseurs, les tueurs de profession que naquit presque

CHAPITRE III

partout cette fureur d'extermination entre les hommes. La chasse que le carnivore fait aux animaux et qui est déjà une véritable guerre, développant chez l'homme comme chez la bête les instincts de ruse et de cruauté, a pu devenir indirectement la cause de la guerre proprement dite, des entreprises haineuses en vue de l'extermination des semblables, car le chasseur, toujours préoccupé de trouver la nourriture en suffisance, ne peut regarder que de très mauvais œil le rival qui lui dispute sa proie : le moment vient où la haine éclate et où les armes sont tournées par l'homme contre un autre homme[31]. Cette première guerre, née de la chasse, a pour objet la suppression de concurrents, et combien d'autres guerres suivent, toutes inspirées par le même âpre désir de capture et de domination !

Par un singulier renversement des choses, c'est ce choc brutal entre les hommes, c'est la « guerre mauvaise », comme l'appelle Homère, que nombre d'écrivains affectent de célébrer ou même glorifient parfois, sincèrement, comme la plus grande éducatrice de l'humanité. Il faut y voir la survie des anciennes croyances à la vertu du sacrifice, causées par la terreur de l'inconnu, par la crainte des esprits méchants qui volent d'ans l'air, des mânes inassouvis qui veulent renaître en faisant mourir les vivants.

« Sache qu'il faut du sang pour faire vivre le monde et les dieux, du sang pour maintenir la création entière et perpétuer l'espèce. N'était le sang répandu, ni peuples, ni nations, ni royaumes ne conserveraient l'existence. Ton sang versé, ô médiateur, étanchera la soif de la Terre, qui s'animera d'une vigueur nouvelle » ! Ainsi chantaient les Khond de l'Inde Centrale, égorgeant une victime de propitiation pour partager la chair, féconder leurs champs, sanctifier leurs foyers[32].

Nulle cité, nulle muraille ne fut fondée jadis, chez certains peuples, sans que la première pierre fit jaillir le sang d'une victime. D'après la légende, un pilier de fer, le Radjalidhava, indiquant le centre des villes qui se succédèrent à l'endroit où s'élève maintenant la cité de Delhi, baigne toujours dans le sang : il fut planté au lieu même où l'innombrable armée des hommes-serpents, c'est-à-dire des indigènes, fut enfouie, vivante encore, à la gloire de Yudichtira, un des cinq fils de Pandu.

Élisée Reclus

Dessin de George Eous.
LE PILIER DE FER, LE « RADJAHDHAVA », À DELHI

Il est certain que les guerres, phénomène historique complexe, embrassant la société tout entière dans l'ensemble de la vie, peuvent avoir été, en vertu de leur complexité même, l'occasion de progrès, malgré la destruction, les ravages, les maux de toute nature qu'elles ont causés directement. Ainsi tel conflit entre tribus ou nations avait été précédé de voyages d'exploration qui fournirent de précieux renseignements sur des contrées peu connues, puis, après la lutte, il eut pour conclusion des traités d'alliance et des relations fréquentes de commerce et d'amitié. Ces relations furent heureuses, puisqu'elles élargirent l'horizon de peuples qui s'ignoraient

CHAPITRE III

autrefois, accrurent leur avoir, développèrent leurs connaissances ; mais, loin d'être le résultat de la guerre, elles provenaient, au contraire, du mouvement qui s'était produit en sens inverse, et si les massacres n'avaient pas eu lieu, si les alliances avaient devancé l'effusion du sang, on n'eût eu à les acheter par aucun sacrifice. Seulement le peuple n'a plus souvenir des faits pacifiques, des événements qui n'ont provoqué la terreur ni le désespoir : il ne se rappelle que les « années terribles » et rapporte à ces dates fatales les résultats de toute nature, mauvais ou bons, qu'il faudrait distinguer nettement les uns des autres et répartir diversement suivant les causes qui les ont déterminés. Qu'on ne se berce donc point d'illusions : la haine naît de la guerre et l'engendre ; l'amour entre les hommes a pour cause l'harmonie des efforts. C'est encore à l'entr'aide qu'il faut rapporter les conséquences heureuses qui semblent dériver de l'entre-lutte. Mais que de fois la guerre a-t-elle poussé ses conséquences jusqu'à leur extrême limite, que de fois a-t-elle été logique jusqu'au bout, en entraînant l'extermination définitive d'une tribu, ou même d'un peuple, d'une race, et en supprimant ainsi toute possibilité de progrès, puisqu'il n'y avait plus d'êtres vivants pour en jouir ! La haine, comme l'amour, naît facilement entre les hommes. Elle éclate en passion soudaine chez les jeunes qui courtisent une même femme ; elle lance également l'une contre l'autre des peuplades qui recherchent un même lieu de chasse, de pêche ou de séjour. Et ce n'est pas seulement le conflit des intérêts qui fait surgir la haine : il suffit que les différences d'aspect, de taille, de couleur, d'aptitudes soient très marquées pour que, spontanément, les inimitiés jaillissent. Les fourmis noires et les fourmis rouges se livrent de terribles batailles ; hommes noirs, roux, jaunes, basanés et blancs s'entre-heurtent aussi volontiers, mus par l'imagination naturelle d'appartenir à d'autres races, peut-être à d'autres humanités. On se hait aussi à cause du contraste que présentent les genres de vie. Dès l'origine, au lendemain de la création, la légende biblique nous montre deux hommes, un berger et un laboureur, qui se disputent jusqu'à la mort de l'un d'eux. Il est vrai que, d'après la même légende, cette haine était voulue de Dieu, puisque celui-ci, refusant l'offrande du laboureur, fit naître la rancune contre le frère privilégié. Et sans cesse avivées par les récits, par les chants de guerre, par le

Élisée Reclus

renouvellement des conflits, les haines se survivent bien longtemps après les causes qui leur ont donné naissance : elles prennent un caractère atavique. Les professeurs allemands n'ont-ils pas donné, en toute sincérité, au peuple de France le nom « d'ennemi héréditaire » ? Et, pour dire les choses tout simplement, n'est-il pas vrai que, pendant longtemps, il fut d'usage, dans le langage ordinaire, de se traiter mutuellement, à travers le détroit, de « cochon d'Anglais » et de « grenouille française » ? Même, en mainte contrée, ainsi en Hollande, on se hait et l'on se craint de village à village. Pourquoi ? Parce que, appuyés sur des formes différentes du christianisme, les pères et les aïeux se sont haïs. La férocité se transforme en devoir[33]. L'esclavage, conséquence de la guerre, ne se comprend que par la méconnaissance absolue de tout droit chez l'homme asservi. L'esclave n'a plus les qualités humaines, il n'a point d' « âme », il n'existe pas. Et ce qui est vrai de l'esclave que l'on a sous la main devient également, vrai de l'esclave éventuel ou futur, de l'ennemi ou du membre d'une tribu étrangère : il ne peut avoir de droits, ne peut s'attendre à aucun respect. Les exceptions qui se produisent pour les nécessités du commerce, pour les pratiques traditionnelles de l'hospitalité ou la réception des ambassadeurs sont écartées de la morale courante, mises à l'abri de sanctions religieuses ; mais il n'en est pas moins considéré comme juste d'avoir « prise » contre l'ennemi, l' « homme de rien[34] ». L'union des hommes pour le travail en commun se complète naturellement, dès les âges de l'animalité, par l'utilisation et même par des transformations de la nature. C'est ainsi que les primitifs durent s'associer pour se faire, comme les singes et tant d'autres animaux, des lits d'herbes ou de feuilles, et des toits de branches juxtaposées ou même entremêlées. L'oiseau et l'épinoche ne se construisent-ils pas des nids ? Le castor ne se maçonne-t-il pas des écluses contenant une demeure pour sa famille ? Le singe n'a-t-il pas un gîte bien aménagé, à mi-hauteur des arbres, avec plancher et plafond de rameaux[35] ? Comme eux, l'homme avait spontanément appris à profiter largement des produits végétaux de la terre : marmottes, abeilles et fourmis ne lui avaient-elles pas enseigné à faire en été des provisions pour l'hiver ? Mais, suivant la diversité des milieux, des circonstances différentes firent naître des formes spéciales d'agriculture, dues, non à l'initiation de l'homme

CHAPITRE III

par ses « frères inférieurs », mais à son génie propre, à son esprit d'observation, guidé par les nécessités de l'existence. Ainsi les explosions de graines qui se font avec violence, même avec bruit, en plusieurs espèces de plantes, ne pouvaient certainement pas manquer d'attirer l'attention des hommes. Quand le sauvage des forêts brésiliennes voyait tomber d'un grand arbre (*Bertholetia excelsa*) une lourde noix, grosse comme une tête d'homme, et que cette noix, se brisant sur le sol ou sur une racine, projetait ses semences au loin, comment n'aurait-il pas compris que ces graines éparses contenaient en germe autant d'arbres semblables à celui qui venait de rejeter son fardeau ? Des fruits de moindres dimensions, telles que la balsamine « impatiente », se débarrassent de leurs semences d'une manière analogue ; bien mieux, l'arachide enterre elle-même ses fruits, et donne à l'enfant qui la regarde une leçon directe d'agriculture ; enfin, les herbes rampantes qui, de distance en distance, mordent le sol, y plantent leurs radicelles comme de véritables dents, et les végétaux à tubercules, qui s'environnent dans la terre d'un essaim d'autres poches nourricières, enseignent également à l'homme, de la manière la plus évidente, les procédés à suivre pour renouveler d'année en année la génération végétale. Il est peu d'enfants campagnards, parmi ceux qui disposent de quelque loisir, chez lesquels ne se soit développé spontanément l'amour de la culture. Qui de nous n'a planté son arbre fruitier ! Et ce que chaque bambin fait maintenant, les peuples enfants le firent aussi dans les plus diverses régions de la terre, sous différentes formes, suivant les contrastes des milieux. L'agriculture naquit donc en mille endroits différents, mais on comprend bien que de nombreux primitifs aient été plus enclins à se procurer la nourriture par la chasse et par la guerre que par la culture du sol. En effet, la fouille des terres, les travaux de l'ensemencement, ceux de la moisson, quand ils se font en grand, demandent une application soutenue, de la réflexion, de la patience, tandis que la poursuite du gibier ou de l'homme est surtout une œuvre de passion : quoique poussé par la faim, le primitif voit dans la chasse un véritable amusement que la perspective d'un accident quelconque, de la mort même, rend plus intense et plus forcené. Dans ce cas, l'excitation finit par se transformer en une véritable folie[36] : dans la lutte, l'homme ne raisonne plus ; il n'a qu'un désir :

Élisée Reclus

mordre sa proie, la déchirer à belles dents, la découper en morceaux.

Dessin de George Roux.

UN DES SINGES DU POSTE DE CARNOT ENFOURCHANT UN
MOUTON
POUR LE DÉPOUILLER DE SES PARASITES

La domestication des animaux dut être en mainte occasion plus facile que l'utilisation des plantes, puisque plusieurs d'entre eux vinrent certainement au devant de l'homme[37] : vivant de la même vie, les espèces se comprenaient mutuellement. Au poste de Carnot, dans l'Afrique équatoriale, les animaux de la brousse, facilement apprivoisés, constituent une sorte de république des plus curieuses ; parmi ces nombreux commensaux de l'homme, le plus remarquable était en 1898 un grand singe jaune s'étant institué surveillant de sa propre autorité. Il menait paître les moutons avec toutes les allures des chiens d'Europe, mordant rageusement les jambes de ceux qui s'écartaient du troupeau. Puis, lorsque les bêtes paissaient tranquillement, il enfourchait le premier mouton

CHAPITRE III

venu pour le dépouiller de ses parasites. Evidemment, il avait tout intérêt à se faire l'associé de l'homme, et si le marché se conclut, c'est grâce à son initiative personnelle[38].

En certaines contrées, cette association est forcée, pour ainsi dire, puisque le sol et le climat placent l'homme et les animaux en des conditions de stricte interdépendance. Ainsi, dans les ranchos et les corroies du Nouveau Mexique, de l'Arizona, de la Sonora, les vautours « vidangeurs » deviennent forcément des commensaux de la famille, et, de part et d'autre, entre les oiseaux et les hommes, naît un sentiment collectif de propriété commune et de solidarité ; quand un étranger se présente, le vautour se tient à distance d'un air soupçonneux, puis se rapproche avec une satisfaction évidente dès que l'intrus est parti : comme la volaille domestique, il appartient à la grande famille de la basse-cour.

Le pigeon aime aussi le voisinage de l'homme, et souvent même, quand l'aigle ou le faucon planent dans l'espace, il cherche un refuge près de la cabane et jusque sous son toit. Le loup coyote, moins familier, est, sinon un commensal, du moins un parasite de l'Indien mexicain. On sait qu'il vient la nuit rôder autour du foyer pour ramasser les reliefs du repas, et l'on se garde bien de l'effaroucher ; on lui reconnaît comme une vague parenté, et, en échange de la tolérance qu'on lui assure pendant ses visites nocturnes, on attend de lui une protection efficace contre les génies malfaisants des nuits.

La domestication des animaux n'est qu'un degré supérieur de la familiarité première, provenant de l'échange des services et de l'accoutumance. Dans la Sonora et l'Arizona, le dindon est absolument apprivoisé comme dans les basses-cours d'Europe, et l'on a tout lieu de penser que ce volatile commença, comme le pigeon, par demander en même temps refuge et nourriture à l'homme, et qu'à la fin, complètement habitué à ce nouveau milieu, il eût redouté de se hasarder encore dans la brousse ou sur les sables brûlants[39]. L'industrie de l'homme n'eut pas à s'exercer dans cette évolution de l'animal : la sympathie, la bonté naturelle et la communauté des intérêts suffirent.

Par un phénomène analogue, l'homme et l'animal s'entrecomprirent souvent en d'autres milieux par la recherche de la nourriture commune. Ainsi, les coucous de l'Afrique méridionale et les Hottentots ont su devenir d'excellents associés pour l'exploitation des ruches d'abeilles.

Dessin de George Roux.
CHINOIS PÊCHANT AVEC L'AIDE DE CORMORANS

Les premiers se chargent de découvrir le nid, puis l'indiquent par des cris perçants à l'homme, qui répond par un sifflement. Ensuite, ils vont de concert au pillage du butin, à la répartition des vivres : l'homme, tenu à la reconnaissance par son intérêt, ne manque jamais de laisser à son compagnon une part suffisante de la curée.

CHAPITRE III

Même genre d'association pour la pêche. Le sterne ou hirondelle de mer guide le batelier lapon sur le Pallajervi (Suède septentrionale), probablement aussi sur les autres lacs de la contrée, et lui désigne, moyennant part au festin, les bancs de poissons où le pêcheur pourra jeter ses filets en toute certitude. Bien plus, des traités sans paroles, ce qui ne doit aucunement nuire à leur observation, se font aussi entre l'homme et des oiseaux pêcheurs.

Avant que le Chinois eût appris à domestiquer le cormoran et à lui serrer le cou par un anneau, pour empêcher la déglutition du poisson capturé, il avait été le commensal du volatile : ensemble, ils avaient pêché dans les rivières et dans les lacs. En mainte rivière de l'intérieur, l'alliance libre — parts égales entre l'homme et l'oiseau — n'a pas encore été violée au profit du plus fort. Des ligues se sont aussi conclues fréquemment, non pour la nourriture, mais pour la défense, notamment contre les serpents.

À la Martinique, à Sainte-Lucie, les oiseaux de la brousse s'assemblent en tumulte pour signaler à l'homme la proximité du trigonocéphale, et témoignent par des cris de triomphe et des chants de félicitations à la gloire du vainqueur la mort de l'ennemi détesté.

Notre alliance avec le chien, le compagnon principal de l'homme dans la lutte pour l'existence, présente une origine analogue. On a souvent constaté que des chiens sauvages, ou revenus à l'état libre, s'associent, même par dizaines, pour forcer à la course un animal qui serait trop redoutable ou trop rapide pour un seul de ses persécuteurs. De même, lorsque des hommes chassaient la grosse bête pour leur propre compte, on a vu des canidés prendre aussi part à la chasse, comptant qu'après la capture le chef de vénerie ne manquerait pas de leur donner un morceau de la proie qu'ils avaient aidé à saisir. Ainsi se scella le traité d'alliance entre les chasseurs, homme et chiens, et de l'association dut naître, tôt ou tard, l'assujettissement de l'animal, moins fort par l'intelligence et la volonté. C'est de la même manière que les peuples chasseurs arrivèrent à domestiquer les faucons.

L'amitié première, spontanée, eut également son importance dans l'œuvre de coopération de l'homme avec les animaux ; pour certaines espèces, elle fut même d'abord la seule raison d'alliance.

Élisée Reclus

Les gazelles, et autres ruminants que s'associèrent les riverains du Nil, sont pour la plupart des commensaux qui, avant de devenir des animaux domestiques utilisés par l'homme comme nourriture, étaient de véritables amis, protégés par un contrat tacite scrupuleusement observé.

À cet égard, les Denka, bergers riverains du haut Nil, dans les régions où le fleuve errant à travers les savanes est souvent obstrué d'îles flottantes, peuvent être considérés comme se trouvant dans l'époque de transition. L'élève du bétail, qui paît dans la mer onduleuse des longues herbes, est la seule occupation de ces noirs, leur seul idéal ; l'animal compagnon est pour eux, comme pour les brahmanes hindous, une sorte de dieu ; nul serment n'est plus fort et plus respecté que la parole jurée « par les ancêtres de la vache ». Pour eux-mêmes, les Denka n'ont que des huttes ou de simples gîtes, mais pour les vaches malades, ils construisent des infirmeries admirablement propres, sur des terres toujours asséchées, s'élevant en îles au milieu de la plaine. Ils vivent presque uniquement du lait de leurs bêtes, vaches et chèvres, qui se prêtent complaisamment à la traite, mais ils ne sauraient consentir à tuer des animaux en santé. Les vaches denka, êtres gracieux qui ressemblent à des antilopes, sont respectées aussi longtemps qu'il est possible ; leurs maîtres, très sobres d'ailleurs, quoique très forts, et ne mangeant qu'une fois par jour, au coucher du soleil, se nourrissent seulement de la chair des bovidés malades ou souffrant de blessures ; cependant, il leur arrive parfois, en temps de famine, de saigner leurs bêtes pour en boire le sang, qu'ils mélangent à la crème. La communauté de mœurs leur fait vénérer les serpents inoffensifs qu'ils savent très friands de lait, et chaque demeure a plusieurs de ces ophidiens familiers que l'on connaît tous individuellement et que l'on appelle par leur nom[40].

De même, les civilisés de l'Egypte voisine apprivoisaient les crocodiles. Dans l'antiquité, les gens de Denderah étaient, dit-on, fort habiles à charmer ces animaux, communs dans le Ml à cette époque, et ils s'en servaient comme de montures.

Avant que des Européens mal appris eussent exercé leur adresse à tuer les sauriens du bassin de Pir-mangho, près de Karatchi (Kurrachee), ces bêtes sacrées accouraient fidèlement à l'appel de leurs gardiens et se laissaient chevaucher par les barioleurs pieux qui enjolivaient leurs groins de peintures[41]. Les gamins de Palembang (Sumatra méridional) jouent aussi avec les crocodiles, bien nourris par tous les débris de cuisine qui tombent des maisons sur pilotis, bâties dans le fleuve.

En nombre de peuplades, surtout dans l'Amérique méridionale, les jeunes hommes, et plus encore les femmes, ont un talent merveilleux pour charmer les animaux. Telle cabane d'Indien est environnée de toute une ménagerie, y compris des tapirs, des chevreuils, des sarigues et même des jaguars ; on y voit des singes gambader sur les branches au-dessus de la cabane, des pécaris fouiller dans le sol, des toucans, des perroquets se percher çà et là. Les grands oiseaux agami et les chiens sont les défenseurs de toute la grande famille, et l'étranger ne réussira point à pénétrer dans la hutte s'il n'est introduit par les hôtes eux-mêmes.

Pourvu de tous ces familiers, un Européen moderne en alimenterait à souhait sa cuisine, mais l'Indien respecte la vie des animaux élevés par lui : ils appartiennent à sa maisonnée, et s'ils rendent des services domestiques pour la garde ou pour l'éveil, la violence n'y fut pour rien : c'est de la libre association qu'est née la communauté de vie. D'ailleurs, il est certain que, grâce à cette camaraderie, l'évolution des animaux qui s'attachent à l'homme devient beaucoup plus rapide, de même que, dans la société humaine, l'intelligence de l'élève s'épanouit en proportion des qualités correspondantes chez ses éducateurs.

Ce qui est vrai pour notre espèce l'est également pour les autres. On comprend difficilement comment les partisans même de la théorie d'évolution ont pu prétendre, après avoir vu les animaux domestiques frayant avec l'homme, que la progression intellectuelle des êtres, depuis l'état rudimentaire des microbes jusqu'à l'organisme compliqué et à la ruse subtile du chacal, du carcajou, du renard, à la sagesse de l'éléphant, serait frappée d'une loi fatale d'arrêt.

D'après cette hypothèse, la bête resterait enfermée dans un cercle dont elle ne pourrait sortir. Les chiens de chasse et le gibier poursuivi ne sauraient varier leurs ruses, les insectes ni les vertébrés industrieux n'apprendraient jamais un procédé nouveau, et nul oiseau chanteur ne modifierait ses accents ! Il est

Élisée Reclus

possible que l'évolution de l'intelligence animale se soit faite avec une plus grande lenteur que celle de l'homme depuis que celui-ci s'est pourvu d'instruments, mais elle se poursuit dans les espèces prospères. Il y a similitude d'évolution entre l'homme et ses frères inférieurs.

D'après une photographie de Sven Hedin.

UN FAUCONNIER DU BEG D'ARRAT (TIBET) (VOIR PAGE 148).

CHAPITRE III

Partout où se sont constituées de petites sociétés, des mondes en miniature ayant par leurs intérêts communs une individualité collective, ces groupes tendent à utiliser les conditions extérieures du milieu pour se créer un corps géographique bien déterminé : les hommes cherchent à s'adapter aux traits de la nature ambiante de manièreà former un tout, tribu ou nation, ayant sa physionomie particulière. Souvent les limites en sont des plus nettes et ces limites mêmes ont influencé ou dicté le choix du lieu de séjour. Une île, un îlot ou une presqu'île, une vallée de montagnes entourée de hauts rochers, un plateau circonscrit par des précipices, une plaine féconde que dominent des talus stériles, le pourtour luxuriant d'une source, sont autant de ces corps préexistants dont un groupe humain est devenu l'âme.

La sociabilité naturelle à l'homme fut l'origine vitale de toutes ces cellules distinctes. De tout temps, même aux époques où les tribus primitives erraient dans les selves et dans les savanes, la société naissante s'essayait à produire ces groupements qui plus tard devaient s'agrandir en cités : les bourgeons destinés à pousser en si puissants branchages pointaient déjà sur le pourtour de la tige. C'est donc en pleine sauvagerie qu'il convient d'étudier les forces créatrices à l'œuvre pour la naissance des agglomérations humaines qui devaient constituer un jour des villes, des métropoles, de vastes républiques. Nulle part nous ne rencontrons de peuplades chez lesquelles l'idéal soit le complet isolement, à moins qu'elles ne vivent dans une terreur constante de l'étranger : leur existence devient un lent suicide. Le besoin de solitude parfaite est une aberration que peuvent se permettre, dans un état de culture avancée, des malheureux affolés par le délire religieux, ou brisés par les douleurs de la vie, comme les fakirs et les anachorètes ; encore agissent-ils ainsi parce qu'ils se sentent quand même solidaires de la société ambiante, qui leur apporte chaque jour le pain nécessaire, en échange de prières et de bénédictions. Si le dévotieux était ravi d'une extase parfaite, il exhalerait l'âme au lieu même de son prosternement, et le désespéré se laisserait mourir comme la bête blessée qui se cache dans l'ombre de la forêt.

L'homme sain de la société sauvage, chasseur, pêcheur ou pasteur, aime à se trouver avec ses compagnons. Le souci de son labeur l'oblige souvent à guetter solitairement le gibier, à poursuivre le poisson

Élisée Reclus

dans un étroit esquif, battu des flots, à s'éloigner du gîte commun pour rechercher de meilleurs pâturages, mais dès que les amis peuvent se réunir, pourvus de vivres en suffisance, ils reviennent vers le campe ment commun, point initial de la cité. D'après les intéressantes recherches des ethnologistes américains, c'est dans les contrées mexicaines du Nord que se trouvent les peuplades qui auraient le mieux réussi jusqu'à nos jours à se maintenir à l'écart des autres hommes, grâce à la ceinture de déserts qui les entoure du côté de la terre et au détroit qui limite l'île de Tiburón, la part la plus importante de leur domaine. Vivant, en dehors des chemins de migration des peuples, ignorés des marchands, aux aguets pour fuir tout être vivant qui ne serait pas un gibier, les Seri auraient si bien conservé les conditions primitives de l'humanité originaire que naguère ils n'avaient pas encore atteint la période éolithique : ils ne savaient pas même retoucher un éclat de pierre, mais se servaient du caillou brut, suspendu par un filet de lianes ou de racines.

Ils en étaient donc à un état social antérieur aux « âges de la pierre », mais ils avaient sur tous les autres hommes, et possèdent encore sur leurs contemporains, l'avantage de la vitesse, puisqu'il n'est pas de hôte qu'ils ne fatiguent à la course : c'est même grâce à cette rapidité de marche qu'ils ont pu vivre quand même, échapper aux massacres en masse auxquels procédèrent successivement les Espagnols, puis les Mexicains « civilisés ».

Les Seri, en horreur à leurs voisins, sont devenus notoires par leurs habitudes de scatophagie. Ils ont pendant une grande partie de l'année la figue de Barbarie, la *lana*, pour aliment principal, et comme une part de ces fruits, dont ils mangent en quantités énormes, passe à travers l'organisme sans avoir subi de modification, l'Indien peut revenir, pendant la saison de disette, au lieu des anciennes bombances, recueillir les reliefs des repas et les moudre pour en faire un aliment nouveau. On vante cette farine comme ayant une vertu nutritive toute spéciale, surtout pour les guerriers[42].

Chacune des petites sociétés primitives qui trouvent dans un cercle étroit les conditions matérielles de leur vie et de leur évolution tendrait naturellement à se maintenir dans sa forme première si les mille contacts, doux ou violents, de tous ces divers

CHAPITRE III

organismes politiques et sociaux n'en changeaient incessamment l'équilibre, n'en modifiaient la nature même par de continuels mélanges et phénomènes de pénétration et d'intussusception. Ainsi se sont produits dans la vie de l'humanité des mouvements successifs d'intégration qui ont arraché chaque tribu, chaque nation, puis chaque population continentale à l'isolement de son existence primitive et ont fini par constituer le genre humain dans son entièreté.

N° 20. Territoire des Indiens Seri.

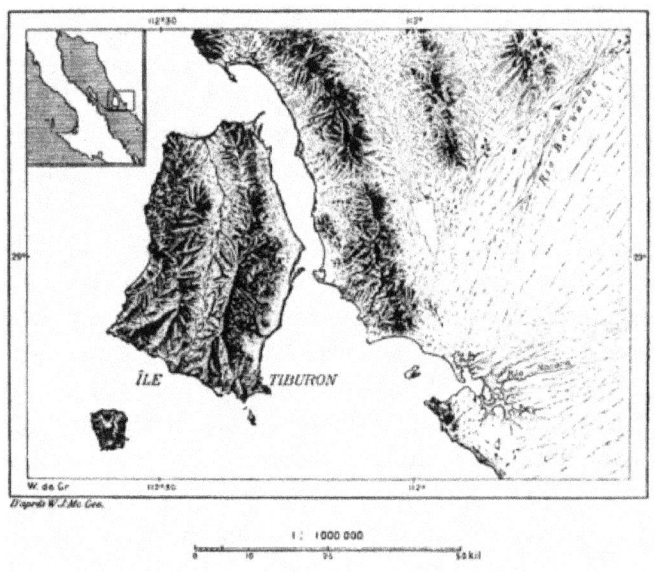

Mais durant la longue évolution, quelle fusée d'événements divers, quel chaos apparent de forces entre-croisées s'ajoutant les unes aux autres ou se neutralisant mutuellement, quelle action confuse de causes simultanées et multiples entraînant des effets sans nombre d'une étonnante complexité, mélanges pacifiques et luttes guerrières, association pour l'œuvre commune et destruction de travaux qui semblaient faits pour toujours, peuplement de régions désertes et dévastation de territoires fertiles, tourbillonnement infini où les hommes et les choses naissent et disparaissent comme les poussières que traverse un rayon de soleil !

Élisée Reclus

De ce conflit incessant entre la vie et la mort, tantôt l'une, tantôt l'autre semble l'emporter suivant le point de vue auquel on se place ; et d'ailleurs la perpétuelle transformation de l'univers ne comporte-t-elle pas l'équivalence des deux forces, leur identité parfaite, toute vie étant un ensemble de vies ?

Mais en se limitant à la seule perspective que présente l'évolution spéciale de l'homme et des animaux qui l'entourent, il est certain que, des origines connues jusqu'à l'époque actuelle, notre monde humain s'est développé de manière à réunir ses groupes épars en une société générale de plus en plus cohérente, et à former avec la Terre qui le porte un tout de plus en plus intime. C'est là ce que, dans leur conception particulière et subjective, les hommes appellent le « progrès ».

Notes

1.   Cuvier; — Fr. Houssay, Les Industries des Animaux, p. 14.

2.   Esquisse d'un tableau historique des progrès de l'Esprit humain.

3.   Link, Urwelt und Alterthum.

4.   David W. Carnegie, Scottish Geographical Magazine, March 1868, p. 116.

5.   Ed. Hahn, Demeter und Baubo, p. 5.

6.   Terrien de la Couperie, Chinese and Babylonian Record.

7.   Ed. Hahn, ouvrage cité, pp. 23 et suiv.

8.   P. Hermann, Bull. de la Soc. belge de Géographie, 1904, n° 5, p. 342.

9.   A. de Préville, Les Sociétés africaines.

10.   La Tunisie (publication officielle), tome I, pp. 58 et 59.

11.   A.-E. Jenks, 19 th. Report of the Bureau of Ethnology, p. 1013-1137.

12.   A. A. Klemenz, Soc. d'Anthr. de Saint-Pétersbourg, 1901 ; — Globus, 21 nov. 1901, p. 310.

13.   Karl Groos, Die Spiele der Tiere ; Die Spiele der Menschen.

14.   G. Ferrero, Les Formes primitives du Travail.

15.   Tuckey, Schweinfurth, etc.

16.   Mac Gee, The American Anthropologist, X, 1895.

CHAPITRE III

17.   Même recueil, VII, 1897.

18.   Karl Groos, Die Spiele der Menschen, p. 49.

19.   R. von Ihering, Les Indo-Européens avant l'Histoire, trad. de Meulenaere, p. 197.

20.   Guibert, Société d'Anthropologie de Paris ; séance du 18 avril 1873.

21.   G. Tarde, les lois de l'Imitation.

22.   Descent of Man, 2 e édit, p. 163.

23.   Huxley, Struggle for existence, and its bearing upon Man.

24.   P. Kropotkine, L'Entr'aide.

25.   Forel, Bates, Romanes, etc.

26.   L. Buxhaum, Der zoologische Garten, 1886, p. 133.

27.   P. Kropotkine, L'Entraide.

28.   Aïtoff, note manuscrite.

29.   Gill, dans Waitz et Gerland, Anthropologie, p. 641.

30.   Auguste Comte : Philosophie positive, 1869, p. 494.

31.   G. de Molinari, Grandeur et Décadence de la Guerre, pp. 6, 7.

32.   Elie Reclus, Les Primitifs, p. 374.

33.   Léon Cladel, La Fête votive de Saint-Barthélémy Porte-Glaive.

34.   Eduard Meyer, Die Sklaverei im Alterthum, p. 10.

35.   Tylor, Anthropology, p. 229.

36.   Guillaume Ferrero : Des Formes primitives du Travail, Revue scientifique, 14 mai 1896.

37.   Victor Meunier, Les Singes domestiques.

38.   Blom, Mouvement géographique, 6 novembre 1898.

39.   W. J. Mac Gee : The Beginning of Zooculture, American Anthropologist, 1897.

40.   Georg Schweinfurth, Im Herzen Afrikas.

41.   Richard Burton, Sind revisited ; Hermann von Schlagintweit, Reisen in Indien und Hochasien.

42.   Mac Gee, XVII, Report of the Bureau of Ethnology, p. 209.

Élisée Reclus

CHAPITRE IV
PRÉHISTOIRE CONTEMPORAINE. — NOURRITURE. —
DEMEURES ET FORTERESSES
VILLAGES LACUSTRES. — LIEUX DE RENDEZ-VOUS. —
SENTIERS ET ROUTES
RÉPARTITION DES VILLAGES. — INDUSTRIES. —
ORNEMENTS

Les changements multiples qui se sont produits parmi les hommes depuis leur origine et qui, dans l'ensemble, sont désignés couramment comme le « progrès », comme la marche de la civilisation même, ne nous sont connus d'une manière directe que dans la période de l'histoire proprement dite, c'est-à-dire des monuments écrits, avec dates et noms propres. Mais par delà ces temps où l'humanité, devenue consciente d'elle-même, du moins par ses diverses nations représentantes, prenait souci de transmettre aux âges futurs les événements successifs de son existence, une aurore devançait le jour, et dans cette demi-lumière, on aperçoit quelques débris d'édifices et d'institutions, on constate l'existence de certains peuples que l'on suit vaguement dans leurs conflits et leurs exodes, on recueille aussi des traditions et des légendes, dont on cherche à interpréter le véritable sens, et tous ces restes servent à établir des récits sommaires, où les suppositions plausibles remplissent les lacunes laissées par les documents incontestés. C'est ainsi que, dans une inscription mutilée, le savant intercale les lettres manquantes. Cette histoire incomplète, primitive, est la protohistoire[1], dont les limites indécises reculeront graduellement vers les origines plus anciennes, à mesure que la science projettera dans le passé une lumière plus intense.

Préhistoire, protohistoire finissent, et l'histoire proprement dite commence à des périodes très diverses, suivant les peuples et les lieux. Grâce à la floraison hâtive de la civilisation dans les contrées de l'Ancien Monde riveraines de l'océan Indien et de la Méditerranée, les regards de la science historique y pénètrent fort avant, jusqu'à cinq, six et dix mille années antérieurement à la période actuelle, tandis qu'en d'autres pays, où les explorateurs n'ont pas découvert de monuments écrits, les récits des indigènes ne permettent pas de remonter dans l'histoire au delà de quelques générations. Ainsi le Nouveau Monde, dans son ensemble, ne nous est historiquement connu que depuis quatre siècles, et quelques lueurs seulement nous y révèlent, avant l'arrivée des Européens, la succession des événements principaux dans le passé des nations les plus civilisées.

Bien plus, on peut dire que la préhistoire se continue encore pour les populations d'une très grande partie de la Terre, qui, en dépit de leur rattachement officiel au reste du monde, n'en sont pas moins encore immergées en pleine civilisation traditionnelle et se maintiennent dans leur isolement intellectuel et moral. Même chez les nations de l'Europe occidentale, dans les cercles les plus brillamment illuminés par la splendeur de la culture moderne, les chercheurs de coutumes, de traditions, de chants populaires découvrent incessamment des survivances et des traces de l'ancienne préhistoire. C'est grâce à cette coexistence des âges successifs de l'humanité, à cette pénétration des époques, et surtout à l'étude des peuples dits « primitifs » ou plutôt des « attardés », encore très faiblement influencés par les grands peuples conquérants, que l'on apprend à connaître par analyse les hommes d'autrefois, nos ancêtres, et que l'on essaie de reconstituer leur évolution dans les anciens milieux géographiques plus ou moins différents de l'ambiance actuelle.

Certes, il est très difficile de revoir par la pensée, avec une précision suffisante, le genre de vie suivi jadis par les populations primitives dont on recueille les ossements et les armes. Mais, en beaucoup d'endroits, la nature a peu changé depuis ces âges lointains, et, d'ailleurs, on a toujours comme élément de comparaison les pays où se trouvent actuellement des tribus ayant des mœurs analogues à celles des peuplades qui ont disparu, ne laissant que des témoignages de leur forme particulière de civilisation.

Les distances correspondent au temps : de contrée à contrée, on voyage aussi bien que de siècle en siècle. Le fait est que Miklukho-Maklaï se trouvait en un passé bien lointain, lorsqu'il écoutait ces vieillards de la Nouvelle Guinée qui lui parlaient de l'époque, peu éloignée d'eux, où le feu était ignoré de leur tribu, et qui n'en étaient pas encore arrivés à savoir le reproduire artificiellement : quand un charbon s'éteignait dans une hutte, il fallait aller chercher de

Élisée Reclus

la braise dans une autre cabane. Et les Ta-Ola (Toala), découverts dans l'épaisseur des bois de Célébès, ne sont-ils pas encore plus profondément enfouis dans la sombre nuit des temps antiques, antérieurs à la connaissance de tout ce qui, outre la nourriture, nous est devenu indispensable ? D'ailleurs, s'il y a progrès pour un grand nombre de peuplades, et notamment pour celles dont nous, les civilisés, sommes issus, que de populations rétrogradent aussi, retournant vers les bauges d'autrefois, sans air et sans feu !

En premier lieu, quels furent les aliments de nos ancêtres ? L'observation de nos contemporains « primitifs » nous répond suffisamment. La nourriture des non-policés diffère encore suivant le climat, la nature du soi et le degré de civilisation atteint par les indigènes dans la succession des âges préhistoriques. Les insulaires, même ceux pour lesquels la nature n'a pas été avare, comme en de nombreux archipels océaniens, devaient, récemment encore, se borner aux fruits, aux grains, aux pousses vertes des plantes indigènes, à moins qu'ils n'ajoutassent à leur repas quelque gibier fourni par les rares représentants de la faune terrienne et les poissons ou fruits de mer que les eaux, leur donnaient en abondance.

Dans le voisinage du désert, dans les terres pierreuses au climat uniforme, le régime des habitants devait être aussi très peu varié, tandis que les contrées continentales, fort riches en espèces diverses, offraient aux résidants tous les éléments possibles de la nourriture la plus choisie. Le milieu fait l'alimentation de l'animal ; il fait également celle de l'homme, et, suivant les lieux et les temps, les différences peuvent être si considérables que le repas le plus succulent d'un individu est pour un autre le plus repoussant. Tel gourmet préfère les insectes et les vers, tel autre le lard rance, la chair pourrie ou les matières encore vertes, à demi digérées, que l'on trouve dans l'estomac du renne. Un Mongol, compagnon de Prjvalskiy, vomissait d'horreur à la vue des Européens auxquels il voyait manger du canard, tandis que lui-même se nourrissait de tripes de mouton non lavées. Des nations entières se contentent de grains et de fruits, tandis qu'à d'autres il faut de la chair saignante, et que de nombreuses peuplades, en divers pays de la Terre, boivent même le sang d'autres hommes, soit par cruauté guerrière, soit par respect de l'ennemi, pour faire passer dans leur propre corps

CHAPITRE IV

l'âme d'un vaillant — comme les Malais de Singapur mangeant la chair du tigre, — soit par quelque autre illusion religieuse ou patriotique, soit même en conséquence de famines qui changèrent l'homme en animal de proie. Que de fois des marins égarés sur l'Océan ont-ils eu recours au sort pour désigner celui d'entre eux qui servirait de nourriture aux autres ! C'est à la fréquence de ces conjonctures que Dunmore Lang attribue la très forte proportion de cannibales parmi les insulaires polynésiens : cependant le caractère religieux domine dans les pratiques de l'anthropophagie. Certains aliments et condiments qui sont nécessaires à la plupart des hommes restent inutiles à d'autres : ainsi le sel, dont le civilisé d'Europe ne peut se dispenser, répugne à certaines tribus du centre africain, qui trouvent peut-être en suffisance les sels de potasse ou de soude dans leur aliments d'origine végétale.

Les « débris de cuisine », amas de coquilles que l'on rencontre sur les côtes danoises, ainsi que les *ostreiras* ou « huîtrières » de l'Amérique espagnole, les *sambaqui* du littoral brésilien et les monceaux de reliefs accumulés sous les ruines des villages lacustres, sont les restes de repas continués pendant des siècles de siècles et se continuant encore, mais en d'autres lieux. C'est dans les villes maintenant que s'accumuleraient par millions de mètres cubes les résidus des repas qui se suivent de génération en génération, si ces fragments rejetés n'étaient utilisés de mille manières, en dehors des cités, dans les terrassements, les constructions, les amendements agricoles. On les fait disparaître, mais le festin se poursuit incessamment, sous des formes de plus en plus variées, puisqu'il chaque repas s'ajoutent les mets exotiques importés par le commerce d'une extrémité du monde à l'autre.

Quelques-uns des « amas de coquilles » laissés sur le littoral de nombreux rivages marins sont de dimensions prodigieuses, témoignant d'une civilisation très policée chez les riverains de la mer, car ce ne sont pas des individus isolés, des familles clairsemées qui peuvent avoir élevé ces monceaux de coquilles d'huîtres et autres mollusques, ayant jusqu'à 300 mètres de long sur 30 à 60 mètres de large et 3 mètres de haut. Des pêcheurs se réunissaient donc en grand nombre à cette époque pour leurs repas de coquillages, auxquels ils joignaient des poissons de diverses espèces, ainsi que des cerfs, chevreuils, cochons, bœufs, chiens, chats, castors et loutres, dont on voit les os rongés dans les tas de débris.

Dessin de George Roux.
HABITATION DE SUMATRA (Voir page 164 et suiv.).

Depuis les époques où se sont amassés ces lits dè coquillages, nombre d'espèces et de variétés animales ont disparu ou du moins se sont notablement modifiées. D'autre part on a pu constater que maintes formes d'animaux existaient déjà en des régions desquelles les historiens les croyaient absentes. Pour les espèces végétales, on a fait des remarques analogues : ainsi des arbres fruitiers que l'on croyait avoir été importés d'Asie pendant la période romaine croissaient librement dans l'Europe occidentale bien avant les temps historiques. A en juger par les noyaux de fruits trouvés

CHAPITRE IV

dans le sol des grottes, les troglodytes du Mas d'Azil connaissaient deux variétés de cerises et trois variétés de prunes à l'époque où se formaient les assises des « galets coloriés ». Le noyer existait déjà dans les Gaules à l'époque tertiaire. Enfin, au commencement de la période magdalénienne, l'homme a connu le blé puisqu'il en a sculpté les épis en relief[2]. La vigne croissait également dans l'Europe occidentale, car on la trouve dans les *terramare* des plaines padanes pendant l'âge du bronze. A cette époque les Italiens buvaient du vrai vin de raisin, dont l'usage se répandit probablement de l'ouest à l'est, et non d'orient en occident comme on le croyait naguère. Aux mêmes âges préhistoriques et même jusqu'aux commencements de l'histoire proprement dite, les hommes des palafittes alpins, à Varese, à Ljubljana (Laibach, Glubiana), buvaient du vin de cornouilles, et sur le versant septentrional des Alpes, de la Savoie à l'Autriche, la boisson fermentée en usage était fabriquée avec des framboises et des mûres de ronce[3]. Tous ces liquides donnaient l'ivresse, car, on le sait, l'homme éprouve souvent le besoin d'échapper à soi-même par une folie temporaire dont les superstitions et les cultes réglèrent d'ordinaire l'usage.

CONSTRUCTION D'UNE HUTTE PAR DES CAFRES

Avant l'histoire, les demeures n'étaient pas moins variées que les aliments, puisqu'elles dépendent du milieu, et toutes les formes

Élisée Reclus

antiques des habitations d'autrefois se maintiennent dans nos âges de civilisation accélérée. Le sol couvert de neige donnait à l'Eskimau de tout autres matériaux de construction que le désert pierreux ou la forêt touffue n'en fournissaient à l'Arabe ou à l'Hindou. Même lorsque les hommes, devenus riches et policés, ont pris à cœur de se bâtir de beaux monuments en bois, pisé, « toube », brique, pierre ou marbre, la nature ambiante est gravée sur le palais. « Le climat s'écrit dans l'architecture. Pointu, un toit prouve la pluie ; plat, le soleil ; chargé de pierres, le vent »[4]. Mais il n'y a pas que des édifices romans ou gothiques, il n'est pas un seul réduit, une seule bauge utilisés dans les premiers âges dont on ne voie encore des exemples plus ou moins bien entretenus. Les survivances de la demeure primitive se montrent jusque dans les cités les plus somptueuses. En cherchant bien, ne trouve-t-on pas quelques troglodytes dans Paris et dans Londres ? Ne voit-on pas aussi des gens vivant sous la hutte, grossier amas de branchages et débris, sans compter ceux qui, la nuit, couchent dehors ?

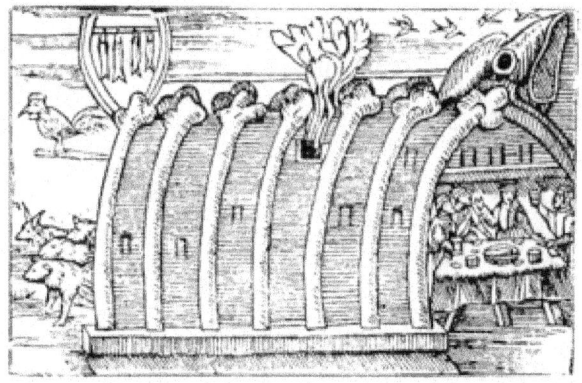

HUTTE CONSTRUITE DANS L'EXTRÊME-NORD
AVEC DES OSSEMENTS DE BALEINE
D'après une ancienne gravure d'Olaüs Magnus.

Dans les contrées à température tropicale, où l'homme se développa sans doute en sa jeunesse première, les fourrés de la brousse servent encore d'habitations communes à de très nombreuses peuplades. Naguère on appréciait comme demeures parfaites les cimes des grands arbres, offrant un plancher naturel au point de divergence des branches maîtresses, et s'étalant au-

CHAPITRE IV

dessus en un épais abri de feuillage contre les ardeurs du soleil et la violence des pluies et des tempêtes.

Comme leurs cousins les quadrumanes, les bimanes habitaient à portée de main et de dent pour les fruits et les baies qui servaient à leur nourriture et, en cas de défense contre les assaillants, ils n'avaient qu'à briser les branches de leur forteresse vivante et à les employer en guise de dards, de lames ou de massues. Lorsque le fourré était épais, formé d'arbres unis en une seule masse par les branches entre-croisées et par les câbles des plantes parasites, il pouvait arriver que des batailles se livrassent dans le feuillage, entre les arboricoles et les envahisseurs venus par des sentiers aériens. Mais dans la société contemporaine, où les moyens d'attaque ont un effet immédiat et foudroyant, il est devenu impossible aux tribus forestières de conserver leur demeure de branchages. On sait que les Uaraoun du delta de l'Orinoco n'habitent plus les cimes de leurs palmiers pendant les crues du fleuve ; quant aux peuplades sara, qui vivaient comme les singes sur les hautes branches des ériodendrons, elles en ont été délogées à coups de fusil par les marchands d'esclaves baghirmiens[5].

N° 21. Habitations d'Océanie.

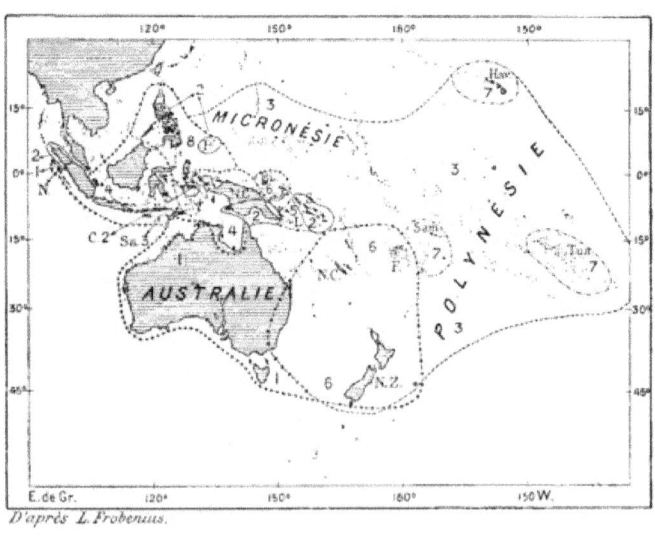

D'après L. Frobenius.

1 : 150 000 000

1. Type nigritien (Plus grande partie de l'Australie, Tasmanie, Nias, etc.).

2. Type Barla (Iles Salomon, sud-est de la Nouvelle-Guinée, Ceram, Palaos, partie des Philippines, nord-ouest de Sumatra).

3. Type malo-asia tique (Plus grande partie de la Polynésie et de la Micronésie. — Sawoe).

4. Type sur pilotis (Sumatra, Java, Bornéo, Célébès, etc. Australie septentrionale, Nouvelle-Guinée nord-occidentale).

5. Types 1 et 2 mélangés (Louisiades).

6. Types 1 et 3 mélangés (Archipel Bismarck, Nouvelle-Calédonie, Fidji, Australie orientale, Nouvelle-Zélande).

7. Type 3 avec éléments du type 1 (Samoa, Tuamotu, Havaïi).

8. Types 3 et 4 mélangés. (La plus grande portion des Philippines, Halmahera, Timor-Laoet).

Le type d'habitation nigritienne se compose d'une seule surface courbe formant les côtés et le toit ; le type malo-asiatique est caractérisé par un toit à deux pentes reposant sur des cloisons latérales. Le type Barla est construit sur pilotis, mais se distingue du type n° 4 par la présence de poutres longitudinales prises entre deux rangées de pieux verticaux.

ABRÉVIATIONS :

Bi. : Archipel Bismarck.	N. : Nias.	
	N. C. : Nouvelle-Calédonie.	S. : Iles Salomon
C. : Ceram.		Sa. : Sawoe.
F. : Fidji.	N. G. : Nouvelle-Guinée.	Sam. : Samoa.
Hav. : Havaïi.	N. Z. : Nouvelle-Zélande.	Tua. : Tuamotu.

L. : Louisiades.
P. : Palaos.

Mais les bauges où des groupes de familles vivent à la façon des bêtes dans les forêts sont encore fort nombreuses. C'est là une

CHAPITRE IV

espèce de gîte tout indiquée sur une très grande étendue de la Terre, en pays de forêts, de brousses ou de roseaux. Tel lieu qui présente à la fois des avantages pour le refuge, la défense et la salubrité dut être fréquemment disputé entre l'homme et l'ours ou tel autre animal. Il est de ces abris naturels, bien défendus des vents, des rayons trop ardents du soleil et des tempêtes, qui offrent des lits de mousse, de feuilles ou de gazon vraiment délicieux ; même de nos jours, les civilisés qui ont eu dans le cours de leur vie l'occasion de comparer l'existence aventureuse dans les forêts et la régularité monotone du séjour dans les maisons fermées doivent plus d'une fois, dans leurs heures d'insomnie, regretter le temps où, de leur couche herbeuse, ils voyaient les étoiles et la voie lactée palpiter doucement entre les branches, en apparence immobiles.

En ces retraites charmantes, il est souvent facile d'accroître les conditions du confort par de très simples procédés, par exemple, en rattachant en un bouquet les cimes de plusieurs tiges disposées en cercle, on forme une espèce de hutte conique, à laquelle on peut ménager une ouverture suffisante et tresser des parois au moyen de rameaux entre-croisés[6]. Puis on arrive facilement à des constructions plus savantes, troncs d'arbres assemblés en forme de murs, lattes et fascines pour les partitions, feuilles que l'on entasse en couches épaisses pour les toitures ; fûts isolés qui font l'office de colonnes ; bois épineux qui sont disposés en enceinte autour de la demeure pour la protéger contre les bêtes féroces ou contre d'autres hommes. Tel fut le commencement de la cabane, qui dut toutefois changer de proportion et d'architecture, suivant la nature de la végétation locale. Dans tous les pays de l'Orient asiatique, le bambou, cette plante à croissance rapide, si remarquable par sa forme et sa légèreté, sa facilité d'emploi, est le principal élément duquel disposent les architectes rustiques. Dans les régions tempérées, et sur les pentes des monts où manque le bambou, le bois proprement dit sert à la construction des cabanes, isbas ou chalets.

Les deux formes typiques de ces édifices rudimentaires, le cercle et le carré ou rectangle, dépendent naturellement des matériaux qui se présentent et du travail qu'exige le façonnement. Le type curviligne, héritage du monde animal, est de beaucoup le plus fréquent : il rappelle les huttes de castor, les fourmilières et

Élisée Reclus

termitières, les nids d'oiseaux, de poissons, d'insectes, même les toiles d'araignée[7].

A ce type ancien de hutte, pour lequel il suffisait de courber des tiges disposées en cercle, de les attacher par le sommet, en manière de voûte primitive, et parfois de les empâter d'argile pour leur donner plus de consistance, succéda le type rectiligne, pour la réalisation duquel il fallait abattre des troncs d'arbre et les placer longitudinalement les uns sur les autres. Ce mode de construction présente le grand avantage de se prêter à tous les accroissements nécessaires : les « longues maisons » que construisaient les Iroquois et autres Indiens d'Amérique, ainsi que les édifices de même nature bâtis en maintes îles de la mer du Sud pour recevoir les jeunes gens ou les hôtes de la tribu, n'auraient pu guère s'édifier sous une forme différente. Mais là même où l'art du constructeur est assez développé pour donner aux cabanes toutes les formes voulues, l'esprit de conservation et la tradition de race suffisent pour maintenir de siècle en siècle les types héréditaires. L'Afrique est ainsi divisée en deux moitiés, d'ailleurs entremêlant leurs frontières : le groupe de pays aux cabanes rondes et la région des huttes angulaires[8]. D'autres contrées sont vouées soit au : dômes, soit aux pointes[9]. L'architecture des tombeaux obéit aux mêmes lois que celle des maisons : les morts sont censés avoir les habitudes des vivants[10].

Outre ses forêts et ses brousses, la nature offre également ses cavernes aux contemporains pour qu'ils y établissent leur résidence. Pour l'homme, comme pour la bête, la grotte et l'abri évidé par l'érosion des eaux, au pied du rocher surplombant, sont des logis naturels tout indiqués. En certaines contrées, surtout dans les régions calcaires percées de galeries et d'antres ramifiés, toutes les populations étaient troglodytes : on eût pu traverser le pays sur de vastes étendues sans apercevoir un seul individu ; chacun avait disparu dans la profondeur des roches. Par le travail associé, les habitants de ces lieux obscurs les appropriaient à leurs besoins, en barricadant l'entrée par des rocs ou des troncs d'arbres mobiles, en nivelant le sol, en brisant les saillies de la voûte.

Mais là aussi, nos ancêtres eurent d'abord, soit à livrer bataille contre les fauves, soit à s'entendre tacitement pour le partage du domicile, la grotte étant une habitation aussi désirable pour les uns que pour les autres. Les archéologues y ont retrouvé maintes traces du changement de propriétaires. Quelques-uns de ces réduits souterrains constituent de véritables villes par le développement de leurs galeries : des tribus entières y trouvèrent asile avec leurs troupeaux, sans avoir rien à craindre d'un siège, surtout quand elles disposaient de plusieurs portes de sortie, inconnues des assiégeants, et pouvaient se ravitailler dans les campagnes. Mais aussi que de souterrains peu étendus devinrent les sépultures de leurs habitants, lorsqu'un ennemi supérieur en nombre venait murer l'entrée de leur caverne pour les condamner à mourir de faim, ou bien allumer des feux de paille ou de feuilles humides pour les étouffer sous la fumée ! Ces atroces faits de guerre n'appartiennent pas exclusivement aux âges préhistoriques et, même de nos jours, c'est par des abominations de cette espèce que de prétendus civilisés ont augmenté leur halo de gloriole.

En temps de paix, les troglodytes ne sont pas toujours assurés de vivre tranquillement en leurs demeures rocheuses : l'eau qui suinte dans la pierre, en décorant le plafond de ses blancs pendentifs, rend certaines parties de la grotte inhabitables, tandis que d'autres, au toit fissuré, menacent de tomber à la moindre secousse de tremblement sismique. Mainte grotte, autrefois habitée, est actuellement inaccessible à cause des éboulis. D'autres sont exposées à l'envahissement des eaux. Telle est celle du Mas d'Azil, dans la France pyrénéenne, que traverse une rivière, la Rize (Arise), parfois gonflée par les flots de crue jusqu'à 13 et 14 mètres plus haut que l'étiage[11]. C'est ainsi que, par cinq fois, les hommes de l'âge du renne, installés dans la grotte, sur la rive gauche de l'Arise, furent expulsés par les inondations et durent fuir sur les hautes anfractuosités extérieures du rocher, à l'abri de quelque auvent naturel, les protégeant à demi contre les intempéries.

Malgré tous ces inconvénients et dangers, les cavernes furent certainement et sont encore au nombre des habitations les plus utilisées. En diverses grottes, les concrétions calcaires qui se sont déposées sur le sol primitif ont été creusées sur une épaisseur atteignant en plusieurs endroits jusqu'à 8 mètres, et cette masse énorme de déblais se trouvait formée en entier d'une brèche d'ossements, de débris, de bois carbonisés : c'est grâce aux fragments recueillis dans ces cavernes que les archéologues ont pu deviner, puis reconstituer les âges préhistoriques[12].

Photographie extraite de Sites et Monuments.

MAISONS TAILLÉES DANS LE ROC À TRÔO (VALLÉE DU LOIR)

Une fois installé dans sa fissure de rocher, l'homme, toujours accessible à la passion du beau, a su transformer son milieu, niveler le sol pour y reposer à son aise, le creuser de rigoles pour l'écoulement des eaux, abattre les saillies pour ne pas se heurter contre elles, ouvrir à droite et à gauche des chambres supplémentaires pour emmagasiner ses richesses ou loger les enfants et les amis. C'est encore le rocher qui lui fournissait les outils nécessaires à ce travail d'aménagement, ainsi que les dalles des escaliers, des couloirs et des salles. Certes, les progrès de la demeure, grâce à l'architecture en plein air, n'ont pas été de purs avantages : chaque amélioration s'achète par des inconvénients. Les troglodytes ont perdu à maints égards en quittant leurs antres pour s'installer dans les demeures artificielles exposées au soleil et au grand air. La grotte, tiède en hiver, délicieusement fraîche

CHAPITRE IV

en été, offre certainement d'heureuses conditions d'hygiène que l'on retrouve en bien peu de maisons. Flinders Petrie, le fameux excavateur du sol égyptien, regretta souvent dans les palais d'Europe les salles du tombeau qu'il avait choisi pour résidence pendant ses fouilles des pyramides de Gizeh[13]. Les bourgeois de Chuster, dans l'antique pays d'Elam, comprennent aussi ces jouissances, puisque leurs maisons sont toutes pourvues de caves creusées dans les conglomérats d'anciens cailloux roulés apportés des montagnes du Zagros : c'est dans ces cavernes artificielles, dont quelques-unes descendent jusqu'à vingt mètres au-dessous des édifices bâtis, que les familles passent leurs étés.

Dans tous les pays du monde, même les plus accommodés aux formes de la civilisation moderne, quelques troglodytes ont maintenu, en le modifiant suivant les nécessités de la civilisation du temps et du lieu, l'ancien mode d'habitation. En 1890, l'Italie avait encore environ cent mille troglodytes, habitant plus de 37 000 souterrains.

En France, notamment dans les collines calcaires qui bordent la Garonne, la Dordogne, la Loire et leurs affluents, il existe de véritables villages occupant des grottes naturelles ou artificielles. Mais ces troglodytes n'en sont pas réduits à l'abri grossier que leur offrait la terre et s'occupent soigneusement de modeler et d'aménager leurs habitations, pourvues de meubles nécessaires, même de pendules, de livres et de gravures. Les lieux choisis pour les villages souterrains sont presque partout des falaises de tuf peu élevées longeant les ruisseaux et regardant vers le soleil du midi. Certaines communes, notamment le long du Loir, ont encore plus d'habitants des caves que de gens vivant en des maisons de plein air, et leurs demeures l'emportent en confort sur des millions d'édifices construits à la surface du sol[14].

Tel est le village des Roches, près de Montoire, dont les chambres, les caves, les écuries sont mieux entretenues que mainte habitation moderne des alentours : même une église, aujourd'hui délabrée, avait été évidée dans le roc. L'ornementation a sa grande part en ces grottes artificielles : des sculptures romanes, gothiques, de la Renaissance racontent aux archéologues l'âge des travaux d'excavation.

Élisée Reclus

Le mamelon du Trôo, à six kilomètres en aval de Montoire, possède, comme les Roches, de nombreuses habitations souterraines, mais de plus il constitue un ensemble complet par les galeries qui relient les étages des maisons les uns aux autres et les font communiquer, en bas, avec les fontaines, en haut, avec la citadelle.

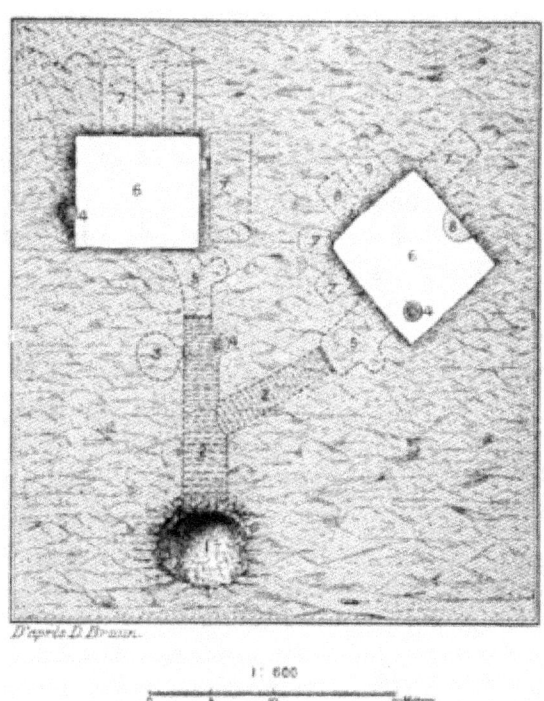

N° 22. Plan de Galeries souterraines
dans un Village de la Tunisie méridionale.
(Voir page 182.)

1. Entrée de l'habitation.

2. Rampes d'accès.

3. Chambre à loger les étrangers.

4. Citernes.

5. Ecuries.

6. Cours à ciel ouvert.

7. Chambres d'habitation.

8. Cuisines, dont une en plein air.

9. Magasin à blé.

Des figuiers, des amandiers, des pêchers glissent leurs racines dans les fissures de la roche, et la falaise est bordée de jardinets en terrasses où croissent les plantes à parfums, le thym, le romarin, la sauge[15]. C'est le Trôo que l'on doit citer comme le type le plus complet de l'habitation préhistorique : c'est l'endroit où la survivance de la vie des cavernes s'est le plus longtemps maintenue en progressant de manière à s'adapter aux usages modernes.

D'étranges accommodements se font en ces pays de troglodytes. Ainsi, près de Saumur, l'allée couverte de Pont-Touchard est devenue un cabaret, les buveurs sablent le vin mousseux sous les énormes dalles du dolmen. N'existe-t-il pas aussi dans les Indes des temples somptueux creusés dans le roc ? L'antique cité des morts divinisés se maintient à côté de la cité des vivants. Petra, la « Ville de la Pierre » aux merveilleux labyrinthes décorés de statues et d'inscriptions, n'est autre chose qu'un sépulcre immense, après avoir été une capitale de luxe et de faste royal, il y a dix-huit cents ans, sous des maîtres qui voulaient imiter Rome : ils n'avaient pas à transporter la pierre, il leur suffisait d'évider peu à peu le rocher en descendant d'étage en étage. En Europe, certaines cryptes de palais et de cathédrales rivalisaient en beauté architecturale avec les édifices construits immédiatement au-dessus. Les siècles sont superposés comme les assises : cachés autrefois dans la terre, les édifices se sont épanouis au soleil.

Mais si la roche dure de certaines grottes a pu se prêter aux travaux d'embellissement qui ont permis d'en faire des temples et des palais, les excavations creusées dans la terre friable sont restées les humbles demeures des sauvages ou des pionniers encore dépourvus de tout confort. Ainsi les Algonquins et les Hurons de l'Amérique septentrionale, qui vivaient en dehors de la forêt et ne pouvaient construire de cabanes, se creusaient des trous dans la plaine rase, puis les recouvraient à demi d'un toit de gazon ; remplaçant les Peaux-Rouges, les pionniers européens de toute race qui ont conquis le pays sur les indigènes ont recours au même

Élisée Reclus

procédé pour se faire une demeure au moins provisoire : c'est le dug-out, le simple « déblai », analogue aux *weems* des Hébrides et de l'Ecosse[16], ou bien à ces trous que creusent les mineurs des hauts plateaux tibétains pour se mettre à l'abri des âpres vents du nord qui rasent furieusement le sol, chassant les pierrailles devant eux. Récemment, les deux armées russe et japonaise ont reproduit ce travail en des proportions gigantesques par le creusement de leurs galeries casematées dans la terre dure des plaines du Hoang-ho. C'est au même ordre de travaux qu'appartiennent les huttes de neige savamment construites dans lesquelles se cachent les Eskimaux pendant les longs mois d'hiver.

UN TEMPLE DE PETRA ÉVIDÉ GRADUELLEMENT DANS LA PIERRE

Après les premiers âges de l'enfance humaine, nos ancêtres apprirent par l'expérience, par des préoccupations d'art et sous l'impulsion de la nécessité, à modifier la forme des demeures primitives, sur les arbres ou dans les fourrés, dans la roche, la terre ou la neige. Bien avant les temps racontés par l'histoire, l'homme

CHAPITRE IV

savait élever des constructions sur le sol, mais toutes différentes les unes des autres, suivant les matériaux que lui offrait la nature environnante. Dès qu'il eut découvert des moyens de se tailler des instruments en pierre et de se tresser de puissants cordages, il pouvait à son gré scier les branches des arbres, déraciner les troncs ou même les trancher à la base, placer les fûts les uns sur les autres, les surmonter de toitures, les pourvoir de portes, de fenêtres, de partitions intérieures. Ainsi s'élevèrent des isbas sarmates, en tout semblables à celles que de nos jours habite comme héritier le moujik de la Russie.

CASA BLANCA. — CAÑON DE CHELLY, ARIZONA (Voir page 186).

Ailleurs, dans les montagnes du Kachmir, du Népal, du Sikkim, du Tirol, de la Suisse, où se rencontrent des conditions analogues et où les pasteurs ont également à leur disposition des pierres de toutes formes pour les fondations et les assises, des arbres pour la charpente et l'ameublement, se sont élevés des chalets de semblable architecture, dont les matériaux divers se marient pittoresquement. Lorsque des peuplades eurent appris à vivre de la chair des animaux domestiques, elles eurent aussi à leur disposition les peaux des bêtes sacrifiées et s'en servirent pour tendre des abris au-dessus de leurs têtes dans les plaines rases. Puis les tribus, ayant

Élisée Reclus

découvert l'art de tisser les étoffes, trouvèrent par cela même le moyen de dresser des tentes. Ailleurs encore, les hommes, devenus habiles dans la science de durcir la terre par le soleil ou par le feu, connaissaient le moyen de préparer des briques et de les ériger en murailles, de les établir en assises, de les dresser en pyramides.

Enfin, de ces diverses formes d'habitation, primitives ou secondaires, naquirent des modes intermédiaires de construction ayant tous quelque trait distinctif suivant le milieu local et le milieu d'origine, car, en changeant de territoires, les constructeurs se rappellent toujours l'aspect des demeures qu'ils habitaient dans leur première patrie[17]. C'est ainsi que dans la Guyane anglaise, des tribus de l'intérieur, Arecuna, Macusi et autres Caraïbes, se construisirent des cabanes exactement pareilles à celles de leurs frères ou initiateurs, les Uaraun ou Guaraunos du littoral vaseux. Bien que leur pays de savanes à sol parfaitement sec se trouve en d'autres conditions que celui du delta de l'Orénoque, ces Indiens bâtissent aussi des cabanes sur pilotis et les pieux qu'ils emploient appartiennent à la même espèce de palmier (*Euterpe oleracea*), plante très avide d'humidité et relativement rare dans leurs plaines : ils ne la rencontrent qu'en bouquets épars, mais le sentiment de conservation les porte à imiter leurs aïeux qui vivaient sur les côtes à demi noyées[18].

Le plan supérieur est celui des constructions installées dans le rocher, à 30 mètres au-dessus du niveau de la vallée ; le plan inférieur, celui des constructions de la plaine.

De même en Papuasie, le style d'architecture des maisons élevées sur les terres humides de la côte s'est maintenu pour l'intérieur, et peut-être est-ce de cette manière que l'on doit expliquer l'érection de demeures à deux étages, le rez-de-chaussée ménagé entre les pilotis du sol ayant été garni de feuilles ou de nattes pour servir d'étable ou de salle à provisions[19]. On s'explique l'origine du chalet suisse par un phénomène analogue de survivance d'anciennes formes et d'accommodation au nouveau milieu.

CHAPITRE IV

N° 23. Casa Blanca dans le Cañon de Chelly, Arizona.

(Voir page 178).

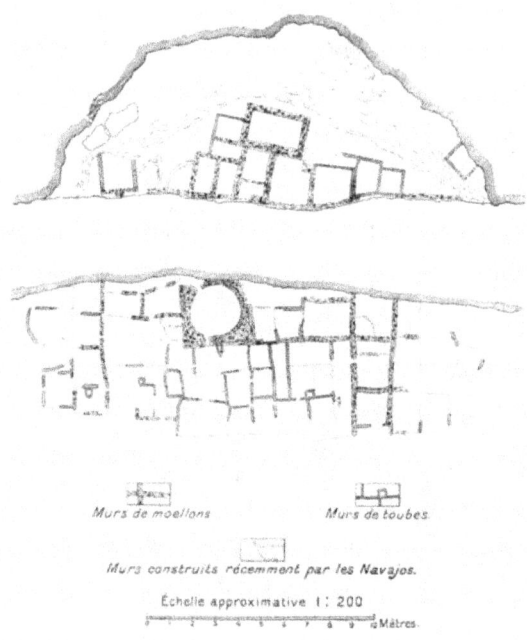

Murs de moellons   Murs de toubes.

Murs construits récemment par les Navajos.

Échelle approximative 1 : 200

Les besoins de la défense ont été au nombre des causes importantes dans la façon de construire les habitations humaines. La recherche de la sécurité fit choisir surtout les quartiers de roche comme élément des remparts protecteurs : on voulut imiter les abris naturels fournis par les défilés et les cavernes.

En de nombreux pays du monde, aussi bien en Asie et en Europe qu'en Amérique, et même en certaines îles de l'Océanie, on a retrouvé de ces murs dits « cyclopéens », parce qu'on les attribue instinctivement à des cyclopes, à des géants qui précédèrent notre faible humanité. Ces fragments de rochers furent d'abord employés tels que les fournissait la nature, et le constructeur se bornait à les rejointoyer avec art : l'habitude d'en agir ainsi prit même, comme toute pratique ancienne, un caractère religieux : chez l'homme primitif, il eût été considéré comme impie de souiller la sainteté de la pierre en abattant les saillies des blocs et en réalisant les surfaces[20].

MURS CYCLOPÉENS EN BASALTE À METALANIM,
ÎLE PONAPÉ, CAROLINES
D'après une photographie du *Geographical Journal*.

En toute contrée, la force de la défense était accrue par la position que l'on choisissait pour les lieux sacrés où la tribu avait recueilli ses trésors, où elle avait mis son « âme ».

Dans les pays très accidentés, couverts de rochers, parsemés de marais, ruisselants d'eaux, rendus mystérieux par les forêts ou les brousses, les indigènes cherchaient à cacher le réduit central, à le placer loin des sentiers, en sorte que l'ennemi passait à distance, sans le voir, mais guetté lui-même, entraîné sur de fausses pistes. Là

CHAPITRE IV

où il était impossible de se cacher, du moins pouvait-on rendre très difficile l'accès du lieu défendu. Des palissades, de fausses portes, des trous et des pièges, des chemins perfides retardent les assauts ou même les empêchent complètement. L'intérieur de l'Afrique est très riche en labyrinthes de celle nature[21], et l'art moderne les imite encore dans les jardins.

RUPESTRES À GRAN-CANARIA

D'après une photographie communiquée par la Société de Géographie.

Dans les contrées découvertes, on perchait d'ordinaire les forts sur des rocs de difficile escalade ; quoique nous vivions encore à une époque de combats et d'assauts, et que, dans chaque pays, des milliers et des milliers d'hommes s'enferment en des citadelles, sur des rochers abrupts, l'étonnement n'en fut pas moins général lorsque des voyageurs archéologues découvrirent en Amérique des tribus vivant absolument isolées sur d'énormes blocs de pierre, que limitent des falaises verticales, et qui communiquent avec la plaine seulement par des entailles pratiquées dans la roche. Et pourtant, quelle différence y a-t-il au fond entre ces « rupestres », qui montent à l'escalade de leurs rocs et en descendent avec l'adresse

Élisée Reclus

de véritables singes, entre les Zuñi et les Moqui de l'Arizona, les Tunebos de la Colombie et les ingénieurs qui construisent des places de guerre ? A cet égard, le présent se rattache étroitement au passé.

Il en est de même pour les cités lacustres, « palafittes » ou « terramare », que l'on a découvertes en tant de contrées du monde et, notamment, dans notre Europe occidentale. C'est pendant l'hiver de 1853 à 1854, lois d'une baisse extraordinaire des eaux du lac de Zurich, que, sur la rive droite, l'instituteur d'Obermeilen trouva dans le port du village les débris d'un ancien village construit sur pilotis, à une certaine distance de la rive. Depuis cette date, les chercheurs ont constaté en des centaines d'endroits les vestiges d'autres villages lacustres, renfermant par milliers et centaines de milliers des objets travaillés par nos ancêtres pendant les siècles de la préhistoire. Une seule bourgade aquatique, celle de Concise, sur les bords du lac de Neuchâtel, livra aux collections de la Suisse, dès la première année, plus de vingt-cinq mille échantillons de l'industrie passée, et cependant il restait encore à fouiller, au fond du lac, une couche vaseuse de plus d'un mètre d'épaisseur.

Si nombreuses ont été les trouvailles qu'il est facile de reconstruire par la pensée les groupes de ces cabanes lacustres avec leurs bateaux amarrés, leurs échelles pendant au-dessus de l'eau, les ameublements très simples de l'intérieur, les armes, les outils, les amulettes et les bijoux, les paniers et corbeilles, les grains et les fruits qui servaient à la nourriture, les animaux qui vivaient avec l'homme et ceux dont les lacustres mangeaient la chair. D'ailleurs, pour refaire ces cabanes, il suffit d'imiter celles qui existent encore en maints endroits, sur les rivages de la mer, à Billiton, à Bornéo, dans la Papuasie, et sur le littoral sud-américain, non loin de Maracaibo.

En Irlande, en Ecosse, des *crannogs* ou villages lacustres étaient encore en usage jusqu'en plein seizième siècle[22]. Et combien de villes qui naquirent, simples palafittes ou villages lacustres, et se développèrent peu à peu, sans que le noyau primitif soit difficile à retrouver ; telles Nidau, sur les bords du lac de Bienne, Zurich, à l'extrémité de la belle nappe lacustre qui porte son nom. D'autres palafittes, graduellement consolidés et devenus terre ferme, ont reçu des forteresses, des maisons de plaisance, comme Isoletta

CHAPITRE IV

dans le lac de Varese, ou Roseninsel, dans celui de Starnberg. Les villes de Bamberg, Würzburg commencèrent aussi par être des cités fluviales[23].

N° 24. Village lacustre de Paladru.

La plupart des groupes de pilotis ont dû se rattacher à la côte, les alluvions, les tourbes et les débris même des anciens villages ayant comblé les détroits, d'ordinaire peu profonds, qui séparaient l'îlot du littoral. Les palafittes du lac Paladru portaient encore leurs cabanes à l'époque carolingienne[24]. Pareils phénomènes se sont également accomplis au bord de la mer, et pour des raisons analogues ; l'antique cité de Tyr, le Pharos d'Alexandrie, la Djezireh d'Alger, Venise et Ghioggia en sont les exemples les plus connus. L'étude des palafittes et de leur flore nous montre combien la mainmise de l'homme sur la nature a été puissante depuis cette époque : les plantes que l'homme cultivait alors ont été améliorées ou remplacées par d'autres variétés plus productives, tandis que les

Élisée Reclus

espèces sauvages, les « mauvaises herbes » sont encore identiques à celles qui pullulaient il y a des milliers d'années[25].

En étudiant chaque contrée par le détail, on pourrait constater que la plupart des types d'anciennes demeures y sont encore représentées, mais, à cet égard, il est des régions tout particulièrement intéressantes. On voit toutes les formes d'abris dans la partie de la Maurétanie qui embrasse l'île de Djerba, le désert voisin et les monts du littoral en Tunisie et en Tripolitaine. Restes de constructions maritimes sur pilotis, ksour berbères, forts et maisons modernes, tentes du nomade, grottes creusées en longues galeries dans le rocher et révélées seulement au dehors par des trous circulaires semblables à des entonnoirs, tranchées qui mènent à des cours intérieures semblables à des puits et se ramifiant en cavernes régulièrement taillées ; enfin, pyramides de forts et de bastions où les assiégés peuvent fuir de réduit en réduit, telles sont les variétés de demeures que présente cette étroite contrée, riveraine des Syrtes[26]. A Matmata, le bureau de poste, lieu respecté par excellence, s'est installé dans une grotte.

Les sites des demeures humaines qui se groupent en hameaux, en villages, en villes, s'accommodent naturellement à leur milieu pour en utiliser les avantages : qualités du sol, cercle protecteur de collines ou de montagnes, voisinage de la fontaine qui donne l'eau pure, de la forêt et de la carrière qui fournissent le bois et la pierre, proximité de la crique bien abritée où flottent les esquifs. Mais aux conditions favorables du milieu rapproché s'ajoutent celles du milieu lointain ; les tribus, les peuplades, les nations se groupent diversement sur la terre en vertu de leurs attractions réciproques ; elles sont guidées instinctivement par les rapports mutuels d'échanges que nécessitera leur existence, dès qu'elles auront échappé à la sauvagerie primitive, dans laquelle la horde ne vit encore que pour elle-même, à la fois peureuse et féroce comme une bande de loups.

Dès que se manifestent les sentiments de curiosité, les appels de sympathie, les besoins de secours et d'entr'aide, les groupes humains tendent à se voir, à mesurer les intervalles qui les séparent du voisin, à frayer un sentier dans la direction de sa cabane. A part les Seri et diverses peuplades de la grande selve amazonienne, que les conditions du milieu, en les privant de tout contact avec des

CHAPITRE IV

voisins, ont par cela même rendus hostiles à tout rapprochement, les groupes ethniques dont la Terre est peuplée aiment à se voir, à se rencontrer à des intervalles plus ou moins rapprochés.

N° 25. Village lacustre, Turicum, Zurich.

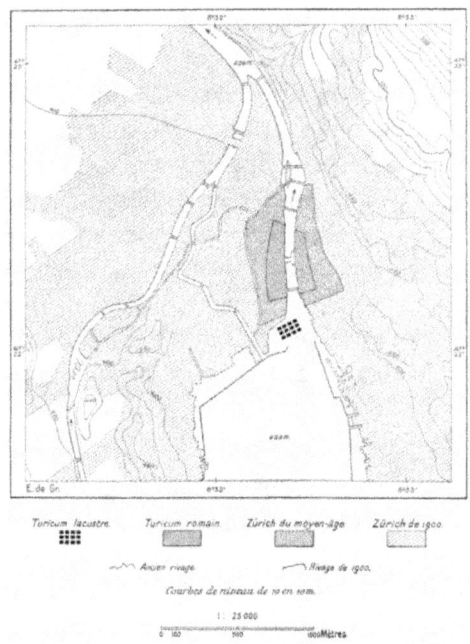

La plupart des tribus limitrophes ont des lieux de rencontre, choisis d'ordinaire en des sites facilement accessibles par des chemins naturels, rivières, défilés ou cols de montagnes, souvent à proximité d'un débouché de vallée ou d'une traversée de cours d'eau : là se célèbrent les fêtes, se tiennent les palabres, s'échangent les objets qui manquent aux uns, et que les autres ont en surabondance. Les Peaux-Rouges qui, au siècle dernier, parcouraient encore librement les étendues forestières et les prairies du versant mississippien, aimaient à prendre pour lieu de réunion des péninsules dominant le confluent des rivières — telle la pointe triangulaire qui sépare le Monongahela et l'Àlleghany, le Fort Duquesne des Français du dix-huitième siècle, la Pittsburgh de nos jours — ou des collines bien découvertes, à vue ample et libre, d'où l'on apercevait de loin les compagnons cheminant dans les prairies ou ramant sur les rivières ou les lacs — tels deux îlots de Manitu, entre les lacs Michigan et Huron.

Encore au milieu du dix-neuvième siècle, chaque saison de printemps voyait accourir de toutes parts des foules de Peaux-Rouges sur le « Grand Encampement », vastes plaines herbeuses que dominent à l'ouest les montagnes du Wyoming méridional, près du faîte de partage entre les Océans. Ce fut le Nijniy-Novgorod de l'Amérique. La trêve avait été conclue entre les guerriers ; tous échangeaient leurs denrées, luttaient aux combats de force et d'adresse, risquaient leur avoir au jeu, et se servaient admirablement du langage des signes comme d'idiome universel.

N° 26. Villages de Troglodytes en Tunisie et dans la Tripolitaine.

Metameur, Mednin, Howaya (près de Chumrasen) : villes

contenant des ksour ou magasins à blé, hauts de plusieurs étages et terminés par une série de voûtes en plein cintre.

Duirat, Beni-Barka et Getoffa (près de Beni-Barka) : constructions difficiles à distinguer des falaises rocheuses dans lesquelles ces villages sont situés.

Chnini, Chumrasen : cavernes naturelles, adaptées ou artificielles, dans le flanc des coteaux.

Nalut, Namut, Kabao : villages situés au sommet d'escarpements rocheux.

Zerawa, MatmataKabira, Hadej, Nalut, Zentan, environs de Gariana : troglodytes de plaines et plateaux.

Tatahuin (Fum-Tatahuin), Tujan : maisons en pierres, extérieures à la surface du sol.

Les froids de l'hiver empêchaient la naissance d'une ville en cet endroit ; si les conditions du climat eussent été favorables, une cité moderne serait certainement née en ce lieu favorisé.

Dans les contrées riches en gibier, en poissons, en bétail ou en culture, le groupement devient d'autant plus considérable, toutes choses égales d'ailleurs, que l'abondance des vivres est plus grande. L'emplacement futur des villes s'indique au lieu de rencontre naturel entre les divers centres de production : les distances se mesurent en proportion de la force d'appel et le mouvement suivra la ligne de moindre effort pour la somme d'échanges la plus grande possible[27]. Mais il arrive aussi que les lieux choisis pour les échanges de denrées et les rencontres pacifiques soient précisément ceux que l'on sait devoir rester inhabités, sans maîtres, des landes rases, des lisières de forêts, des crêtes de monts stériles. Ainsi la fameuse foire de la Latière, entre Saintonge, Périgord, Angoumois, se lient au milieu des bruyères et des jeunes pins de collines désertes : la solitude se peuple soudain, puis est rendue au gibier sauvage. Bien mieux, les montagnards, censés ennemis héréditaires, mais bons amis au fond, les Basques espagnols de Roncal et les Basques français de Barétous se rencontrent en marché solennel sur le faite des Pyrénées, à la Pierre Saint-Martin, le domaine des neiges et de la pluie[28].

Élisée Reclus

Une industrie commençante accompagne d'ordinaire ces premiers échanges. Des bancs de silex pour la taille des armes et des instruments de travail, des couches d'argile pour la fabrication des poteries, des terres de pipe pour la façon des calumets, des veines de métal pour le martelage et la fonte des bijoux, des coquilles élégantes qui serviront d'ornements et de monnaies, autant de causes pour que l'on vienne se réunir en ces lieux. S'ils occupent une situation favorable comme centre d'alimentation, tous les éléments pour la formation d'un groupe permanent s'y trouvent assemblés.

Mais l'homme n'est pas seulement guidé par ses intérêts immédiats dans la conduite de la vie. La peur de l'inconnu, l'effroi du mystère fixent aussi les populations dans le voisinage des lieux redoutés : on se sent attiré par l'objet même de sa crainte. Que des vapeurs s'élèvent des fissures du sol comme d'une forge où les dieux martèlent les carreaux de la foudre ; que l'on entende d'étranges échos se répercuter sur les rochers comme des voix de génies railleurs, qu'un phénomène inexpliqué illustre quelque coin de la terre, soit un bloc de fer tombant du ciel, soit une flamme ou une source vive jaillissant du rocher, soit une nuée mystérieuse prenant forme humaine et s'envolant dans les airs, la religion consacre le lieu, des sanctuaires s'élèvent, les fidèles accourent, et si l'emplacement sacré se trouve bien situé à d'autres égards, une La Mecque peut y surgir ou une Jérusalem.

PORT TAMPA, UNE MODERNE CITE LACUSTRE

CHAPITRE IV

Enfin la haine entre hommes, la peur du sac, du pillage firent aussi naître des groupes d'habitations, et de nos jours encore la construction de cités puissantes est due aux mêmes causes. Une des préoccupations constantes de nos aïeux était de se garer des incursions ennemies ; en mainte contrée on ne pouvait concevoir l'existence d'un village qui ne fût entouré d'une palissade et d'abatis : on utilisait tous les avantages du terrain pour établir un lieu de séjour qui fût en même temps un refuge. C'est ainsi qu'un îlot séparé de la terre ferme par un détroit profond offrait un admirable emplacement pour la construction d'une cité maritime ou lacustre, pouvant à la fois guetter l'approche des ennemis et présenter un bon accueil aux amis. Les roches escarpées à parois perpendiculaires, d'où en cas d'attaque on écrasait les assaillants sous des pluies de pierres, constituaient aussi des forteresses naturelles très appréciées d'où l'on surveillait et dominait l'espace à la façon des aigles.

Dans les pays accidentés où des traits brusques, parois de montagnes, ravins profonds, larges fleuves, rivages de la mer, limitent les petites sociétés primitives, les distances qui séparent les divers foyers d'activité humaine sont très inégales. Il en est autrement dans les contrées qui présentent un caractère uniforme sur de vastes étendues, par le sol, le relief et le climat : là les villages ou campements des tribus parsèment l'espace à intervalles réguliers, à une journée de marche dans les pays à population rare, à une demi-journée ou par moindres fractions en des régions plus populeuses ; un véritable rythme réglé par le pas de l'homme préside à la distribution des groupes humains. A l'examen des cartes détaillées, on remarque facilement le contraste que présentent les lieux d'habitation à espace normal et ceux auxquels les modifications du milieu ont imposé un désordre apparent. Longtemps le parcours habituel d'un marcheur, avec ses repos nécessaires pour la nourriture et le sommeil, fut la seule mesure de distance qui marquât sur le sol les lieux d'étapes et de croisement : mais la domestication des animaux de course permit à l'homme d'allonger son parcours en une journée de voyage, et par suite les lieux de séjour qui se succèdent sur les voies historiques alternèrent par ordre d'importance, suivant les voyageurs qui s'y arrêtent, simples piétons ou bien piétons et cavaliers.

Evidemment d'autres montures de course que le cheval : ainsi

Élisée Reclus

le chameau dans l'Asie centrale et les régions méditerranéennes, l'éléphant dans les Indes orientales, le bœuf dans l'Afrique du Sud, durent légèrement modifier, suivant la vitesse de leur marche, les distances normales entre les points d'arrêt et par suite entre les groupes de demeures humaines. Les étapes sont relativement courtes dans les pays où les animaux servent surtout au transport des marchandises, leur pas étant alors beaucoup plus lent que sous le poids de l'homme impatient, éperon né.

D'autres distances entre les groupes d'habitations, hameaux, villages ou cités, sont déterminées d'avance par la nature du relief, du littoral, du climat, des flores, de la faune ou autres conditions du milieu, le long des chemins naturels ou graduellement tracés par les pas de l'homme. Ainsi, pour les peuples bergers, le va-et-vient de transhumance, entre les pâturages ras de la montagne et les prairies abondantes de la plaine, fixe les lieux de séjour temporaires ou permanents pour une partie de la population locale.

Celui qui sait lire a sous les yeux tout un cours d'histoire générale, aussi bien que mille histoires locales et particulières, en voyant une carte bien faite qui lui indique les positions respectives de chaque centre d'activité humaine : il saisit les rapports qui s'établissent de cause à effet et d'effet à cause entre les lieux de la montagne et ceux de la plaine, entre rive et île, estuaire et promontoire, oasis et vallée fluviale. Nulle étude n'est plus instructive que celle des points dont l'homme a tacheté la surface de la terre habitable ; mais encore faut-il que la figuration de la surface planétaire soit parfaitement ressemblante, et qu'elle renseigne sur tout ce qui est de nature à influencer l'habitant dans le choix de son gîte : sinon, elle conduit à des explications fantaisistes que dément la réalité.

Dès que deux ou plusieurs groupes d'individus furent en relations mutuelles, le réseau des voies de communication commença, très fruste sans doute, très modeste à son origine, mais suffisant pour modifier quelque peu l'aspect de la nature, et surtout pour lui donner un charme tout particulier, une intimité très douce aux yeux de celui qui vit en elle, en connaît tous les mystères. Le sentier, nécessairement sinueux, à cause de l'inégalité des pentes, des obstacles, petits ou grands, parsemés dans l'espace à parcourir, serpente par courbes inégales, très allongées dans la plaine, courtes et brusques sur les déclivités, et le marcheur se plaît à le suivre,

CHAPITRE IV

jouissant inconsciemment du rythme parfait des méandres qui se succèdent, s'harmonisant, par une géométrie naturelle, avec toutes les ondulations du sol. Par un accord tacite, s'accommodant à la loi du moindre effort, les pieds de chacun des passants contribuent à frayer la même voie ; quand les conditions se maintiennent sans grand changement, le chemin garde immuablement son tracé de siècle en siècle, tandis que se succèdent les générations des peuples, conquérants et conquis. En certains endroits, les pluies, formant des mares temporaires, obligent le passant à tracer des sentes latérales qui se ramifient à l'infini en courbes élégantes. Ailleurs, sur des collines terreuses ou composées de roches friables, le chemin se creuse profondément comme un ravin entre des talus herbeux, au-dessus desquels les arbres entremêlent leurs branches. En bas, à travers le ruisseau, des pierres, jetées de distance en distance, permettent au voyageur de passer a pied sec. Tous ces accidents divers, où l'homme retrouve son action sur la nature, ajoutent infiniment à la poésie de l'existence.

Les hommes n'avaient eu, en maints endroits, qu'à suivre les traces ou les indications des animaux pour établir le réseau des chemins. Dans les forêts tropicales, l'indigène utilisait simplement les trouées faites par l'éléphant, le tapir ou quelque grand fauve ; dans l'île de Java, le volcan de Gédé, au-dessus de Buitenzorg, eût été inabordable si les rhinocéros n'avaient frayé de larges sentiers jusqu'au bord du cratère. Dans le désert, n'est-ce pas aussi en observant les pas des animaux qu'on trouve la direction des fontaines et celle des gués fluviaux ?

En mer, les insulaires eurent d'abord à guider leurs barques sur le vol des oiseaux pour atteindre d'autres terres, et telle arête de montagne fût restée infranchissable si la ligne constamment suivie par les volatiles migrateurs n'avait indiqué nettement la position du col. Pour les chemins de la mer, les matelots se réglaient aussi par le vol des oiseaux, de même que par les vents réguliers dans les parages d'alizés, de moussons et de brises alternantes. La mer, avant la période de la vapeur, qui rendit le navire indépendant, eut, comme la terre, ses voies historiques tracées sur le flot mouvant[29].

Les monuments les plus anciens du travail de l'homme sont les sentiers : en comparaison, les plus vénérables amoncellements de briques retrouvés dans la Chaldée ou sur les bords du Nil ne sont que des œuvres d'hier. Frayées par les pas de tous, et composées en réalité de mille variantes légèrement distinctes, qui ont fini par se confondre, ces pistes doivent emprunter tel défilé, telle courbe de la vallée, tel épaulement de la colline et se développent entre ces points fixes indiqués par le relief du sol. L'ingénieur le plus savant ne pourrait mieux faire, et le sentier tracé par lui n'aurait certainement pas l'art de s'accommoder pittoresquement à la nature en contournant ou en surmontant les obstacles par de gracieuses sinuosités. Toutefois l'assèchement du sol des vallées a fait, en d'innombrables endroits, déplacer nombre de ces pistes : pour éviter les marais, les boues, les fourrés de végétation touffue, les embuscades, les voyageurs aimaient jadis à suivre les arêtes de collines, de manière à commander la vue des deux versants. Le Rennsteig de la Thuringe est le type le plus remarquable de ces chemins historiques, délaissés depuis que les routes ont pu s'établir dans toutes les vallées que l'homme a graduellement aménagées : on cherche maintenant, par une sorte de piété historique, à reconnaître tous les vestiges de l'antique tracé, mais le mode nouveau introduit par la civilisation moderne ne comporte plus guère l'existence de ces routes des crêtes.

N° 27. Rennsteig.

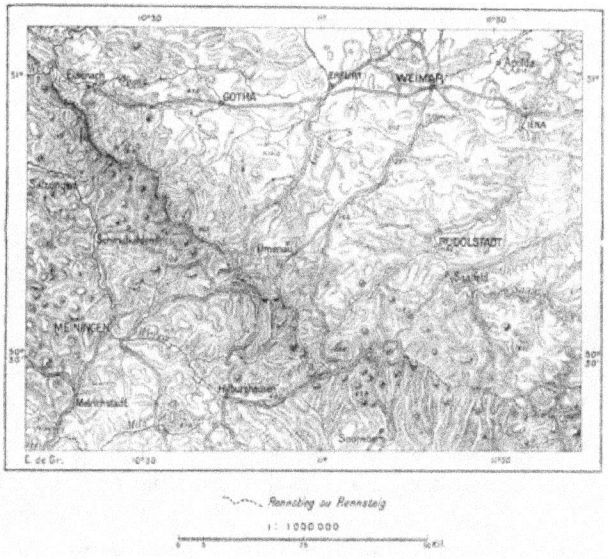

Rennsteig ou Rennsteig
1 : 1 000 000

Mainte peuplade, dite sauvage, a su donner des preuves de science et d'audace architecturales par la construction de ponts et de glissières au-dessus de torrents, de précipices et même de vallées entières. En nombre de contrées, notamment dans le Tibet oriental et en Amérique, dans le pays des Inca, les *oroyas*, *tarabitas* et divers types de « funiculaires » employés pour la traversée des gorges profondes, d'une falaise à l'autre, doivent être considérés, sans doute, comme des constructions héritées de peuples ayant joui autrefois d'une culture supérieure à celle des habitants actuels de la contrée. Quelques tribus américaines devenues sauvages — entr'autres les Aruacos de la Sierra Nevada de Santa Marta — ont conservé des formes de constructions certainement primitives, tels les ponts composés d'arbres vivants qui se penchent l'un vers l'autre et dont on entrelace les branches maîtresses en ajoutant des réseaux de lianes au plancher rudimentaire.

L'homme civilisé, ayant actuellement de très grandes exigences pour ses voies de communication, routes, canaux et voies ferrées, est trop porté à croire que ses ancêtres, les primitifs, se trouvaient presque entièrement dépourvus des moyens de parcourir le monde. C'est une erreur. Ne possédant pas de véhicules, nos aïeux les chasseurs ou les bergers nomades se servaient d'autant mieux de leurs membres, et les exploits pédestres qui sont considérés maintenant comme exceptionnels étaient alors des faits de commune occurrence, comme on le voit dans le nord du Mexique, chez les Seri, les Yaqui, les Tarahumara.

Des tribus entières se déplaçaient, suivies de leurs malades, de leurs blessés, et rattrapées en route par les accouchées qui avaient dû s'arrêter quelques jours dans un abri. Que de fois des voyageurs, chevauchant dans un sentier bien frayé, ont été surpris de voir pendant toute une journée des Indiens les accompagner dans l'épaisseur du fourré, bondissant par-dessus les obstacles et se glissant comme des serpents entre les lianes. Grâce à cette facilité de déplacement, d'autant plus grande que moins de fortune acquise attachait les peuplades à leur résidence première, les indigènes émigraient fréquemment en masse à des centaines, à des milliers de kilomètres même, en des pays différents par les productions et le climat. Les recherches des ethnologistes américains ont abouti à ce résultat étonnant, de montrer des tribus de même origine et de même langue dispersées sur tout l'immense territoire qui s'étend de l'île Vancouver à la Floride et de la Méditerranée canadienne à la Sierra Madré. On eût dit que le hasard avait présidé à l'éparpillement des groupes ethniques, tant les migrateurs avaient su triompher de l'espace dans leurs voyages de conquête, de fuite ou de simple caprice. Toute la moitié occidentale de l'Ancien Monde fut le théâtre d'un mouvement analogue lors de la rupture de l'équilibre romain. Ne vit-on pas alors, dans les Gaules, dans la péninsule d'Ibérie, aux limites mêmes du désert africain, des peuples venus du Caucase et du Tian-chan ?

Ainsi le réseau des routes — ici sentes d'escalade dans les montagnes, ailleurs simples pistes sur la roche dure, ornières approfondies des chemins creux, rubans entremêlés dans l'herbe des steppes, chemins liquides de la mer effacés par le vent — enserrait le monde entier, et nos aïeux, ces rudes marcheurs, sans connaître exactement la position respective des lieux, n'en savaient pas moins la direction à suivre pour atteindre les pays merveilleux dont ils avaient entendu la légende[30].

D'ailleurs, les peuplades primitives de contrées nombreuses avaient dû certainement s'élever à des notions géographiques suffisamment précises. Les voyageurs modernes ont souvent rencontré des sauvages qui, pour leur expliquer la route à suivre, ont su parfaitement tracer sur le sable ou sur le papier des cartes, d'aspect très artistique parfois, avec direction des routes et distances approximatives. Les meilleures cartes des pays encore peu connus, celles qui renferment le plus de renseignements, sont dues à des indigènes, géographes sans le savoir. Les Aruacos, déjà mentionnés, se disent « fiers d'être des cartographes », nous dit de Brettes ; les prêtres enseignent aux enfants la religion, la généalogie des familles et la géographie[31]. Un demi-siècle avant nous, presque toute la cartographie du Sahara, entre le Niger et les monts de l'Atlas, avait été faite par des nègres, des Arabes et des Touareg dessinant sur la pierre ou sur le sable[32]. Naguère, et peut-être encore de nos jours, les pilotes des Carolines et des îles Marshall possédaient des *medos*, véritables cartes composées de coquillages ou de cailloux représentant les îles, et de baguettes placées en divers sens pour indiquer l'équateur, le méridien, les journées de navigation, les courants et l'itinéraire à suivre[33]. Le détroit de

CHAPITRE IV

Torres, parsemé d'écueils, est encore fort dangereux à parcourir, et le seul document que l'on possède pour se guider, notamment dans le détroit périlleux ouvert entre les îles de Mabuiag et de Buron, est dû à un navigateur indigène[34].

Le trafic entretenait constamment les rapports, même entre tribus très sédentaires. Les échanges de denrées, de marchandises, de mythes et d'idées se sont toujours faits de peuplade à peuplade, non seulement par les prisonniers de guerre, dont la plupart finissaient par être plus ou moins des membres adoptifs de la tribu victorieuse, mais aussi par des tribus spéciales que leur travail utile protégeait efficacement dans tous leurs voyages. Même pendant les guerres d'extermination, ces francs voyageurs, hommes et femmes, avaient un caractère sacré, car toute coutume se transforme graduellement en rites religieux. De tout temps on connut ce que les ouvriers en quête de travail appellent maintenant le « grand trimard »[35], et grâce à ces nomades se fit, plus qu'on ne croit, l'éducation du monde ; de proche en proche, tout se transmettait, choses et pensées, d'un bout de la terre à l'autre[36].

De nos jours, on ne peut que (difficilement se rendre compte de la part que prirent les tribus marchandes dans l'histoire de l'humanité, car les colporteurs et industriels errants ont singulièrement décru en importance comme porteurs de nouvelles depuis que les courriers, les estafettes, la poste, les télégraphes et les téléphones les ont remplacés ; ils ne représentent plus que la survivance méprisée ou même haïe d'une classe jadis vénérée ; mais autrefois ils eurent dans le développement de l'humanité une influence capitale, car c'est grâce à eux que les hommes apprirent leur parenté commune. Il fut un temps où ces passants, allant de peuple en peuple à travers la terre, représentaient par leurs allées et venues la circulation sanguine et nerveuse dans l'immense corps social. Ainsi que le fait très justement remarquer un missionnaire, parlant des mœurs si hospitalières des Mongols, comment n'accueillerait-on pas avec joie l'étranger qui est à la fois un journal pour les nouvelles du dehors et un messager pour les salutations à transmettre et les commissions à faire ? L'accomplissement de ces petits services peut tarder des mois et des années, mais il finit par avoir lieu[37].

Élisée Reclus

N° 28. Carte esquimaude.

Le croquis de gauche fut tracé d'un jet par l'Eskimau Kalbhuera, en 1850, à bord du navire assistance, capitaine Ommanney. Se servant d'un crayon pour la première fois, il dessina la côte de Pikierlu au Cap York, indiqua les rochers, glaciers et montagnes, et donna les noms par lesquels il connaissait les points remarquables.

À droite se trouve la carte de la même région à titre de comparaison.

De même, au Mexique, avant que le pays fût couvert d'un réseau de voies ferrées, les Indiens n'hésitaient pas à entreprendre un voyage pédestre qui devait durer des mois, des bords du golfe de Californie à l'isthme de Tehuantepec, pour faire une simple commission, satisfaire une lubie : le temps ne leur coûtait rien.

L'exemple des Romanichel ou Bohémiens, connus dans toute

l'Europe sous des noms différents, nous montre l'évolution extraordinaire qui s'est accomplie dans la destinée des tribus de voyageurs depuis que les peuples n'ont plus besoin de ces intermédiaires de trafic et de science, car c'étaient ces nomades qui savaient soigner le bétail et même les hommes ; nous avons aussi mentionné les Apolobamba de la Bolivie, qui parcourent toute la partie méridionale du continent américain et que l'on accueille partout. Les routes sont la mort de ces hommes errants qu'on attendait naguère avec impatience aux temps accoutumés.

Sans avoir à discuter ici l'époque à laquelle les Tziganes (Zigeuner, gypsies, gitanos) pénétrèrent en Europe, on peut étudier indirectement les mœurs de ces groupes de familles voyageuses chez leurs congénères de l'Inde, tels que les Bandjari et les Povindah. Les services éminents qu'ils rendaient naguère à la société résidente en faisaient des amis de tous ; on accourait au-devant d'eux, on les interrogeait après avoir échangé avec eux des bénédictions et des saluts, puis, tandis que les parents traitaient avec leurs visiteurs les affaires de commerce, les enfants s'amusaient des verroteries qu'on leur avait distribuées et les jeunes filles, tendant la main aux femmes, leur demandaient la bonne aventure. Dans les pays civilisés d'Europe, au contraire, les Bohémiens, que leur genre de vie nomade a complètement différenciés des nations sédentaires dont ils parcourent le territoire, ont fini par être considérés comme n'appartenant plus à l'humanité : ainsi que des pestiférés, on les parque en dehors des villages ; on invente pour eux des règlements de police soupçonneux et brutaux ; en leur interdisant le commerce légitime, on les pousse presque forcément au vol et à la maraude, et même, en certains endroits, afin d'en débarrasser la terre, on les déporte en masse. C'est, à la honte de notre société moderne, impuissante à faire le bien, la mesure que l'on a prise, vers le milieu du siècle, dans le pays Basque et en Béarn.

Encore de nos jours, les chemins suivis autrefois par les francs voyageurs sont indiqués, non seulement par le relief du sol auquel on devait se conformer, mais aussi par des objets de commerce découverts aux anciennes étapes et aux lieux de marché. De même que, dans l'Amérique du Nord, les « chasseurs de fourrures » et autres voyageurs pratiquent, en maints endroits, des « caches » renfermant des armes et des approvisionnements, de même

Élisée Reclus

les caravaniers préhistoriques d'Europe et d'Asie laissaient, de distance en distance, le long des routes, des amas souterrains que l'on retrouve maintenant. Grâce à ces découvertes, on peut dresser une carte sommaire de l'Europe indiquant les voies que les peuples antérieurs à l'histoire avaient déjà frayées d'une extrémité du continent à l'autre : tels le chemin du Caucase à la mer Baltique, celui des Palus Méotides à la vallée du Danube, la route de l'Adriatique au pays de l'ambre par la trouée entre Alpes et Carpates, la traversée des Gaules par les deux vallées de la Saône et de la Seine, l'entrée de la péninsule Ibérique par les défilés qui longent la concavité de la mer des Basques. D'ailleurs, les mêmes avantages qui assuraient la prééminence à certaines voies pour le lent mouvement des échanges pendant les âges préhistoriques devaient leur donner aussi le premier rang au temps de l'histoire écrite, et c'est le long de leur parcours que se sont fondées les grandes cités ou que se sont déroulés les événements considérables dans la vie des nations.

D'après une photographie.

ZINGARI ITALIENS SE RENDANT EN ESPAGNE

De même qu'il y eut des francs voyageurs, libres de trafiquer entre les peuples en lutte, de même il devait y avoir des lieux francs aux abords desquels toutes hostilités restaient interdites par commun accord. La raison intime de ce choix n'était autre que

CHAPITRE IV

la nécessité. car il fallait à tout prix se rencontrer pacifiquement sur un marché pour obtenir les objets indispensables à l'existence, mais les circonstances spéciales qui valaient cette faveur à tel ou tel point géographique différaient suivant les contrées et les temps. Tel endroit favorablement situé avait été choisi en vertu d'une convention formelle, mais presque toujours le fait dut se produire spontanément, au lieu que la nature indiquait le mieux : le consentement tacite n'engageant en rien l'avenir répond au caractère réservé, justement soupçonneux des peuples primitifs, décidés à rompre lors de la première alerte. En tous pays, à toutes les époques, sont nés de ces lieux francs pour les échanges, les rencontres, la joie de se voir, même entre ennemis. Dans le Sous marocain la règle admise défend toute vengeance un jour de marché (Brides).

Les demeures de l'homme, les sentiers qu'il trace, les lieux de campement et de marché parlent surtout de paix, mais la guerre sévissait aussi, entre les groupes sollicités par des intérêts divers, et l'industrie naissante avait à pourvoir à la fois aux progrès et aux passions de tous, à rendre les peuples plus forts pour l'entr'aide ou pour la lutte. Ces témoignages des conquêtes graduelles de l'humanité ont pu se conserver principalement dans les grottes, sous la protection des rochers et des concrétions calcaires déposées depuis le séjour des troglodytes. Signalons surtout les cavernes du midi de la France, de la Vézère, de la Cère et de la Dordogne à la Cèze et à l'Ardèche.

Aussi longtemps que les hommes, comme leurs cousins les singes, n'eurent à leur disposition que les armes naturelles, les muscles, les griffes et les dents, auxquelles ils ajoutaient à l'occasion la branche arrachée d'un arbre voisin ou les pierres détachées du roc, ils durent rester principalement arboricoles, ou du moins habitants de la forêt qui leur fournissait abri contre les bêtes sauvages, et leur nourriture dut être surtout celle qu'ils trouvaient aussi dans le monde végétal, feuilles et baies, écorces, racines et tubercules. Mais après la longue série des ans et des siècles, apportant chacun son contingent d'expériences et de progrès, lorsqu'un Archimède primitif eut appris à distinguer l'arme tranchante, le silex aigu de la pierre brute, informe, l'homme devint à son tour l'égal des fauves, et put descendre de son habitation haut perchée pour les

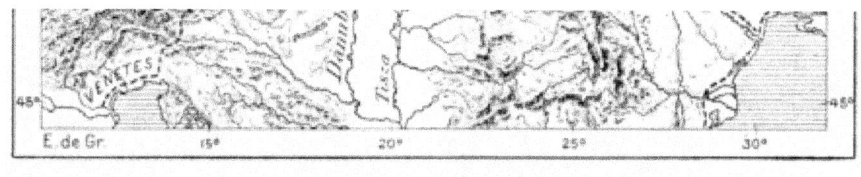

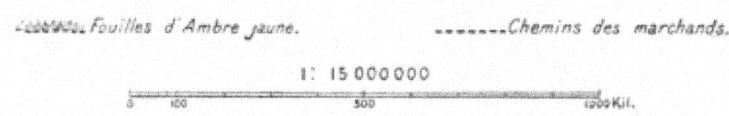

Devenu le rival des bêtes féroces, désormais habile à verser le sang, l'homme put apprendre à le boire, comme il le voyait faire au *Machairodus* et à d'autres animaux ; il sut dépecer les chairs pour s'en nourrir, préparer les peaux pour s'en faire des tapis et des vêtements, remplacer les liens d'herbes ou de lianes par ceux, bien plus forts, que lui fournissaient les boyaux et les tendons. Qu'il restât herbivore par goût, par habitude et grâce à l'abondance de la nourriture végétale, ou bien qu'il fût devenu carnivore, du moins omnivore, il put aménager la terre à son profit, devenir un Thésée, un Hercule, un destructeur des monstres dont il avait appris à disputer l'empire : un nouvel âge de l'humanité venait de naître.

N° 30. Ardèche et Cèze.

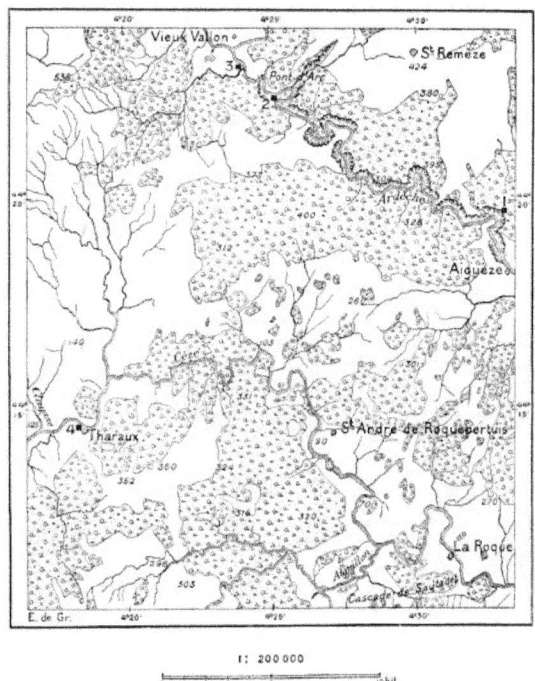

Traversant la chaîne du Bouquet, l'Ardèche, de Vallon à Aiguèze, la Cèze, du confluent de la Claysse à la cascade de Sautadet, sont bordées de falaises où se trouvent un grand nombre de grottes, la plupart inexplorées. On a marqué : 1. Grotte de Saint-Marcel, plus de deux kilomètres de longueur, poteries et ossements ; 2. Grotte d'Ebbe à l'Isthme de Pas-de-Mousse ; 3. Goule de Foussoubie ; 4. Grottes de Tharaux. Il y a aussi de nombreux avens sur le plateau de Saint-Remèze. (Martel, Mazauric).

N° 31. Grotte de Tharaux.

A. Salle préhistorique, ossements et débris de poteries. C. Entrées de la grotte.

B. Salle utilisée au moyen âge comme léproserie ; un grillage en

Élisée Reclus

fer la sépare du reste de la grotte.

La caverne a été incomplètement explorée il y a une soixantaine d'années, par M. J. de Mallos ; le relevé précis et complet a été effectué en 1893 par M. F. Mazauric.

Quand l'homme eut encore ajouté d'autres armes à la grosse pierre, au caillou tranchant, à la massue et à la hache, quand il les eut façonnées en pointes, lisses et harbelées, et qu'il eut à sa disposition la pierre de fronde, la flèche, lejavelot, le dard de sarbacane, il possédait, et d'une façon définitive, la force matérielle : malgré mammouth et mastodonte, ours et lion des cavernes, crocodiles et ophidiens, il était devenu le maître, sauf pourtant en quelques contrées où il avait à lutter contre des nuées de moucherons ou d'autres infiniment petits ; telles espèces de chauves-souris vampires rendent certains pays complètement inhabitables ; pour échapper à la mort, eux et leurs animaux, des colons de Costa-Rica ont dû fuir les côtes occidentales situées au sud du mont Herraclura.

La genèse de l'instrument primitif employé par l'homme dès les origines de l'industrie paraît être fort simple. Après avoir appris à se servir d'objets extérieurs comme d'armes ou d'instruments, il dut certainement garder avec soin les bâtons et les cailloux qu'il avait appréciés ; il constata, dans l'emploi des objets fournis par la nature, l'avantage que lui donnait telle ou telle forme pour accroître sa force et son adresse. Il apprenait à comparer les diverses branches ou racines pour la flexibilité ou la force de résistance du bois, pour ses qualités comme dard, comme massue ou comme arme de jet ; il découvrit le boumerang, par exemple, qu'emploient certains sauvages, ceux de l'Australie entr'autres, et que les civilisés de nos jours, par suite d'une régression partielle, sont incapables d'utiliser. De même, l'homme primitif voyait la différence des galets dont il armait sa main et qu'il jetait avec plus de précision, un ensemble de mouvements mieux coordonnés que ceux du singe. En nombre de pays, le sauvage se sert encore de la pierre, et la lance de loin avec une sûreté redoutable. C'est le front ouvert par une pierre que, dans la légende judaïque, tomba le géant Goliath, et, dans les pays d'Orient, les bergers de la Susiane, qui ne s'aventurent point dans les pâturages sans avoir leur fronde

CHAPITRE IV

suspendue à l'épaule, s'imaginent tous être autant de David pour le coup d'œil et l'adresse[38].

Quand la pierre, l'arme primitive, se brisait sur la roche voisine, celui qui l'avait lancée observait à son gré le taillant des arêtes et les ramassait pour de nouvelles besognes, le coup, la coupure, le grattage. De très longs siècles, des cycles s'écoulèrent, nous le savons, pendant lesquels les hommes apprirent à se servir des silex, des obsidiennes ou autres pierres à éclats coupants pour en faire leurs instruments usuels, utilisés à l'infini, comme nous employons aujourd'hui les clous, les aiguilles, les épingles, les grattoirs. C'est par milliards et par milliards que le travail incessant de la vie au dehors et du ménage devait extraire du sol environnant de ces pierres tranchantes et perçantes, que l'on rejetait après usage dès que la taille en était émoussée. L'ouvrier intelligent, les retouchant avec adresse par de nouveaux coups donnés sur le saillant ou sur la pointe, parvint plus tard à les utiliser longtemps comme de vieux amis (Rutot).

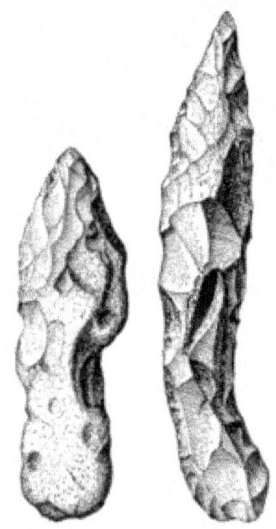

ÉVOLUTION DU POIGNARD
Epoque de   Epoque
Strépy.   chelléenne.
(*Collection Rutot.*)

Élisée Reclus

Tels furent les objets de transition entre le bloc ou le caillou primitifs lancés par l'homme et l'arme taillée avec art. Les plus beaux instruments polis et, de progrès en progrès, les chefs-d'œuvre de la statuaire naquirent de l'emploi de la pierre appropriée, elle-même née de la pierre informe[39]. Mais l'usage de cette pierre brute est encore pratiqué et le paysan s'y rattache avec une sorte de piété, notamment pour le bornage du sillon et des chemins.

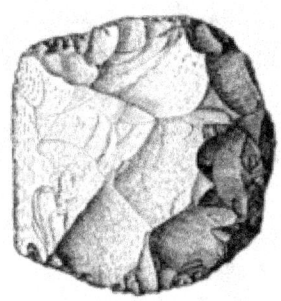

HACHE
DE L'ÉPOQUE CHELLÉENNE
Binche.
(*Collection Rutot.*)

Dans les îles Arran, au milieu de la baie irlandaise de Galway, les pêcheurs se servent encore d'ancres en pierre ; même les demeures en fragments de rocs, les *cloghan*, en forme de ruches, y sont toujours communes[40].

Les archéologues ont classé d'après les pierres les différentes périodes de civilisation pendant la préhistoire, âges éolithiques, paléolithiques, néolithiques. L'adresse plus ou moins grande que l'on mit à former les instruments de pierre, d'abord en simples éclats, obtenus par pression ou par percussion puis par une taille de plus en plus savante, enfin par un polissage devenu parfait, donne les éléments de la division chronologique primitive, et cela se comprend, car la pierre peut durer de siècle en siècle, et même à travers les périodes géologiques, tandis que les industries parallèles : sculpture sur bois, sur ivoire, sur os, sur corne, fabrication des étoffes et des vases, d'autres travaux encore, s'appliquent à des substances qui périssent pendant la durée des âges et ne peuvent indiquer de périodes générales.

CHAPITRE IV

En fournissant des cailloux, le sol offrait des armes ; de même, on peut dire que le primitif n'eut pas même besoin d'inventer des étoffes, puisque la nature les donne gratuitement, du moins dans les contrées tropicales où l'on présume que les races humaines prirent naissance. Là, certaines espèces de cactus, de bananiers et autres plantes à grasses tiges s'entourent à leurs bases de toiles naturelles à fibres entrecroisées qui sont bien réellement des tissus, modèles de ceux dans lesquels l'homme s'enveloppe aujourd'hui. Ces réticules peuvent être facilement égalisés, consolidés, resserrés par la main de l'homme. Il ne reste ensuite qu'à les rendre durables, soit en les martelant pour les débarrasser de leurs déchets, soit en les trempant dans une eau mordante pour les soustraire à la décomposition. Depuis les temps préhistoriques, de jeunes audacieux apprirent à imiter ces étoffes naturelles en entrecroisant des fibres choisies et préparées, puis vinrent successivement toutes les simplifications de l'industrie, par le métier où se tendent, où se croisent et décroisent les fils, laissant passer, dans l'entredeux, la trame que porte la navette ; toutes les splendeurs des tissus, du lin au coton et à la soie, naquirent ensuite.

HACHES EN SILEX TAILLÉ (Epoque paléolithique)
St-Acheul, près Amiens (Somme).
1/3 grandeur.

De même la poterie commença, pour ainsi dire, sans l'intervention

Élisée Reclus

de l'homme, certaines plaques d'argile recourbée, qui se forment par l'effet de la dessiccation solaire, et les couches de boue déposées par l'eau entre les mailles des filets[41] étant déjà de véritables vases aussi commodes à employer que de grandes coquilles ramassées sur le rivage. L'eau versée sur le sol battu entraîne parfois des particules fines de terre qui, après s'être desséchées, présentent une cohésion suffisante pour former des briquettes utilisables. Il était donc naturel de les pétrir, puis de leur donner la consistance voulue, d'en extraire l'eau par la pression et de les égaliser avec la paume de la main. Suivant la grandeur des constructions projetées ou la quantité de matières, le volume d'eau que devait contenir le vase, on mesurait les dimensions de la brique ou la capacité du récipient, puis on étendait au soleil l'objet de fabrication qui durcissait peu à peu. Le tour de main, l'expérience, précisés pendant les années et les siècles, de génération en génération, assuraient au travail toute la perfection qu'il pouvait acquérir par la seule industrie manuelle : le plat du sol donnait la brique, la rondeur de la cuisse formait la tuile.

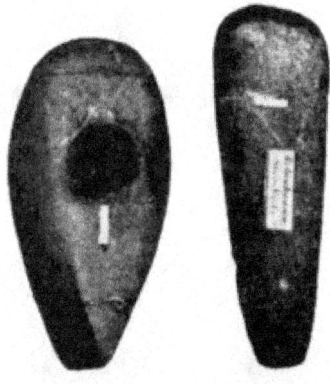

HACHE-MARTEAU
Stations lacustres suisses
(Coll. de Vibraye.)

HACHE POLIE
Robenhausen
(Coll. de Vibraye.)
⅓ grandeur.

CHAPITRE IV

Mais, tôt ou tard, un puissant auxiliaire devait s'ajouter à la main du potier. La ménagère n'était peut-être pas éloignée de l'aire où son mari triturait l'argile : des charbons, des branches enflammées s'échappaient du foyer et tombaient au hasard sur le sol, sur les carreaux et les vases de terre. Bien plus, ce foyer lui-même pouvait avoir été construit en briques. Après des milliers d'observations volontaires ou involontaires, était-il possible qu'on ne remarquât pas l'action du feu et le changement produit par la cuisson dans la matière argileuse : l'art du potier était donc complété dans ses éléments primitifs. Quant à l'invention mécanique du tour, qui facilite si bien la besogne pour donner de la précision et de l'élégance aux rondeurs du vase, on sait qu'elle a été précédée par un mouvement de rotation que les potiers donnaient à la boule d'argile qu'ils pétrissaient entre les deux mains ; telle est encore la méthode pratiquée par les femmes ouolof pour tourner leurs écuelles[42]. En maintes contrées, en maints villages, l'antique industrie des âges lithiques s'est maintenue chez les potiers, notamment à Ornolac, dans les Pyrénées et sur les bords du Nil.

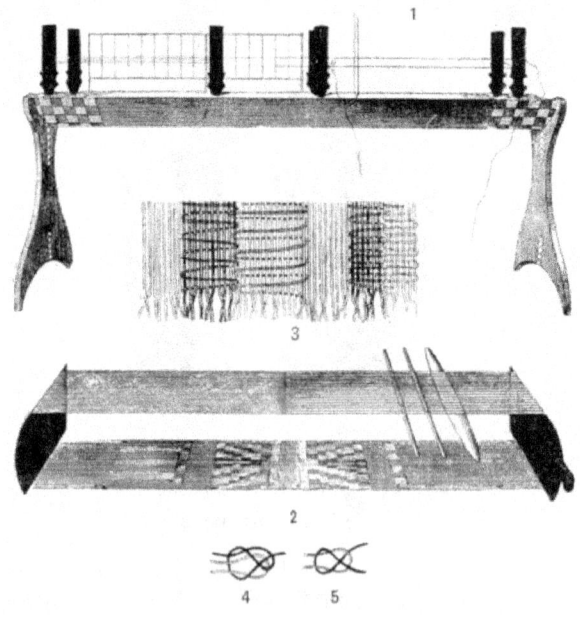

MÉTIER A TISSER DE L'ÎLE UALAN (KASAÏE), ARCHIPEL DES

Élisée Reclus

CAROLINES,
RECUEILLI LORS DU VOYAGE DE *La Coquille* (1822-1825).

1. Ourdissoir. — 2. Métier à tisser. — 3. Travail de chinage grossi.
4. Nœud des tisserands indigènes. — 5. Nœud des tisserands européens.

Une découverte essentielle, le point de départ de toute la mécanique, fut l'invention de la roue, événement capital dont les archéologues ne savent encore à qui faire remonter le mérite.

LA VILLE DE KENEH, SUR LE NIL : FABRICATION DE POTERIES

CHAPITRE IV

En tout cas, il est certain que le Nouveau Monde ne connut pas le char avant l'arrivée des Espagnols ; il n'avait que le traîneau, tandis que dans l'Ancien Monde nous voyons apparaître partout, aux origines de l'histoire, le merveilleux engin de la caisse où l'homme se place avec son avoir, qu'il installe sur un essieu entre deux roues pleines, grinçant à chaque traction du moteur, homme ou animal.

Pareille conquête fut, avec celle des métaux, la véritable aurore du monde moderne.

Les travaux métallurgiques ne se sont point succédé dans toutes les contrées suivant un ordre identique. Les méthodes ont dû varier suivant l'abondance et la nature du minerai, de même que suivant les progrès accomplis antérieurement par les diverses populations. Ainsi l'on constate que les sauvages, riverains du lac Supérieur, dans l'Amérique du Nord, apprirent à marteler le cuivre natif des gisements d'Ontonagon et de Keweenaw, pour en fabriquer des ornements et des armes. De même, les Eskimaux du Groenland, qui ne savaient pas fondre les métaux et qui, pour leur industrie habituelle, en étaient encore à l'âge de la pierre et des os, utilisaient pourtant quelque peu les blocs de fer météorique ou natif qu'ils trouvaient sur leurs côtes. Tandis que, dans l'Europe occidentale, l'ordre de succession normal dans l'emploi des métaux se fit du cuivre au fer en passant par le bronze — alliage de cuivre et d'étain —, les nègres et les Ouraliens commencèrent par l'usage du fer, et ce sont eux qui, par deux voies, celles du sud et de l'est, devinrent, comme forgerons, les initiateurs des « Aryens » d'Europe et d'Asie.

D'ailleurs, ainsi que le fait remarquer Lenormant[43], le fer météorique, le fragment d'astre tombé du ciel et que l'on put croire d'abord avoir été spécialement envoyé en présent à son peuple par un dieu bienfaisant, dut être en beaucoup de pays le point de départ des travaux de métallurgie. Ce métal, que l'on n'a pas besoin d'affiner et qu'il suffit de fondre pour l'employer dans la fabrication de toute espèce d'instruments, fournit aux inventeurs de ces époques lointaines l'occasion « providentielle » de prendre leurs premières leçons sur le traitement des métaux. C'est là ce qu'indiquent le nom égyptien du fer, *ba-eu-pse*, « matière du ciel », et l'ancienne doctrine relative au « firmament », que l'on s'imaginait comme une voûte de fer dont les fragments tombent parfois sur la terre. De même, les Grecs donnèrent au fer une

Élisée Reclus

appellation (*sideros*) certainement dérivée d'un mot appliqué au monde « sidéral » : pour eux, le fer était un petit astre détaché de l'empyrée. Dès les origines de l'histoire, ce métal était connu en Egypte, puisqu'on a trouvé une barre de fer maçonnée dans l'intérieur de la pyramide de Chéops ; mais, soit par méfiance, relativement à un objet d'invention moderne, soit par crainte des dieux lanceurs de météorites, les Egyptiens considéraient le fer comme impur ; c'est avec une arme de ce métal que Typhon aurait tué Osiris, et la rouille qui, sous un climat moite, ronge promptement le corps métallique, était tenue pour le sang épaissi du Dieu. Un de ces très anciens outils fabriqués en fer météorique a été retrouvé par Schliemann dans les ruines de-Troie[44]. Mais déjà ces divers travaux du mineur et du forgeron permettent de déterminer, dans la plupart des civilisations locales, un âge assez rapproché des siècles connus ou du moins entrevus par l'historien : les archéologues cherchent à en fixer les dates et ce travail leur est de plus en plus rendu possible par les multitudes de documents qui s'amassent dans les collections. Ainsi Glasinaï, en Croatie, nous fournit des objets par vingtaines de mille en pierre, en bronze et en fer.

Les progrès industriels de toute espèce qui se sont accomplis pendant la période préhistorique, dépassant certainement de beaucoup en importance tous ceux qu'enregistra l'histoire proprement dite, devaient naturellement solliciter la passion, la joie artistique de l'ouvrier, et par conséquent faire naître l'art, compagnon nécessaire du travail libre.

En ces premiers âges, où les classes n'étaient point encore séparées, où le grand corps social n'avait que partiellement différencié ses organes, l'art n'avait probablement pas encore ses adeptes spéciaux vivant en dehors de la communauté. Chacun était son propre décorateur, chacun son propre artiste, de même que, pour tous les besoins de l'existence, chacun était son propre fournisseur, et dans le danger son propre champion.

Quand le primitif se trouvait aux aguets dans la brousse, attendant une proie pour la percer de ses flèches, ou qu'il rampait à travers les herbes et les branches pour surprendre le gibier au repos, que de fois il dut voir des tableaux saisissants qui se gravèrent fortement dans sa mémoire : le puissant félin avançant

CHAPITRE IV

prudemment la griffe et montrant ses crocs prêts à la morsure ; le pachyderme entourant un arbre de sa trompe et le déracinant du sol ; le cerf dressant orgueilleusement sa haute ramure dans les clairières de la forêt.

D'après une photographie (*Muséum d'Histoire naturelle*).

FORGERONS NÈGRES DU SÉNÉGAL

Quand il rêvait le soir, auprès des tisons aux lueurs soudaines, ces fortes impressions apparaissaient de nouveau, et, pour se les remémorer ou pour les figurer à d'autres, il les reproduisait par le dessin.

Un fragment de silex lui servait à graver la scène sur le manche ou la poignée de son arme, dont le prix se trouvait ainsi augmenté infiniment. Mais ce prix était tout moral à cette époque. L'art, sincère et désintéressé, était par cela même le grand art. L'artiste n'avait appris à travailler que pour sa propre joie et pour celle des proches : il sculptait des figurines pour la femme qu'il aimait et suspendait au poteau de la cabane l'effigie de l'aïeul ou de l'animal tutélaires. Ainsi, l'art était issu des conditions mêmes de la vie et n'avait point des « surhommes » pour créateurs, comme se l'imaginent volontiers des artistes contemporains, un peu trop gonflés eux-mêmes de leur propre valeur et désireux de rester à l'écart d'une foule méprisée. Les initiateurs furent des initiés de la nature, non des mortels d'origine distincte, appartenant à un monde « supraterrestre »[45].

Tout changement de faune ou de climat avait pour conséquence un changement dans l'industrie : ainsi, la civilisation éburnéenne fut vraiment artistique, les défenses de mammouth fournissaient au sculpteur une matière incomparable (Piette).

Dans les moments de loisir que lui donnaient la recherche du gibier et la satisfaction de la faim, l'homme dut chercher aussi d'autres manifestations de l'art que la sculpture ou la gravure de la corne, de l'os, du bois ou de la pierre : des couleurs, l'ocre rouge ou jaune, le jus épais de certains fruits se trouvaient à sa disposition et il sut en profiter également pour peindre sur les parois unies des rocs les objets qu'il voyait ou les formes qui plaisaient à ses yeux.

Il n'est guère de peuples primitifs qui n'aient eu recours à la peinture pour satisfaire leur penchant de l'art ou bien — utilitairement — pour faire savoir à des alliés ou à des frères les faits qu'il était nécessaire de connaître pour l'avantage commun. Toutefois, la plupart de ces peintures, exposées aux influences destructives des météores, à la pluie, au vent, au soleil, au gel et au dégel du roc, n'ont pu se maintenir pendant la durée des âges, et presque toutes se sont effacées ou écaillées, tandis que les objets sculptés ou gravés se conservaient comme en un écrin sous les amas de terre ou de pierrailles. Il est des contrées où le manque de rochers offrant des pages nettes au pinceau de l'homme et l'extrême humidité empêchèrent les naturels de pratiquer l'art de la peinture, et, dans ce cas, ils perpétuaient leurs pensées ou transmettaient leurs messages aux passants par l'entaille de marques sur les arbres ou par l'entremêlement des branches, mais, de toutes manières, l'art et le besoin de parler à distance se donnaient satisfaction.

Dans la période rapprochée de nous, des tribus, que d'ordinaire on cite volontiers comme des exemples de peuplades à civilisation presque rudimentaire, furent précisément, grâce à la sécheresse du climat et à la fréquence des saillies rocheuses, au nombre des groupes humains ayant recours à la peinture.

CHAPITRE IV

UN CAFRE ET SES ORNEMENTS
D'après une photographie.

Sur les bords du Glenelg, dans l'Australie nord-occidentale, l'illustre George Grey a vu de véritables tableaux en plusieurs tons — blanc, noir, jaune, rouge, — revêtus d'une gomme formant vernis ; mais l'art indigène a maintenant disparu puisque les artistes eux-mêmes ont été massacrés.

De même, on ne voit plus guère dans l'Afrique méridionale de peintures restées en place sur les rochers noircis, — les œuvres ont péri avec la race des artistes, Sañ ou « gens de la brousse » (Bosjesmannen, Bushmen); — mais plusieurs de ces œuvres d'art ont été transportées dans les musées de Maritzburg et de Bloemfontein, et des reproductions s'en trouvent dans les importantes collections d'Europe. La plus grande de ces compositions comprend trente-

Élisée Reclus

huit figures d'hommes et d'animaux, peints en quatre couleurs. La scène, très vivante, présente une razzia de troupeaux faite par les Bosjesmannen, que poursuivent des Cafres armés de boucliers et de sagaies : les Gens de la brousse ont des arcs et des flèches, et, d'après le tableau, paraissent s'en servir avec succès ; tout semble indiquer qu'ils remporteront la victoire[46].

Le sculpteur, le dessinateur vivait avec son œuvre. Le bateau qu'entaillait l'Océanien, le pilier généalogique de l'Indien était le compagnon d'existence de celui qui l'avait conçu : c'était véritablement de l'art et non point du commerce comme tant de « commandes » de nos jours.

Dans ses diverses manifestations, la peinture, de même que la gravure et la sculpture, devait servir à plusieurs fins. Elle fut d'abord le besoin de vivre avec la nature ambiante, de la faire rejaillir de soi-même après l'avoir conquise, elle fut aussi le récit des événements, soit pour le cercle étroit de la tribu et pour une courte période de la vie, soit pour constituer de véritables annales pendant une longue durée de temps. En outre, la peinture, tout particulièrement sur les peaux ouvrées par les sauvages de l'Amérique du Nord, fut parfois une simple nomenclature, un moyen de comptabilité, comme l'emploient encore en beaucoup de pays civilisés les boulangers et fournisseurs quotidiens. Les formes peintes ont aussi très souvent un sens symbolique et se rapportent aux imaginations du peuple relativement à l'au delà. Enfin, il est très probable qu'en beaucoup de circonstances les figurations diverses pratiquées sur les peaux et les rochers constituent une véritable écriture idéographique ; elles doivent, à ce point de vue, être spécialement étudiées comme expression du langage.

D'après l'archéologue Piette, grand fouilleur de cavernes, les peintures de l' « assise à galets coloriés » que l'on trouve dans les couches préhistoriques de la grotte du Mas d'Azil, succédant immédiatement à celles de l'âge du renne, n'auraient été que des espèces d'hiéroglyphes : ce sont pour la plupart des bandes et des cercles de couleur rouge, qui paraissent avoir indiqué des nombres et représentaient aussi des faits et des idées[47].

CHAPITRE IV

COMMENT LES INDIGÈNES DE NEU-LAUENBURG
(ARCHIPEL BISMARCK, MÉLANÉSIE ALLEMANDE)
REPRÉSENTENT LES FANTÔMES
D'après une photographie.

De même, les inscriptions gravées sur les rochers du val d'Inferno et du val de Fontanalba, inscriptions qui avaient valu à des lacs voisins le nom de « lacs des Merveilles », n'ont laissé aucun doute dans l'esprit de ceux qui les ont déchiffrées : les images gravées, qui représentent des instruments, des animaux, des travaux d'agriculture, et qui témoignent des mœurs paisibles de cette antique population des montagnes, ne constituent pas seulement un ensemble artistique des plus intéressants, il faut y voir également une espèce d'écriture symbolique[48].

Ainsi que le fait remarquer très justement von Ihering[49], l'écriture naquit avec la propriété du bétail. Les marques de couleur sur la peau du bœuf vivant furent les premiers signes d'écriture, et les premières tablettes à écrire se promenaient vivantes dans la prairie. L'application de la marque sur l'animal en liberté conduisit à l'emploi de la peau du bœuf mort pour y reporter des faits qu'on tenait à se rappeler. Le cuir se revêtit de documents scripturaux : on y consigna les traités entre nations, on y écrivit des lois. De ces grossiers matériaux, qui servirent aux premiers Juifs, aux premiers

Phéniciens, aux premiers Romains, naquit plus tard l'usage du parchemin chez les lettrés de Pergame.

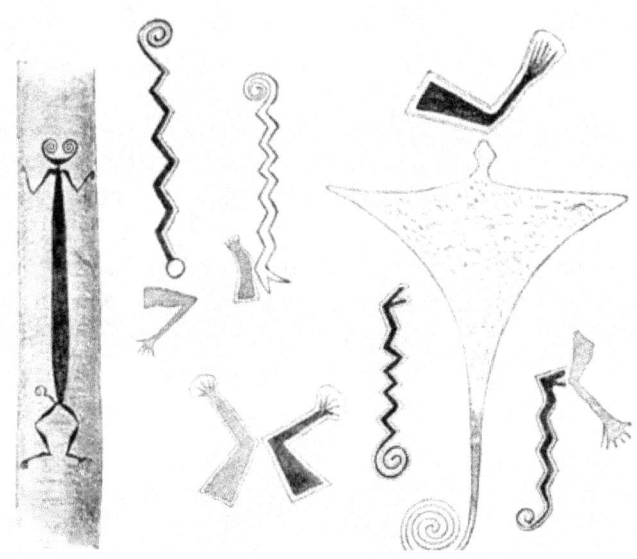

D'après une photographie.

DESSINS ET PEINTURES PRIMITIVES DE NEU-LAUENBURG (ARCHIPEL BISMARCK, MÉLANÉSIE ALLEMANDE).

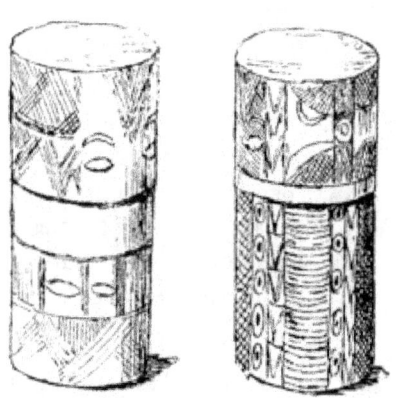

BOITES EN IVOIRE SCULPTÉ (OGOWÉ)
Congo français.

CHAPITRE IV

Indirectement, les œuvres d'art laissées par nos devanciers de la préhistoire ont aussi contribué à nous faire connaître quelques traits de la civilisation pendant ces âges lointains. On peut y apprendre vaguement quels étaient les types physiques des personnages mis en scène ; on peut même essayer de les classer suivant leurs types et de les rattacher à telle ou telle des races désignées conventionnellement comme les éléments distincts du genre humain. Ainsi, pendant la première période « glyptique », aux temps où de nombreux éléphants parcouraient les campagnes verdoyantes, au bord des lacs et des rivières et jusque dans les hautes vallées que venaient d'abandonner les glaces, fondues par le souffle tiède du midi, les artistes ciselaient volontiers l'ivoire de figurines de femmes ; une de celles-ci semble velue, d'autres présentent peut-être des caractères stéatopygiques comme les « Vénus hottentotes »[50].

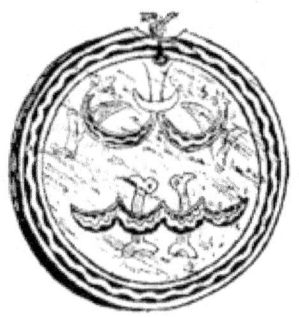

COQUILLAGE DES ILES SALOMON
dans lequel sont sculptés
des ornements représentant un
visage : les yeux sont formés
par deux têtes d'oiseaux et les
dents par leurs ailes.

À une époque ultérieure, les populations des temps magdaléniens auraient eu un type plus rapproché de celui des habitants actuels. Mais leurs sculptures, très grossières et incomplètes, ne sauraient fournir des indications bien précises, et nombre d'anthropologistes font leurs réserves au sujet de cestentatives d'identification entre les races préhistoriques et les races actuelles.

UNE HUTTE DÉCORÉE DANS LE VILLAGE D'APATOE (INDE NÉERLANDAISE)
D'après une photographie hollandaise.

A n'en juger que par leur industrie et le genre d'existence qu'elle révèle, les « Magdaléniens » de la Vézère et de la Dordognc paraissent avoir tellement ressemblé aux Lapons et aux Eskimaux ou Innuit de nos jours que plusieurs savants ont été tentés de voir dans ces habitants de la Scandinavie septentrionale et du « Grand Nord » américain les descendants des populations préhistoriques de la Gaule. Refoulés sans cesse vers le nord par le changement de climat qui fondait les glaces et les neiges, les Magdaléniens, reste unique de nations jadis considérables, auraient suivi les rennes vers les régions polaires, dont les contours géographiques, différant alors des linéaments actuels, facilitaient le passage de l'un à l'autre continent. Ludwig Wilser, le célèbre auteur des *Germanen*, nous expose comment, d'après lui, les hommes de Cro-Magnon, refoulés

CHAPITRE IV

dans la Sandinavie méridionale, y reçurent le baptême fortifiant du climat et se transformèrent en une race essentiellement privilégiée, celle des Aryens, qui depuis ont civilisé le monde[51].

L'étude des anciens ivoires permet aussi de constater quels étaient le gibier du primitif et ses associés parmi tous les animaux que sculpta ou grava le silex des artistes. Ainsi l'on apprend qu'à l'époque de Solutré, encore pendant la période paléolithique, ou de la pierre non polie, le cheval était domestiqué, du moins comme animal de boucherie, puisqu'on le représente avec son licou, d'abord en sculpture, par bas-relief, puis en traits gravés.

Plus tard, à l'époque tarandienne, lorsque le climat fut devenu plus humide et que la durée des neiges eut fait abandonner le cheval, on domestiqua le renne. Enfin, quand les pluies succédèrent aux neiges, les aborigènes apprirent à dresser une espèce de bœuf, revêtu d'une couverture ou ceint d'une large sangle[52].

A côté de la peinture proprement dite, qui représentait des personnages et des objets de la nature environnante, les primitifs pratiquaient aussi la simple décoration au moyen de figures diverses, de couleurs en teintes plates, de lignes droites ou courbes, simples ou entrecroisées. A cet égard, on constate chez les tribus un développement artistique plus ou moins grand, suivant le nombre des formes d'ornement qu'elles ont su découvrir. Ainsi, les Australiens primitifs ne s'étaient pas élevés jusqu'à la connaissance de la spire ou de la grecque[53]. Les nègres non influencés par les musulmans ignorent aussi les spires et les volutes, tandis que les Polynésiens et les Américains, même ceux qui, par la civilisation générale, sont très inférieurs aux Africains, possèdent un art d'ornement d'une évolution très avancée. Les sauvages de la Guyane et de l'Amazone connaissent la spire et la grecque, se plaisent aux figures polygonales, savent enchevêtrer les formes, les occulter, les inscrire les unes dans les autres, d'une manière très complexe. Au moyen de l'alternance et du double plan de symétrie, ils obtiennent des dessins qui plaisent au regard autant que l'art arabe[54].

Ainsi qu'on eût pu l'affirmer d'avance, la grande variété des formes extérieures, dans le monde des plantes, des oiseaux, des insectes, des coquillages, contribue singulièrement à développer le goût artistique des indigènes. Les Papua de la Nouvelle-Guinée, baignés dans ce milieu de la plus somptueuse nature, savent orner merveilleusement leurs outils et leurs cabanes, de manière à passionner les anthropologistes[55].

MUSICIENS DES BA-GOBO
D'après une photographie.

A l'époque de la Madeleine, celle que les préhistoriens citent le plus fréquemment pour ses productions d'art, les éléments géométriques de l'ornement sont encore assez frustes. Les grands progrès commencent à se manifester avec l'époque du bronze.

Parmi les instruments que l'on trouve dans les fouilles des demeures primitives et qui subsistent encore chez les attardés, il

CHAPITRE IV

en est plusieurs qui leur permettaient de charmer leurs loisirs par la musique, accompagnée du rythme des mouvements corporels et des pas, mais on n'a trouvé dans les grottes qu'un seul instrument musical proprement dit, le sifflet[56]. Encore pour les origines de cet art, nous avons à remonter jusqu'au monde des oiseaux, dont quelques-uns sont si merveilleusement doués pour le chant, et dont plusieurs genres au moins, entre autres diverses espèces de grues, pratiquent fort gracieusement la danse. Nous savons que maints animaux sont très sensibles à la musique sous ses diverses formes, même de simple mesure, et que plus d'un prisonnier a pu, de cette manière, charmer des araignées, des rats, d'autres compagnons de sa captivité. Par les douces modulations de la voix, du sifflet et les instruments à vent, l'homme attire les serpents et les fait se balancer rythmiquement sur la queue. La bruyante musique militaire entraîne les chevaux comme les hommes, et, d'après les Mongols, un violoniste qui tire de son instrument des sons plaintifs fait couler des larmes de l'œil du chameau[57]. Les Dayak de Bornéo, très méprisés de leurs voisins musulmans, ont un sens de la musique très développé.

Nulle légende n'est plus vraie que celle d'Orphée, dont la lyre évoque les fauves hors de leurs retraites, les change en fraternels compagnons des hommes, et va jusqu'à faire surgir la vie dormante de la pierre pour façonner les blocs en murailles qui, d'elles-mêmes, se juxtaposent et s'érigent en cités. Orphée est bien une personnification de l'art aux âges préhistoriques, et nous pouvons attester en toute certitude que sa lyre a plus fait pour les progrès du genre humain que la massue d'Hercule.

Nous ne savons point ce qui reste de ces époques lointaines, mais on ne saurait douter que les airs sifflés par le paysan menant ses bêtes à l'abreuvoir et la plupart des rythmes de campagne auxquels on adapte de nouvelles paroles, de siècle en siècle, de pays en pays, sont un héritage des temps antérieurs à l'histoire. Et que sont les chants, sinon les modérateurs des passions, les ordonnateurs de la vie journalière, les régulateurs de la pensée et des actes ? Avec la danse, la pantomime, les contes aux formes traditionnelles, les chants furent partout le commencement de la littérature ; par eux, l'humanité fut initiée aux arts.

Depuis les premiers âges, la musique, dont les progrès ont été si

Élisée Reclus

merveilleux dans l'expression des sentiments et dans l'évocation de l'idéal humain, a pourtant beaucoup perdu comme adjuvant du travail dans toutes les occupations ordinaires de la vie. A peine si l'on chante encore çà et là pour quelques travaux de force, tels que le virage du cabestan, à bord des grands navires, ou le pétrissage du pain en quelques boulangeries de province ; presque partout, le rythme des pistons, des bielles et des roues a remplacé le chant de l'homme, le jeu de la flûte ou du violon. La femme ne chante plus en tournant son fuseau : le ronflement des machines couvrirait maintenant sa voix dans le bruit de la filature, et dans l'atelier silencieux, rien ne doit « distraire » l'ouvrière courbée sur sa tâche.

Autrefois, les opérations douloureuses étaient accompagnées d'une cantilène qui endormait la souffrance : le tatouage, la circoncision, l'infibulation faisaient moins souffrir le patient, grâce à la douceur des voix cadencées[58], et, pendant les cérémonies funéraires, les lamentations rythmées des pleureuses, s'élevant et s'abaissant tour à tour, berçaient et calmaient le désespoir ou l'amertume du deuil. Souvent la musique ne servait qu'à endormir la pensée, à changer l'état conscient de l'homme en une vague inconscience, ne laissant que la douce impression de vivre. C'est ainsi que, pendant des heures, le nègre bat son tamtam ou sa marimba. L'indigène avertissait ainsi ses amis lointains ; il s'entretenait avec eux, sachant que le coup de son tambour était compris là-bas, par un camarade ou par son amoureuse[59].

Lorsque les missionnaires jésuites, profonds connaisseurs du cœur humain, remontaient ou descendaient les fleuves de l'Amérique, ils chantaient constamment, à la cadence des rameurs, leurs hymnes les plus véhéments et les plus harmonieux, dans l'espérance que les Indiens, cachés dans les fourrés de la rive, seraient touchés par le charme de leurs voix : l'œuvre de conversion qui aboutit à la fondation de la communauté théocratique du Paraguay commença par des chants que renvoyait de grève en grève l'écho des solitudes fluviales. Et depuis cette époque, combien de voyageurs, que leurs armes perfectionnées n'eussent pas sauvés, ont-ils dû la vie à leur boîte à musique, à leur accordéon ou même à leur simple guimbarde[60] !

Wo man singt, da lass dich ruhig nieder,
Böse Menschen haben keine Lieder[61].

CHAPITRE IV

Quand les nègres esclaves eurent été transportés dans les plantations américaines, amenés de toutes les parties de l'Afrique, et parlant les idiomes les plus divers, ils perdirent bientôt l'usage des accents maternels, et même entre eux, ils furent obligés d'employer la langue de leurs maîtres ; de même, ils se trouvèrent sans voix dans leurs rapports avec les indigènes du Nouveau Monde, aux lieux où ceux-ci n'avaient pas été entièrement exterminés. La haine, l'horreur même séparèrent les représentants des deux races, noire et rouge ; entre opprimés, les rancœurs naissent facilement : on aime à se venger des outrages du puissant sur le compagnon de souffrance. Néanmoins, une réconciliation inconsciente se fit en mainte contrée d'Amérique entre les deux races, grâce à la musique. En dépit de l'aversion d'homme à homme, les instruments africains se répandirent en peu d'années jusque dans les peuplades perdues en apparence au milieu des selves primitives ; de proche en proche, le tam-tam et la marimba avaient réconcilié les hommes que la différence de peau, plus encore que la guerre, avaient fait s'entre-haïr. Les *ladinos* du Guatemala, que l'on étonnerait fort en leur disant que le jeu de l'instrument leur fut enseigné par des noirs méprisés, ne jouent pas moins éperdument que les nègres du Congo, quoique avec une physionomie moins heureuse. « Le génie artistique, nous dit Gobineau, est né de l'hymen des blancs avec les noirs ».

Mais, ainsi que nous le démontre l'économiste Karl Bücher dans son mémoire sur le « Travail et le Rythme », la musique, la danse ont fait bien plus encore : en rythmant le travail, elles ont entraîné le travailleur, elles l'ont encouragé à bien faire, elles lui ont donné la gaieté créatrice qui renouvelle incessamment l'initiative et l'énergie. C'est comme facteur économique surtout que le rythme musical eut de l'importance dans l'histoire de la civilisation. Qu'on en juge par les survivances dans les travaux de formes primitives, en ce siècle de machines, où l'ouvrier devient le serviteur du bois et du métal au lieu de leur commander. Le bon travailleur accomplit toujours sa besogne avec rythme et mesure.

Élisée Reclus

MUSICIENS SOUDANAIS

Le forgeron prend sa joie à laisser tomber et retomber en cadence son marteau sur l'enclume ; le menuisier plante ses clous et rabote ses planches à temps égaux : le tonnelier fait résonner ses barriques comme des tambours, le boulanger pousse son « han » à intervalles rythmés. Déjà l'homme isolé s'excite au travail et s'enivre par le son mesuré, régulier de son outil ; même le bruit léger, presque imperceptible que font les aiguilles à tricoter et jusqu'au mouvement d'un objet silencieux, mais brillant, suffisent pour donner de l'animation au travail, pour en faire une fonction normale de la vie.

Combien plus grand est l'effet du rythme, quand plusieurs personnes, unies pour une besogne solidaire, ajoutent au bruit

CHAPITRE IV

mesuré les sons de leurs instruments de travail. Alors, nul parmi les ouvriers ne peut se soustraire à l'effort commun ; les muscles se rendent par l'appel même de la cadence ; on travaille ensemble et l'on ne peut se reposer qu'ensemble. Les paveurs accordent toujours les alternances de leurs pilons de fer ou de bois, et c'est par une assimilation des plus naturelles qu'ils leur donnent le nom de « demoiselles » comme s'ils se balançaient avec de belles filles sur le pavé retentissant. Et les batteurs en grange, que bientôt on n'entendra plus, même dans les coins les plus écartés de l'Europe, n'avaient-ils pas imaginé, dans la succession de leurs coups de fléau, toujours trois par trois, un accord des plus doux à l'oreille, se mariant admirablement avec tous les autres bruits de la nature, et, surtout dans le Midi, avec le chant des cigales ?

Sur les rivières, sur l'Océan, les rameurs plongent leurs avirons et les retirent de l'eau en un parfait ensemble, réglé par les mouvements de celui qui tient la barre, et, sur les navires, les haleurs de câbles, les vireurs de cabestan unissent l'effet harmonique des voix à l'effort solidaire des muscles pour doubler leur force collective. Les cris, les soupirs, les sons brefs et les notes filées alternent et se succèdent harmonieusement, parfois se développent même en véritables chants. Actuellement, les cultivateurs de la terre, en Orient, bêchent ou piochent le sol par bandes et se servent de leur outil suivant une mesure que réglaient autrefois la flûte et le tambour, le chant ou la danse d'une jeune fille, dans les époques de liberté joyeuse, ou bien le fouet, le bâton, la courbache, aux âges des oppressions assyriennes ou pharaoniques.

Enfin, on mesure la marche du soldat par la chute du pas, le balancement du corps, le jeu alternatif des muscles : c'est un proverbe militaire souvent mis à l'épreuve, que les soldats gagnent les batailles non par leurs armes, mais par leurs jambes. On sait aussi que les animaux porteurs de sonnailles sont beaucoup plus résistants à la fatigue que les autres : la musique du cuivre qui résonne les aide au travail autant que la fierté d'avoir été choisis par l'homme comme conducteurs de troupeaux ou d'attelages ; l'âne qui tintinnabule au-devant des chevaux est, lui aussi, quelque peu un Tyrtée. Ainsi l'on constate partout l'influence heureuse de ce pouls du travail donné par la mesure, les sons alternants et la musique. Et, par les voies inconscientes de la vie, cette cadence est

Élisée Reclus

déterminée sans doute par un autre pouls, le rythme artériel, le battement du cœur qui met en activité l'organisme comme le va-et-vient du piston dans la machine à vapeur.

Cliché du *Globus*.
MALAIS DE L'ÎLE PAGAÏ ET SES ORNEMENTS FESTIFS

Le primitif appliquait aussi l'art à sa propre personne. Il existe des peuplades qui ne portent point de vêtements, mais on n'en a jamais rencontré qui n'aient pas souci d'orner leur corps : si l'humanité comprit çà et là des êtres isolés qui n'aient point cherché à s'embellir, c'est évidemment parmi les maudits et les désespérés. Mais dans la vie habituelle, autrefois comme aujourd'hui, l'homme essaya toujours de plaire ou du moins de se complaire.

Il ne possède pas en son propre organisme des ressources semblables à celles de l'animal, oiseau, reptile ou quadrupède, qui se fait beau par des plumes ou des couleurs brillantes pendant

CHAPITRE IV

la période de l'amour. Les regards joyeux, le charme du sourire, l'air de force et de santé ne lui suffisent pas : il lui faut encore des parures, des ornements extérieurs ; certainement, les primitifs ont un souci au moins aussi grand de l'embellissement de leur personne que les fats de la société civilisée ; il leur arrive souvent de passer de longues heures à soigner l'édifice de leur chevelure, et la mode pour le choix des plumes, des épines, des graines, des verroteries, des étoffes qui brilleront sur leur corps les passionne souvent bien plus que la chasse ou la guerre.

Cliché du *Globus*
HOMME TATOUÉ DE MOGEMOK
(ILE MACKENSIE, CAROLINES)
(Devant)

Avec quelle fierté naïve s'étale et se déploie le sauvage pour montrer

Élisée Reclus

dans tout leur éclat les belles couleurs, vives et contrastées, dont ses membres sont revêtus ! Les terres graisseuses, les argiles, les ocres, et, dans les régions tropicales, surtout l'Amérique du Sud, les fruits qui teignent le corps, tels le génipa et le roucou, sont, parmi les objets de trafic, les plus recherchés. Les ornements et les peintures ne diffèrent pas seulement avec les matériaux que fournissent certains pays, mais aussi suivant la forme des chevelures et la couleur des visages : les artistes jugent avec une coquetterie savante de l'effet produit par leurs artifices.

Aux moyens extérieurs de se rendre beaux, ou, suivant les occasions, formidables d'aspect, les primitifs ajoutaient et ajoutent encore, en maintes contrées, les marques indélébiles du corps, blessures, entailles, scarifications ou suppression de membres, tatouages, peintures et dessins. Le désir de plaire ou de terrifier ne fut pas la seule raison de ces souffrances volontaires, de ces tortures même et de ces mutilations : la plupart des tribus et, dans ces tribus, chaque personne avaient également à préciser leur individualité, à revendiquer leurs origines, à proclamer leur gloire, à dire leurs ambitions, à s'éterniser dans la mémoire des siècles.

L'homme policé de nos jours a son passeport, son livret ou ses insignes ; l'homme d'autrefois étalait ses titres à tous les yeux sur son visage ou sur son corps. D'ailleurs, en pareille matière, la distinction recherchée comportait le plus souvent un enlaidissement de la personne : de même que par forfanterie le civilisé pose pour le vice ou le crime, de même le sauvage tire vanité de ses mains auxquelles manquent des phalanges, de ses mâchoires brèche-dents, de ses lèvres distendues par de larges rondelles, ou des cicatrices de son front. Souvent aussi l'homme qui se défigure ou se mutile peut avoir des raisons autres que la vanité ou l'identification de sa personne : le deuillant sacrifie volontiers une partie de son corps à l'ami ou au parent qu'il a perdu, soit afin de le suivre dans l'inconnu, au moins par un fragment de son être qui ait vécu, soit pour se concilier l'esprit du mort revenant vers son foyer.

CHAPITRE IV

Cliché du *Globus*
HOMME TATOUÉ DE MOGEMOK
(ILE MACKENSIE, CAROLINES)
(Dos)

Plusieurs causes s'entremêlent conduisant au même but. C'est ainsi que les amulettes, destinées à protéger ceux qui les portent contre tout sortilège, sont en même temps des bijoux : le collier de corail que l'élégante mondaine dispose autour de son cou la défend certainement contre les esprits mauvais, mais il fait en outre valoir la blancheur de son teint et l'opulence de ses épaules.

Le tatouage, très grossier dans sa forme rudimentaire, tel qu'on le pratique encore chez maintes peuplades, est devenu un des arts le plus raffinés, mais seulement dans les contrées dont les populations peuvent, tout en progressant par l'intelligence et l'industrie,

Élisée Reclus

échapper à la tyrannie du vêtement. L'Eskimau n'est point tatoué parce qu'il est complètement couvert de fourrures.

Des traits, des lignes ou même simplement des points, puis des ronds et des croix, telles sont d'ordinaire les seules marques indélébiles introduites dans la peau par les artistes tatoueurs. Des fleurettes gravées sur le front, la joue, le menton, le bras ou le sein des jeunes filles sont de gracieux ornements qui témoignent souvent d'un art véritable.

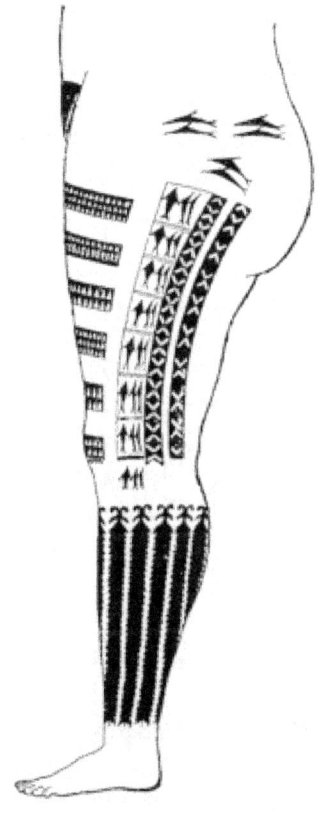

Cliché du *Globus*
TATOUAGE DE FEMME
MOGEMOK (CAROLINES)

CHAPITRE IV

Après avoir surmonté la première impression d'étrangeté, on ne peut s'empêcher d'admirer aussi des ensembles de dessins, grecques, losanges, entrecroisements de cercles et de triangles, s'harmonisant d'une façon merveilleuse avec la stature des individus, hommes et femmes, de certaines peuplades africaines, dans la partie occidentale du continent. Le triomphe du tatouage est celui que nous présentent, en un style bien distinct mais au moins aussi intéressant, les insulaires de plusieurs archipels polynésiens et les Japonais. On se demande pourquoi le tatouage est arrivé à sa perfection artistique en ces îles océaniques, pour la plupart de faible étendue et, par conséquent, privées d'une population dense où pussent naître spontanément de véritables écoles.

Tout d'abord, on reconnaît que l'ancienne zone d'extension de cet art comprenait seulement les parages tropicaux de la Polynésie où les arbres à fruits, les plantes alimentaires et les poissons fournissent une nourriture très abondante et où l'artiste jouissait, par conséquent, de longues heures journalières pour la continuation de son travail : le loisir dans une belle et féconde nature, qui donnait à l'homme la force, l'adresse et la beauté, laissait à l'ingénieux travailleur, libéré du travail force pour l'existence, le temps nécessaire pour entreprendre sur le patient, également sans souci du lendemain, une œuvre destinée à durer pendant des années, souvent même pendant toute la période de la jeunesse. La longue et pénible opération pouvait mettre quelquefois la vie en danger, mais en mainte terre océanique, on n'était homme, on n'était femme qu'à ce prix : nulle main impure, c'est-à-dire non tatouée, n'aurait pu servir le repas ; nulle figure restée naturelle n'eût commandé le respect. Le tatouage était devenu pour l'homme le symbole de la liberté.

Et vraiment, le Maori, le Marquisien, superbement tatoués, présentaient un beau spectacle de nudité fière, tout historiés, sur le fond rouge du corps, de traits bleus qui se développaient en courbes élégantes, différant partout en dessin suivant la forme du relief, ici accusant les traits, ailleurs adoucissant les contours, ajoutant la noblesse et la grâce au bel équilibre des deux moitiés correspondantes de la personne, pour lui imposer une anatomie nouvelle, de nature à frapper le regard.

Élisée Reclus

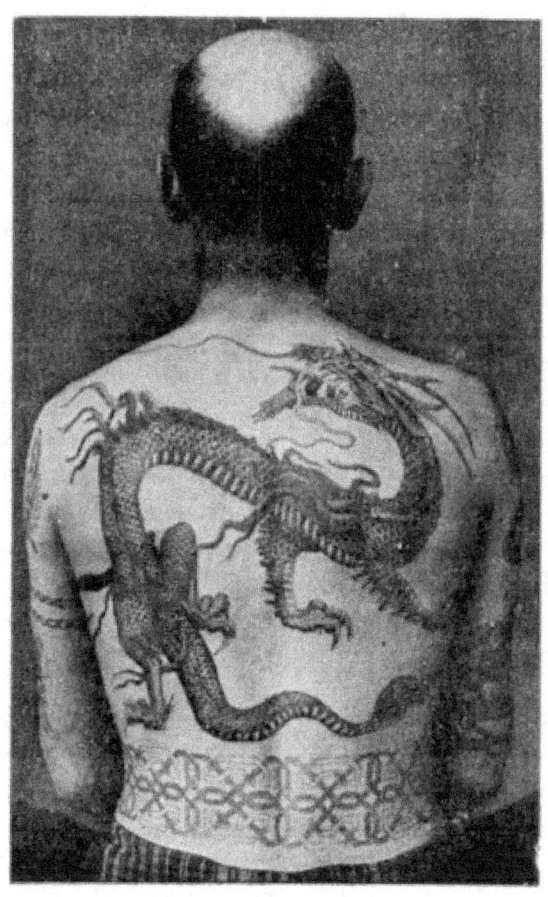

TATOUAGE JAPONAIS
SUR LE DOS D'UN SOLDAT ANGLAIS
D'après une photographie.

Chez le Japonais, qui sans doute est partiellement d'origine océanienne, le tatouage, modifié suivant le modèle de la peinture nationale, a pris un caractère tout différent de celui des Polynésiens : il s'est affranchi de la symétrie que semblent commander les formes harmoniques ou plutôt il a subordonné la géométrie corporelle pour faire valoir par elle l'unité de son dessin et former un tableau saisissant d'imprévu, où serpentent librement les dragons, où l'on entrevoit des oiseaux et des visages féminins à travers les

CHAPITRE IV

branchages fleuris. Le tatouage, presque disparu de la société contemporaine qui se respecte, ou du moins caché lâchement sous des habits, était un véritable vêtement répondant au génie de l'individu, et ne subissant l'influence de la mode que d'une génération à l'autre. Mais cette vêture incorporée à la personne devait évidemment perdre toute son importance dans une société nouvelle ayant adopté l'usage d'un vêtement extérieur, mobile, facile à changer d'un moment à l'autre, suivant les alternances de la température, la différence des occupations, les caprices et les passions de l'individu. Les traits gravés sur le corps étaient faits pour être vus, pour provoquer l'admiration, l'amour ou la terreur ; il est donc naturel qu'on ne se soit plus donné la peine et qu'on ne se soit plus soumis au danger de tracer sur son corps des images destinées à rester ignorées. Le tatouage devait fatalement tomber en désuétude, dès les temps préhistoriques, chez tous les peuples ayant pris l'habitude d'endosser des fourrures ou peaux, des chlamydes, toges, robes et chausses ; il ne pouvait se maintenir qu'à l'état de survivance, comme signe de caste ou de confrérie entre gens qui ne veulent pas révéler à tous l'association de laquelle ils font partie, comme passeport auprès d'amis lointains, ou comme attestation symbolique de quelque vœu de colère ou d'amour ; c'est ainsi qu'il s'est maintenu jusqu'à nos jours chez les Bosniaques du culte catholique, ainsi que chez les pèlerins de Loreto[62], peut-être parce que chez eux le tatouage conventionnel comprend toujours une croix[63]. Mais l'origine de cette coutume, bien plus ancienne que le Christ, se rattache aux religions de la nature ; on ne s'y soumet qu'avant le solstice du printemps et quand on est entré dans l'âge de la puberté.

En perdant son caractère de grand art, honoré de tous, pour devenir une pratique de mystère et même de vanité méprisable, le tatouage doit nécessairement s'avilir peu à peu et reprendre les formes rudimentaires de son début. Il n'est plus ce qu'il fut dans ses beaux jours, l'histoire de la race et la célébration joyeuse de son idéal[64]. Quand un individu commettait un acte jugé contraire à l'honneur, on barrait le tatouage par des marques de félonie. Les insulaires de Tobi (Lord North), dans l'archipel des Palaos, à peu de distance des Moluques, tatouent leurs prisonniers : c'est ainsi que graduellement se perdent le sens tribal et la religion du tatouage.

Élisée Reclus

La vêture extérieure, remplaçant les ornements gravés sur la peau, devait, pour une forte part, rendre à l'homme le même service, celui de l'orner, de satisfaire sa vanité personnelle et de le signaler à l'admiration de tous. Cependant la plupart des moralistes, obéissant aux préjugés du temps actuel, et les transportant dans le passé, se sont accordés à voir dans un sentiment de pudeur la raison première des habillements de toute espèce que portent les hommes[65] ; à cet égard, ils acceptent la légende de la Bible, qui nous montre le premier couple humain vivant au paradis dans sa belle nudité, puis s'habillant de feuilles aussitôt après avoir mangé un fruit qui donne la connaissance du bien et du mal[66].

CANAQUE
DE LA NOUVELLE-CALÉDONIE
EN COSTUME DE FÊTE
D'après une photographie.

Si tel avait été réellement le mobile auquel obéit l'homme en couvrant son corps, pourquoi nombre de peuples primitifs, Australiens, Mincopi, Botocudo[67], montrent-ils leur nudité sans honte ? Et pourquoi chez tant de peuples, naguère chez les Juifs,

CHAPITRE IV

tout récemment encore chez les Ethiopiens et les Galla, le grand trophée de guerre était-il la dépouille virile du guerrier ? Et surtout pourquoi d'autres sauvages décorent-ils leurs formes naturelles de franges, de coquillages, de perles et de graines rouges, de verroteries, attirant ainsi l'attention au lieu de l'écarter ? Pourquoi les Canaques de la Nouvelle-Calédonie et autres insulaires mélanésiens, pourquoi les Cafres de Lourenço-Marquez n'avaient-ils ou n'ont-ils encore d'autre pièce de vêtement qu'une simple enveloppe à l'extrémité du membre viril, soit un fourreau de feuilles pointues ou un petit turban d'étoffe, soit un coquillage ou une véritable boîte en bois, ou même, chez des Cafres riches, en ivoire ou en or[68] ? On comprend qu'en maintes contrées de brousses épineuses, le naturel ait à protéger soigneusement la partie sensible de son corps par une gaine ou un pagne, comme en portent presque tous les peuples sauvages ; mais on ne saurait considérer comme un vêtement protecteur, ni surtout comme un voile de pudicité, ces ornements succincts qui ne peuvent avoir d'autre résultat que de diriger les regards vers le sexe de l'homme. Quelques franges de couleur, un coquillage brillant attirent également l'attention de l'homme vers la femme. La puissance d'attraction des sexes l'un vers l'autre s'accroît naturellement en proportion des ornements qui cachent et révèlent en même temps l'homme à la femme et la femme à l'homme. La pudeur est faite pour être vaincue, et souvent s'agrémente de coquetterie : c'est l'histoire de la nymphe qui s'enfuit vers les saules, se cachant à demi, inconsciemment peut-être, pour exciter d'autant plus l'ardeur de l'amant qui la poursuit.

Toutefois il n'est pas un fait d'ordre social qui n'ait des origines multiples, et tel est le cas pour l'emploi du vêtement : suivant les circonstances, il a pu servir à détourner l'attention, tandis que d'ordinaire il sert à la fixer, et le monde animal nous fournit des exemples dans les deux directions. Si l'oiseau se pare pour attirer la femelle, la chienne s'assied, c'est-à-dire cache son organe sexuel, quand elle veut éloigner le mâle ; il est naturel que la femme se couvre aussi partiellement quand il lui convient de repousser les caresses de l'homme. La tendance à se vêtir doit aussi provenir, chez beaucoup de tribus, du dégoût que l'on éprouve naturellement à la vue des excréments, et qui doit se reporter vers la partie du corps qui fonctionne comme organe excréteur. On cache volontiers ce qui peut inspirer une certaine répugnance, et l'on remarque, en effet, surtout en Afrique où la stéatopygie est plus ample qu'ailleurs, la fréquente coutume qu'ont les femmes de voiler leur séant. Du reste, on comprend que la vue des organes de manducation, bouche, dent, langue, déchirant et suçant les chairs, puissent dégoûter aussi, et nombre de sauvages se garderaient bien de manger en public[69], peut-être aussi pour éviter qu'un mauvais esprit n'en profite pour entrer dans le corps[70]. Enfin, la pudeur et les vêtements qu'elle impose peuvent avoir pour origine le régime de la propriété, là où la femme appartient absolument à son maître[71]. C'est lui qui voile son esclave et, dans les contrées où cette appropriation complète de la femme est le mieux entrée dans les mœurs, dans l'Orient islamique, par exemple, c'est le visage que l'asservie doit surtout cacher : il importe de ne manifester ni expression, ni physionomie, ni pensée.

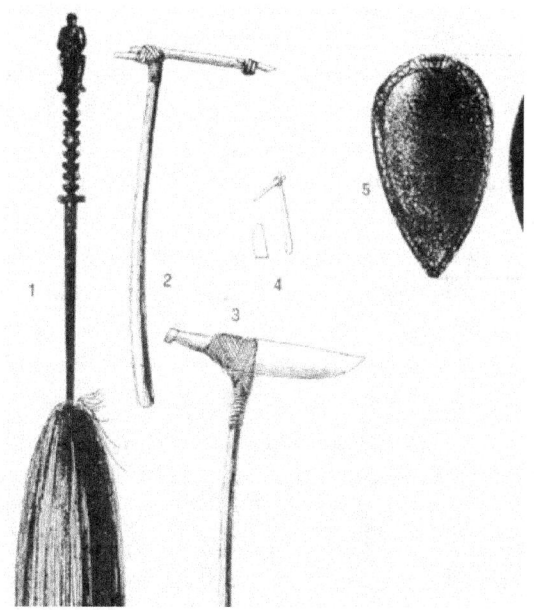

INSTRUMENTS USITÉS
AUX ÎLES DE LA SOCIÉTÉ ET RECUEILLIS
LORS DU VOYAGE DE *la Coquille*,1822-1825.

CHAPITRE IV

1. Chasse-mouches.	4. Instruments pour
2. Herminette en fer.	le tatouage.
3. Herminette en balsate.	5. Vase en bois.

Mais indépendamment de ces causes nombreuses secondaires ou indirectes, on peut admettre que le désir de plaire et, en deuxième lieu, celui de susciter la passion, furent chez les primitifs les causes premières de ce besoin d'ornements qui, pendant le cours des siècles, a créé le costume des peuples civilisés et fini par en recouvrir le corps entier, même par ne laisser paraître — ainsi chez les femmes musulmanes, entourées d'un véritable suaire — que la vague lueur des yeux. Ce n'est pas la pudeur qui fit naître le vêtement et lui donna ses dimensions actuelles, c'est au contraire l'ornement primitif et spécial du sexe qui localisa d'abord et développa la pudeur, évolution subséquente des conventions établies. La susceptibilité des sentiments, en grande partie factice, devint des plus aiguës en vertu de l'universalité de la coutume. Mais que la forme du vêtement change par l'effet de la mode, et la pudeur se déplace aussitôt[72]. La même femme qui découvre ses épaules et sa gorge dans un bal, tout en gardant sa modestie naturelle, mourrait plutôt que de se montrer ainsi devant les passants.

D'ailleurs, un sentiment analogue à celui de la pudeur proprement dite se manifeste dans toute occasion où l'usage commande. La femme lengua ou botocudo qu'on eût surprise sans disque labial se fût crue déshonorée, de même qu'un chambellan de nos jours apparaissant au milieu d'une fête officielle sans habit chamarré de décorations.

L'Indienne des bords du rio Negro, passant un jupon ou saya devant Alfred Wallace, était aussi honteuse que le serait une femme civilisée ôtant le sien en public. Dans l'archipel des Philippines, le nombril est le centre de la pudeur et ne doit jamais être découvert ; de même en Chine, il n'est pas convenable de parler du pied, et dans les peintures décentes il est toujours couvert par le vêtement ; on méprise les femmes qui laissent voir mollets ou genoux[73] ; en Espagne aussi, on doit le moins possible découvrir son pied[74].

Aux temps d'autrefois, l'homme surtout usait des ornements sexuels pour s'embellir, car dans cette société violente où chaque femme trouvait mâle qui la conquît, toutes étaient sûres de devenir épouses, tandis que l'homme, souvent devancé par d'autres ravisseurs de femmes, risquait fort de rester longtemps sans compagne ; il lui fallait plaire, se faire désirer à tout prix. De même que le coq se hérisse d'une crête rouge et bariole sa queue de plumes multicolores, de même le mâle humain cherche à se faire beau par des peintures d'ocre, de roucou, de génipa, par des franges et des étoffes brillantes, par des ailes d'aigle, des griffes d'animaux, des chevelures d'ennemis vaincus, des tatouages et des cicatrices.

N° 32. Vêtements d'Afrique.

(Voir page 234.)

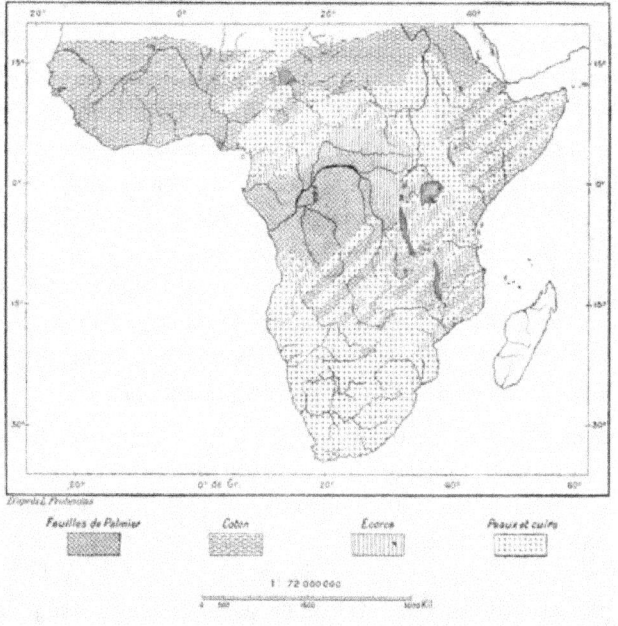

Dans l'île de Flinders, près de la Tasmanie, les naturels faillirent se révolter parce que les Anglais leur avaient interdit de se peindre d'ocre rouge mêlé à la graisse : « Vous nous rendez ainsi haïssables aux femmes »[75] ! clamaient les adolescents, morts depuis sans avoir jamais été sensibles à l'hygiène et à la propreté, telles que les comprennent les maîtres du pays, maintenant les seuls habitants.

De nos jours, ce n'est pas l'homme qui met le plus de zèle à s'orner, c'est la femme. Plus que le mâle, elle est exposée dans les pays civilisés à mener une vie solitaire ; c'est donc à elle à rechercher les étoffes soyeuses et délicates, les bijoux, les pierres éclatantes, de consacrer à sa toilette des heures nombreuses, et parfois même de soumettre son corps à de véritables tortures, dans l'espoir d'attirer les regards admirateurs.

Cependant il est des circonstances dans lesquelles, à n'en pas douter, l'homme prend vêtement ou couverture pour se garantir contre le temps. Dans les contrées où les pluies sont d'une abondance extrême, telles que la Papouasie et certaines parties du Brésil intérieur, le vêtement de l'indigène n'est d'ordinaire autre chose qu'un toit. Ainsi que l'a remarqué von der Steinen, le ruissellement des averses, entraînant les feuilles et les branchilles cassées des arbres, serait souvent un danger pour le naturel s'il ne protégeait sa tête et son torse par des cônes de feuilles sur lesquels l'eau et les débris glissent rapidement. A cette origine locale du vêtement se sont ajoutées plus tard les autres causes énumérées par les archéologues, y compris la vanité. L'homme utilise toutes les circonstances pour se faire admirer et s'admirer lui-même. La carte de la page précédente illustre suffisamment le fait que les matériaux ne manquent nulle part pour se couvrir ; à défaut de peaux ou de plantes textiles, on se sert de feuilles de palmiers, principalement dans le bassin du Congo, et les habitants de la forêt équatoriale approprient merveilleusement de simples écorces.

Dans les pays très froids, exposés aux âpres vents de mer, il était également nécessaire aux hommes de se couvrir : s'envelopper d'épaisses fourrures semble pour eux, sous ces terribles climats, une question de vie ou de mort. Cependant la force de résistance des indigènes aux froidures de ces régions voisines des cercles polaires arctique et antarctique est telle qu'ils peuvent fréquemment s'exposer aux intempéries en état de nudité. Non seulement ils semblent indifférents à la sensation du froid, mais ils évoluent à l'aise dans des conditions qui amèneraient à bref délai la mort de l'Européen. Darwin et d'autres voyageurs ont eu souvent l'occasion de voir des Fuégiens nus cheminer sous la neige ou sous la grêle ; des femmes allaitant ainsi leurs enfants en plein air d'hiver, sans que les nourrissons parussent en souffrir, s'éloignaient avec précaution d'un feu auprès duquel des blancs, débarqués sur le rivage,

Élisée Reclus

grelottaient encore[76]. La pratique usuelle, pour les Fuégiens qui ont pu se procurer des fourrures de guanaco ou d'autres couvertures chaudes, est de les tourner du côté d'où souffle le vent, mais sans se donner la peine de garantir le côté du corps naturellement abrité.

ESKIMAUX DU VILLAGE DE KUSKOKWOGMUT
(ALASKA OCCIDENTAL)

Dans ce cas, comme pour les modes des pays chauds et tempérés, il est évident que la pudeur naturelle n'est pas la cause première de l'habitude du vêtement prise par les hommes des temps historiques. D'ailleurs, l'origine utilitaire des habits endossés contre le froid n'empêche point les sentiments de coquetterie de se manifester ; les effets sont les mêmes que pour les habillements provenant d'une autre origine. Les jeunes Groenlandaises, par exemple, savent donner un aspect des plus élégants à leurs pantalons brodés, à leurs jaquettes, bottes et capuches aux floches de couleur, et, en outre,

CHAPITRE IV

elles ont pu, dans les villages non gouvernés par les missionnaires, garder de légers ornements de tatouage sur le menton, les joues et les mains. Les Eskimaux de l'Alaska occidental, dont certaines tribus sont particulièrement coquettes, savent aussi composer leur costume de fourrures au poil et aux couleurs variées dont l'assemblage atteint à un aspect parfaitement artistique.

Mais avec de lourds vêtements huileux, difficiles à se procurer, à la fois précieux et durables, il est impossible de garder le corps propre. Certainement les peuples nus, pris en masse, sont beaucoup plus scrupuleux, quant à l'hygiène de leur peau, que les peuples habillés. Aux Tiges de raison, la propreté deviendra la parure par excellence.

Notes

1.   Mot créé par G. de Mortillet ? ou par Wilson (Prehistoric Annals of Scotland) ?

2.   Ed. Piette, Bull. de la Soc. d'Anthropologie de Paris, Séance du 18 avril 1895.

3.   G. de Mortillet. Les Boissons fermentées, Bull Soc d'Anthropologie, 1897, fasc. 5.

4.   Victor Hugo, Le Rhin.

5.   G. Nachtigal, Sahara und Sudan.

6.   Viollet-le-Duc, Histoire de l'Habitation humaine, p. 67.

7.   Elie Reclus, Notes manuscrites.

8.   Probenius, Petermann's Mitteilungen, 1897, page 265.

9.   Besset, Bull. Soc. Géogr., 4 e trim. 1904.

10.   Elie Reclus, Notes manuscrites.

11.   Ed. Piette, Bulletin de la Société d'Anthropologie de Paris, 18 avril 1895.

12.   Julien Fraipont, Les Cavernes et leurs Habitants.

13.   Ten Years' Digging in Egypt, p. 12.

14.   Capitan, Revue de l'Ecole d'Anthropologie.

15.   Ardoujn-Dumazet, Voyage en France, 1re série, p. 178-179.

16.   Fr. Garnier, L'Habitation humaine.

17.   Viollet le Duc, Histoire de l'Habitation humaine, p. 358.

18.   E. im Thurn, Journal of the Anthropological Institute, vol. XI,

1883.

19. Moseley, Notes by a Naturalist on the Challenger, p. 396.

20. De Gobineau, Histoire des Perses, tome Ier, page 31.

21. Voir Bull. de la Soc. de Géographie belge, 1905.

22. Betram C. A. Windle, Life in early Britain.

23. Jeitteles, Ausland, 1872, n° 45.

24. Chantre, Comptes-rendus de l'Académie des Sciences, 1872, n° 3.

25. Kolb, Culturgeschichte, I, p. 46.

26. Manier de Mathuisieulx, Notes manuscrites ; Henry M. Johnston, Geogr. Journal, jan. 1898.

27. E. Cammaerts, J.-G. Kohl et la géographie des communications.

28. Ardouin-Dumazet, vol. XLI, p. 157, 158.

29. Georg Schweinfurth, De l'Origine des Egyptiens.

30. Edmond Demolins, Les grandes Routes des Peuples.

31. De Brettes, Bull. Soc. d'Anthropologie de Paris, n° 3, 1903, p. 335 et passim.

32. Henri Duveyrier, Les Touareg du Nord.

33. Hernheim, Beitrag zur Sprache der Marshall Insein ; — Kubary, Mitteilungen der geographischen Gesellschaft in Hamburg, 1880.

34. Haddon, Report of the Anthr. Expédition to Torres Straits, vol. V, 1902, p. 60.

35. Tramp-System, en anglais.

36. A. F. Bandelier, The Gilded Man, 1893, p. 7.

37. James Gilmour, More about the Mongols, p. 12.

38. Frédéric Houssay, Annales de Géographie, IIIe année.

39. G. de Mortillet, Le Préhistorique.

40. Haddon and Brown, Proceedings, Geogr. Soc., July 1894.

41. Elie Reclus. Notes manuscrites.

42. Lajard et Regnault, Bull. Soc. d'Anthropologie, Séance du 19 déc. 1895, p. 737.

43. Les premières Civilisations.

44. Stanislas Meunier, Revue scientifique, 7 mai 1896, p. 584.

45. Patrick Geddes, Every Man his own Critic, p. 40.

46. Weitzecker, Atli del primo Congresso geografico, vol. II, pp.

CHAPITRE IV

290 et suiv.; — Frédéric Christol, Bulletin de la Société de Géographie de Neuchâtel, tome IX, 189-97.

47.   Ed. Piette, Bulletin de la Société d'Anthropologie de Paris, séance du 18 avril 1885.

48.   Arturo Issel, Le Rupi scolpite nette alte Valli delle Alpi Maritime, p. 242.

49.   Les Indo-Européens avant l'Histoire, trad. par O. de Meulenaere, p. 29 et suiv.

50.   Ed. Piette, Bulletin de la Société d'Anthropologie de Paris, séance du 3 mai 1894.

51.   Globus, 13 April 1905.

52.   Edm. Piette, mémoire cité.

53.   Brough Smith ; — F. Regnault, Bull. de la Soc. d'Anthropologie, fév. VI, p. 536.

54.   F. Regnault, mémoire cité, p. 540.

55.   De Clercq, Ethnographie de la Nouvelle-Guinée hollandaise.

56.   Ch. Letourneau, Évolution littéraire, p. 308.

57.   James Gilmour, Mongolia

58.   Karl Bûcher, Arbeit und Rythmus.

59.   E. de Habich, Vias del Pacifico al Marañon.

60.   Jacques Arago, Voyages d'un aveugle autour du monde.

61.   Adaptation populaire d'un poème de Seume, 1804 : « Arrête-toi sans peur où t'accueillent des chants. A l'unisson des voix, il n'est point de méchants. »

62.   Enrico Ferri, Notes manuscrites.

63.   Ciro Truhelka, Les Restes illyriens en Bosnie.

64.   Watke, Ausland, 1873, n° 4.

65.   Schurtz, Grundzüge einer Philosophie der Tracht, pp. 7, 9, 10.

66.   Genèse, chap. III, 7.

67.   Waitz et Gerland, Ethnographie, passim.

68.   P. Haan, Bulletin de la Société d'Anthropologie de Paris, séance du 15 juillet 1897.

69.   Karl von der Steinen, Central-Brasilien.

70.   Elie Reclus, Notes manuscrites.

71.   Havelock Ellis, Humanité nouvelle, 10 octobre 1899.

72.   Westeraark, History of Human Marriage, p. 192 ; — Ernst

Grosse, Anfänge der Kunst, pp. 93 et suiv.

73.   Havelock Ellis, Mémoire cité.

74.   G. Engerrand, Note manuscrite.

75.   Bouwick, Daily Life of the Tasmanians.

76.   Ch. Darwin. Voyage of a Naturalist round the World.

CHAPITRE IV

CHAPITRE V
GROUPES FAMILIAUX. — MATRIARCAT ET PATRIARCAT

PROPRIÉTÉ. — CONSTITUTION DES CLASSES. — ROYAUTÉ ET SERVITUDE
LANGUES. — ÉCRITURE. — RELIGIONS. — MORALE

Le désir de plaire qui sollicite chaque individu primitif à orner sa personne avait l'union des sexes pour sanction naturelle, et, par suite, devait amener la constitution des groupes familiaux. Mais, de même que les ornements variaient suivant les milieux et les matériaux dont l'homme pouvait disposer, de même les formes sociales déterminées par l'union entre les sexes ont singulièrement changé en différents lieux et en des époques successives. Chez les animaux d'espèces diverses, on rencontre tous les modes d'union : on les constate également dans le monde des hommes primitifs, dans la protohistoire et dans l'histoire elle-même : promiscuité sans règle précise, communauté pratique suivant certaines conditions, polygamie et polyandrie, hiérarchie des épouses et des époux, lévirat, c'est-à-dire héritage imposé ou facultatif de la femme laissée par un frère aîné, enfin, monogamie temporaire ou permanente. Pourtant, on se laisse facilement aller à imaginer d'emblée une même façon de vivre à tous ces hommes primitifs, dont aucune mémoire ne nous est restée, et qui ressemblaient probablement aux populations sauvages de nos jours, chez lesquelles on observe des institutions diverses. Ainsi, nombre de sociologues admettaient d'une manière générale, mais sans preuve aucune, que « la promiscuité complète des hommes et des femmes, dans une même horde, fut l'état primordial de notre espèce ». Mais pourquoi en serait-il ainsi, puisque, par delà l'homme, dans le monde animal, nous voyons apparaître toutes les formes de « garnie », et, parmi ces formes, plusieurs témoignant d'un choix mutuel des individus ?

Les expériences instituées par Darwin, et, depuis, par Houzeau, Espinas, Romanes et tant d'autres, ont mis hors de doute que la « famille » existe réellement, quoique sous des aspects très divers, dans les groupes ancestraux de l'animalité. On trouve même, en plusieurs espèces, des exemples de cette famille monogamique à constant et inaltérable amour que les moralistes officiels considèrent comme ayant seule droit au titre de « mariage ». Toutefois, il est certain que ce genre d'union est parmi les moins communs, et que le mélange des sexes, se produisant en apparence d'une manière capricieuse, est le fait le plus ordinaire. Il semble donc très, probable que les mêmes mœurs aient prévalu chez la plupart des premiers hommes. Dans une société distincte, exposée à tous les dangers de la part des éléments, des animaux, des tribus ennemies, la personnalité collective comprenait tous les individus, hommes, femmes, enfants, d'une manière tellement intime que la propriété privée ne pouvait se constituer pour les séparer les uns des autres : tous faisaient également partie de la grande famille.

Ainsi que le dit Oscar Browning [1], il fut certainement une période de l'histoire en un grand nombre de contrées où l'appropriation d'une femme par un homme était considérée comme un attentat envers la société. De même qu'on a pu répéter de tout temps, en souvenir de la mainmise sur le sol par quelques individus : « La propriété, c'est le vol ! », de même on a dû s'écrier : « Le mariage, c'est le rapt ! ». L'homme qui enlevait la femme à ses concitoyens pour en faire sa chose, son acquisition personnelle et privée, ne pouvait être tenu pour autre que pour un ravisseur, un traître à la communauté.

Mais, en pareille matière, les modifications brusques de la coutume, les révolutions devaient être fort nombreuses. La passion ne s'accommode pas des pratiques traditionnelles ; se ruant au travers, elle transforme tout et finit par créer des institutions nouvelles. Ainsi les frères de la horde primitive, n'osant s'emparer, pour leur compte personnel, d'une « sœur », c'est-à-dire d'une femme appartenant à la tribu même, n'avaient pas de scrupule à faire des captures en tribus étrangères ; souvent l'amoureux, caché dans la brousse, près de la fontaine où la jeune fille venait puiser de l'eau, bondissait sur sa proie pour la ramener en triomphe dans le village natal, et la posséder en maître unique, non en mari sociétaire.

Ce fut le commencement des mariages exogamiques, d'abord accomplis de force, par enlèvements, avant de prendre, par de

CHAPITRE V

fréquentes récidives, un caractère normal, accepté de tous. De nos jours encore, il ne manque pas de pays où les rapts de jeunes filles et de femmes se font avec une réelle violence, sans complicité tacite de la part de la victime ou des parents. D'abord, il faut tenir compte de l'état de guerre qui sévit entre tant de groupes humains, dans toutes les parties du monde ; quand toutes les passions impulsives sont exaspérées, quand la vie et la liberté du semblable sont à la merci de qui veut les prendre, et que les arts mêmes de capture et de meurtre sont considérés comme glorieux et dignes de tous éloges, le ravisseur peut se croire pleinement dans son droit en s'attribuant les captives : Achille revendique Briséis comme sienne, et, jusque chez les nations dites civilisées, le soldat, livré à l'atavisme féroce de ses instincts, s'arroge toute licence de viol aussi bien que de pillage.

Mais, entre maintes peuplades de primitifs qui se trouvent en état de paix, soit pour un temps, soit d'une façon durable, la pratique de l'enlèvement des femmes n'en reste pas moins consacrée par la coutume. Ainsi, les Siah-Poch, ou « Noir-Vêtus », de l'Hindukuch étaient strictement obligés, par la tradition, à prendre femme en une tribu différente de la leur ; se glissant près de la cabane où dormait la fille convoitée, l'amant y lançait une flèche teinte de sang, prêt, s'il le fallait, à verser vraiment le sang de ceux qui voudraient lui barrer la route. Ce fut aussi le cas chez les anciens Germains, qui employaient le mot *brut-luft* (course à la fiancée) dans le sens de mariage[2].

De même, dans la Balkanie occidentale, le Mirdite, ou « Bon-Vivant », de religion chrétienne et de mœurs républicaines, considérait naguère comme un déshonneur de ne pas avoir pour épouse une fille enlevée au musulman de la plaine, l'ennemi héréditaire. Celui-ci défendait souvent avec vaillance la fille ou sœur qu'on cherchait à lui enlever ; mais, sachant que l'enlèvement des femmes était pour les montagnards la règle de tradition, une « loi de nature », il acceptait d'ordinaire avec tranquillité d'âme le fait accompli, d'autant plus que, lors d'une de ces trêves qui interrompent, de temps en temps, les guerres de frontière, il pouvait compter, d'une manière presque certaine, sur l'acquittement d'un prix d'achat, fixé d'après la coutume. Dans ce cas, l'enlèvement est devenu la forme médiaire entre le rapt primitif et le pur achat — tel qu'il se pratiquait naguère chez les Tcherkesses du Caucase ;

Élisée Reclus

c'est de là que dérivent les cérémonies plus ou moins compliquées du mariage d'argent, qui, de par les conditions de la propriété, est naturellement la règle dans les sociétés policées du monde européen.

Si l'enlèvement réel existe encore, combien plus les rites traditionnels qui témoignent de la forme primitive des mariages exogamiques[3] ! Les exemples de cette survivance se pressent dans l'histoire. En Grèce, en Inde, on se souvient du mariage « héroïque », de l'union pratiquée suivant le mode dit Rakchasa ; dans toutes les parties de la Terre, des tribus simulent la forme primitive du rapt ; l'enlèvement des Sabines par les Romains se reproduit de tous côtés par des jeux et des fêtes où l'on tire encore les épées, où l'on brandit encore les massues, mais où l'on ne verse plus le sang, On peut même se demander si, par l'effet d'un travail continu d'évolution, les garçons d'honneur qui, dans les mariages actuels, accompagnent les fiancés et les fiancées, ne représentent pas, sans le savoir, les gens armés qui, de part et d'autre,

N° 33. Quelques formes de mariages aux Indes.

CHAPITRE V

1. Toda, naguère mariages polygames et pratique de l'infanticide.

2. Iroula, promiscuité.

3. Naïr, mariages complexes dont le matriarcat forme la base.

4. Poliyar, polyandrie.

5. Moplah, polygamie (Mahométans).

6. Labbai   —   —

7. Rodiya, polyandrie exogamique.

8. Veddah, mariage avec la sœur cadette, polygamie endogamique.

9. Juifs à Cranganore, monogamie stricte.

10. Nazaréens à Quilon, monogamie religieuse.

11. Catholiques à Goa, Saint-Thomas, Pondi-cherry, etc.

12. Protestants à Mangalore et Madura.

Tamil et Cinghalais, mariages par les fleurs.

combattaient jadis pour conquérir ou garder la proie d'amour. Mais les institutions, comme les peuples, ont de multiples origines : des survivances de haine et des survivances d'amitié s'entremêlent en un même drame où les acteurs ne voient plus que du plaisir. De tout temps, quoi qu'on en dise, des attractions mutuelles ont dû faire

naître directement l'union entre l'homme et la femme. Un chapitre du Mahâbhârata contient la description de tous les modes légaux du mariage, au nombre de huit, et répondant évidemment aux coutumes de nations distinctes qui se sont fondues, à des âges différents, dans le grand creuset de l'Hindustan.

Les diverses formes d'union sexuelle, du régime de la promiscuité à celui du libre contrat par consentement mutuel, resteraient incomprises si l'on oubliait que, dans le mariage, l'enfant est le troisième terme de la trinité familiale. C'est lui qui, dans l'ensemble social, eut la part d'action la plus importante, lui qui modela l'homme à son image[4]. Il donna sa cohésion première au groupe d'individus des deux sexes vivant à l'aventure, de même que plus tard il donna sa raison d'être à la famille monogamique. Sans l'influence prépondérante de l'enfant, on ne pourrait s'expliquer la période du matriarcat, dont l'existence était encore ignorée naguère et que tant de documents, récemment étudiés, tant de faits

Élisée Reclus

d'observation prouvent avoir prévalu pendant de longs siècles chez un très grand nombre de peuples. Des auteurs[5] ont même voulu établir que l'humanité tout entière, dans une évolution primitive, aurait passé par cette phase : le gouvernement des mères. Ce qui rend cette hypothèse plus que douteuse est que l'on ne trouve point l'institution du matriarcat chez les peuples primitifs très inférieurs, tels que les tribus les plus arriérées du Brésil et les Indiens de la côte californienne : c'est chez des peuplades ayant déjà derrière elles un long passé de civilisation qu'il faut chercher les formes de la famille matriarcale[6].

L'état le plus barbare de la société est celui durant lequel l'homme domine, non parce qu'il est le père, mais parce qu'il est le plus fort, qu'il apporte la plus grosse part de nourriture et distribue les coups, soit aux ennemis, soit aux faibles de la horde. D'ailleurs, les enfants peuvent être laissés à la mère pour qu'elle en garde complètement la charge et la direction, sans que le père se croie tenu de la respecter et de la traiter en égale : elle est génitrice, nourrice, servante, mais lui reste absolument le maître.

N° 34. Pays des « Amazones ».

1 : 12 000 000

CHAPITRE V

D'après Coudreau, ce sont les femmes uaupés qui ont donné lieu
à la légende de laquelle le grand fleuve de l'Amérique du Sud tire
son nom.

Le matriarcat proprement dit, impliquant déjà un certain
raffinement de mœurs, est de beaucoup supérieur aux âges de la
force brutale et de la promiscuité, s'ils existèrent jamais, de même
qu'à la période de la propriété possédée en commun par tous les
ayants droit d'un groupe familial. Même à l'époque où la horde
traînait avec elle tout le troupeau des enfants, ceux-ci devaient
naturellement se grouper derrière leur génitrice et contribuer
ainsi à lui donner peu à peu la direction de la famille, que des
circonstances heureuses développaient en pouvoir social et même
politique. Le père étant inconnu, ou du moins négligé comme un
être d'aventure, la mère réunissait autour de son foyer ceux qu'elle
avait allaités et dressés à la vie. La maternité se développait ainsi au
milieu de la barbarie primitive et donnait la première impulsion
à la civilisation future[7]. Sur les côtes de l'Amérique méridionale,
où les liens de la famille sont très relâchés pour la plupart des
hommes, et où prévaut une semi-promiscuité, le matriarcat
s'organise naturellement[8].

Musée du Louvre.

COMBAT DES AMAZONES

Bas-Relief antique. — Fragment d'un bouclier.

Élisée Reclus

L'influence capitale de l'enfant sur la constitution du matriarcat restant hors de doute, il est certain que l'action du milieu géographique doit avoir eu aussi quelque part dans cette évolution sociale. Ainsi dans les pays où la cueillette des fruits et la recherche des racines furent le principal moyen de trouver la nourriture, les femmes, que leurs fonctions de mères et de nourrices indiquaient déjà pour occuper le premier rang, avaient aussi d'autres chances en leur faveur comme dispensatrices de la vie matérielle. Ces chances étaient encore accrues dans les régions peu menacées de guerre, où l'homme ne s'élevait pas du coup à la première place en qualité de défenseur ou de conquérant[9]. Cependant il n'est pas certain que la guerre même ait toujours donné la suprématie aux hommes, car la légende relative aux amazones, dans l'Ancien Monde et le Nouveau, est trop générale pour qu'on n'admette pas le fait d'une antique domination politique de tribus guerrières commandées par des femmes. D'ailleurs, il n'y a pas que la légende, les exemples de femmes qui furent de véritables chefs ne manquent point dans l'histoire.

Mais que des amazones aient ou non existé en tribus politiques distinctes, il est incontestable que diverses peuplades ont absolument reconnu le pouvoir des femmes, et que chez d'autres, les hommes, tout en exerçant la domination, se réclamaient toujours de la famille maternelle. Hérodote, en un passage célèbre[10], dit que les Lyciens portaient le nom de la mère au lieu de celui du père, et que leur état se réglait d'après celui de leur génitrice. Les inscriptions lyciennes, confirmant le dire du grand voyageur historien, ne mentionnent que les noms de la mère[11]. Aux exemples de matriarcat dans l'antiquité recueillis par Bachofen, Mac Lellan et de nombreux voyageurs ont ajouté les faits appartenant au monde contemporain parmi les populations non policées.

Pour ne choisir qu'une forme typique de cet état social, on peut citer des montagnards de l'Assam, au sud du Brahmaputra, les Garro et les Khasia. Même de nos jours, malgré l'influence des Indous et d'autres populations à type patriarcal, ces tribus se divisent en clans ayant conservé le nom de *mahari*, c'est-à-dire « matries ». Apparentés aux Tibétains, qui ont aussi des restes de gynécocratie, ces peuples voient toujours dans la femme le chef de la famille. C'est la vierge garro ou khasia qui fait au jeune

CHAPITRE V

homme la proposition de le prendre pour mari ; c'est elle aussi qui procède à l'enlèvement de l'époux choisi, accompagnée de ses amis et des servants du clan maternel. Le divorce appartient à la femme : à elle de jeter, quand il lui plaît, cinq coquillages en l'air pour que la séparation soit prononcée et que le mari rentre dans sa mairie première, en abandonnant les enfants à la dominatrice. Même quand l'homme a été toléré pendant toute sa vie, il lui faut divorcer le jour de sa mort : ses cendres sont renvoyées vers le lieu de son origine, tandis que la femme est brûlée avec honneur dans sa matrie ; plus tard, les urnes des enfants seront placées à côté de l'urne maternelle[12].

AMAZONE DAHOMÉENNE
D'après une photographie.

Élisée Reclus

Dans le Nouveau Monde, on peut citer des exemples analogues, notamment celui des Hopi de l'Arizona. Ce sont les femmes qui possèdent les demeures et y reçoivent les maris en qualité d'hôtes. Les enfants appartiennent à leur clan et pendant toute la période de labeur, les pères doivent apporter le produit de leur travail comme tribut : ce sont eux qui tissent et cousent les vêtements de femmes[13].

En classant tous les faits relatifs à la constitution de la famille primitive chez les diverses contrées du monde, Cunow a pu démontrer nettement qu'il existe une dépendance étroite entre la constitution familiale et les conditions économiques. Ainsi n'a-t-on jamais rencontré d'institutions franchement matriarcales chez les peuples pasteurs.

N° 35. Pays du Matriarcat.

Même dans les hordes errantes où la descendance était réglée

CHAPITRE V

par la famille maternelle, comme chez les Ova-Herrero de l'Afrique méridionale, avant que la conquête — peut-être même la destruction par une armée coloniale d'Europe — n'ait modifié leurs mœurs, la femme était loin de porter le sceptre : elle obéissait, parce que la fortune vient presque en entier du travail de l'homme. C'est lui qui mène les bêtes au pâturage, qui les soigne et les protège contre l'ennemi, animaux féroces et maraudeurs ; c'est lui qui trait les vaches et fabrique les fromages ; il possède en même temps la force et la supériorité dans le groupement économique : les survivances matriarcales du passé n'empêchent pas la domination effective de l'homme.

Mais là où l'agriculture devient le travail exclusif des femmes, là où les maris et les fils sont presque toujours occupés au dehors, à la chasse, à la pêche, à la guerre, la situation est absolument différente, là c'est à la femme qu'appartient le rôle utile par excellence dans l'économie générale de la tribu. L'agriculture lui fournit des récoltes de quantité à peu près constante, tandis que les produits apportés par l'homme varient suivant les aventures, les hasards et le temps. La prospérité commune dépend absolument de la bonne gestion des mères, de leur esprit d'ordre, de la paix et de la concorde qu'elles introduisent dans la maisonnée. L'affection naturelle que leur portent les enfants groupés autour d'elles se développe en une sorte de religion. Nulle décision ne peut être prise sans qu'on les ait d'abord consultées : dispensatrices absolues de la fortune familiale, elles finissent même par devenir les régulatrices de toutes les affaires sociales et politiques ; quoique les plus forts, les mâles s'inclinent devant la souveraineté morale.

Chez les Wyandot de l'Amérique du Nord[14], le grand conseil de la nation se composait de quarante-quatre femmes et de quatre hommes, lesquels n'étaient en réalité que les agents exécutifs de la volonté féminine[15]. Mais dans les sociétés plus développées, où l'agriculture a pris une telle importance relative que l'homme abandonne presque complètement la chasse et la pêche pour labourer avec force le sillon, le pivot social change dans le groupement des individus, et de la grande famille matriarcale évolue la grande famille patriarcale, comme nous la trouvons chez les anciens Chinois, chez les Japonais et les Romains (H. Cunow).

D'ailleurs, le mot de « matriarcat » prête à confusion. On s'imagine

Élisée Reclus

volontiers que l'autorité de la mère sur les enfants implique la domination dans la famille et du moins l'égalité de la femme avec le père ; mais ce sont là choses très différentes.

La puissance maternelle n'empêche nullement la brutalité du mari : il n'y a, pour ainsi dire, que simplification du travail dans le gouvernement de la famille. Ainsi, chez les Orang-Laût, qui habitent la péninsule de Malaca, les enfants appartiennent à la mère seule, ce qui est bien le régime du matriarcat ; néanmoins la femme mène une existence des plus malheureuses : le mari la bat et ne lui permet pas de manger en sa présence[16].

Dessin de George Roux, d'après une photographie.

LE GRAND CONSEIL DES FEMMES, CHEZ LES WYANDOT

De même en Béarn, ainsi qu'au Japon, le mari d'une héritière, aînée des enfants, va demeurer chez elle et reçoit d'elle son nom, qui est en même temps celui de la terre et qui devient celui de toute la famille : on pourrait en conclure à l'existence d'un véritable matriarcat, mais le mari, quelle que soit sa déférence envers l'héritière qui lui donne la fortune et le nom, n'en reste pas moins le chef, le maître incontesté[17].

La polyandrie est une forme d'union qui dérive naturellement du matriarcat. Dans l'union de l'homme et de la femme, les

CHAPITRE V

deux éléments ont une tendance à maintenir quand même leur personnalité et par suite à prendre la prédominance suivant que l'un ou l'autre se trouve favorisé par le milieu. Or la femme, absolue maîtresse de ses enfants, subordonnant l'homme à son pouvoir et comptant seule comme volonté dans la famille, n'avait point à combattre une opinion hostile en prenant successivement, ou à la fois, plusieurs favoris : reine, elle n'avait qu'à choisir. Mais son cœur étant volontiers fidèle conservateur des premières impressions, elle prenait d'ordinaire, même en pleine polyandrie, l'habitude de maintenir la cohésion familiale, en se donnant pour époux communs tous les fils d'une même mère. C'est la forme du mariage qui prévalait jadis au Tibet — le pays des Bod — et chez toutes les populations de même origine.

La polygynie est, dans le patriarcat, l'institution correspondante à celle de la polyandrie dans le matriarcat. Toutefois le contraste n'est pas toujours absolu entre les deux types de mariages que caractérisent la domination des mères et celle des pères. Ainsi l'exemple que les auteurs se plaisent à citer comme témoignage de l'ancien matriarcat indique pourtant la transition entre les deux systèmes : Draupâdi, l'épouse des cinq fils de Pandu, est bien la « reine », mais non la maîtresse de la famille ; tout en s'étant donné plusieurs maris, elle n'a point gardé le gouvernement de la maison : elle obéit. La forme patriarcale se mêle donc, en ce cas particulier, à la forme matriarcale.

Un autre exemple que l'on cite volontiers est celui des Naïr de la côte de Malayalam ou Malabar ; mais dans ce cas également, les deux régimes se sont entremêlés. Il est vrai : les femmes naïr, appartenant à l'ancienne nation guerrière et dominatrice, choisissent et varient leurs époux, mais elles sont tenues de les prendre parmi les brahmanes, la caste envahissante venue du nord, armée de science et de ruse, habile à gouverner en s'abritant sous les hommages rendus à une suzeraineté officielle.

Les types de ces unions varient suivant l'influence plus ou moins grande des éléments ethniques représentés, mais tous offrent le caractère d'un compromis entre des institutions diverses et s'agencent d'une manière bizarre et compliquée. L'exemple le plus original de pareils mariages est peut-être la « grande union » collective : époux brahmanes et femmes naïr se groupant en

Élisée Reclus

sociétés de plusieurs individus, même de douze par sexe, dont chaque membre, homme et femme, a droit sur les autres membres du sexe opposé[18]. Ce n'est ici ni le matriarcat ni le patriarcat, mais un système double de polygamie et de polyandrie, un retour savant vers la promiscuité, mais sous une forme strictement réglée, entre propriétaires associés. Il a fallu tout un mélange d'astuce et de dépravation théologiques pour arriver à de pareilles combinaisons. Les types sociologiques sont aussi entremêlés que les races.

Le patriarcat, qui, sous diverses formes, en dehors de l'union libre, est devenu le type presque universel du mariage dans les sociétés modernes, a dû, comme le matriarcat, prendre ses origines non seulement dans la préhistoire, mais encore dans la préhumanité. La différence des milieux et de l'évolution a fait surgir nécessairement des divergences de détail fort nombreuses : toutefois on peut dire, d'une manière très générale, que le matriarcat s'explique par un fait naturel, « la naissance de l'enfant », et que le patriarcat a pour origine un acte de force, l'enlèvement, la conquête, faits d'ordre historique[19].

Ce n'est donc point, comme l'imagine Mac Lellan, par suite d'une évolution lente que le patriarcat a succédé aux premières formes matrimoniales du groupement naturel des enfants, mais, au contraire, cette institution provient de causes violentes, d'événements brusques, et l'évolution a été tout à fait distincte, indépendante, ce qui n'a pas empêché des combinaisons et des mélanges à l'infini entre les deux types de mariages.

L'origine de la première « famille » dans le sens patriarcal, famille bien différente de celle que l'on entend de nos jours par ce mot, fut exactement la même que l'origine de l'Etat. Le chef vainqueur s'empare d'un pays et de tous les habitants qui s'y trouvent : c'est un fondateur d'Empire. Chaque guerrier qui fait partie de la bande conquérante a sa part de butin, terre, choses et hommes. Tout ce qui obéira désormais en qualité d'esclave ou de concubine fait partie de la « famille », terme qui désigna primitivement l'ensemble des biens, meubles et immeubles, enfants et serviteurs[20].

Et le pater familias lui-même, le maître de la famille, n'était point à l'origine considéré comme le géniteur, mais uniquement comme le protecteur de tout le petit Etat qui lui était échu par conquête ou par héritage : le « père » peut le devenir par l'entremise d'un serviteur ou d'un parent ; jusqu'après sa mort, il acquiert des enfants légitimes par l'institution du « lévirat » qui oblige le frère à épouser la femme du frère défunt.

Outre la guerre, fait capital dans la fondation de cette première famille patriarcale, les autres conditions du genre de vie contribuèrent à la prise de possession du pouvoir par l'homme. Chez les groupes vivant uniquement de la chasse, le mâle porte la nourriture au logis, tandis que la femme n'a qu'à garder les enfants à la maison et à s'occuper des travaux du ménage. Il est donc inévitable qu'en une pareille situation le père jouisse de la plus grande autorité : dieu dispensateur de la chair et du sang, il peut se figurer qu'il a, de la part des siens, quelque droit à l'adoration. Chez les peuples nomades, les mâles, étant les plus forts, ont à capturer, à dompter et à tuer le bétail ; ils prennent aussi tous les droits sur les femmes plus faibles, désignées par la nature pour la préparation des mets, pour le soin des enfants de l'homme et des petits de la bête. Le patriarcat, toutes choses égales d'ailleurs, doit en conséquence s'aggraver singulièrement chez ces pasteurs, surtout lorsqu'ils sont en même temps des guerriers et cherchent à s'asservir d'autres populations. Chaque nouvelle fournée de captifs réagit sur la famille du vainqueur et rabaisse en proportion les droits de l'épouse.

Par suite de la lutte entre les deux principes, dérivés, l'un de la solidarité naturelle entre l'enfant et la mère, l'autre de la violence exercée par les capteurs mâles, les deux types de mariage, le matriarcat et le patriarcat, se sont développés côte à côte dans la série des âges et suivant les vicissitudes des hommes, prenant ou perdant en force relative, sans jamais garder comme institution le point d'équilibre, qui est la parfaite égalité de droits entre les individus, et par conséquent entre les sexes.

Cependant, à Sumatra, les trois formes de mariage étaient nettement reconnues : le *jugur*, par lequel l'homme achetait la femme ; l'*ambet-anak*, pas lequel la femme achetait l'homme, et le *semando* ou ménage des égaux[21].

De même chez les Hassanyé et les Hamites du Haut-Nil, on reconnaît souvent à la femme mariée sa part dans les produits

Élisée Reclus

de la culture. Dans l'antagonisme continu des régimes, le patriarcat est, ainsi que nous le montre l'histoire, celui qui prévalut le plus souvent, et la cause en est aux difficultés de la lutte pour l'existence, qui demande l'emploi de la force, et au résultat des conflits qui se produisent dans les familles elles-mêmes.

L'entremêlement des traditions et des idées montre que partout, même chez les populations essentiellement patriarcales, se maintiennent encore quelques restes de l'ancien matriarcat, très bizarres parfois, comme chez les Ba-Luba du Kasaï, où les femmes sont de vraies esclaves, acquises à prix d'argent, mais où elles président pourtant comme « anciennes » à la bénédiction des semailles[22]. Ailleurs, notamment dans les sociétés berbères, la femme, serve elle-même, n'en protège pas moins l'étranger, comme une divinité. De même, dans notre moyen âge, la main d'une femme remplaçait le contact d'un autel. Les traces en sont devenues tellement faibles dans les sociétés modernes, fondées sur le droit du mari ou du père, que la vertu elle-même, *virtus* était considérée naguère comme le monopole du mâle[23]. Et naturellement cette prétention exclusive à la vertu dut engendrer tous les maux : jalousie féroce du mari propriétaire, brutalité dans l'éducation des enfants, brûlement des veuves, pratique et finalement devoir de l'infanticide.

On sait ce que certaines contrées de l'Inde guerrière étaient devenues sous ce régime. Au cours même de nos civilisations toutes récentes, jusqu'en plein « siècle des lumières », n'avons-nous pas vu les Radjputes ou « Fils de Rois », ces types de l'honneur traditionnel, se marier invariablement par la voie du rapt, laisser brûler leurs mères sur le bûcher paternel, et tuer presque toujours leurs filles, dans la crainte de ne pouvoir les marier avec assez de richesse et d'éclat ?

On constate, dans ce cas, combien le groupement social formé par le clan, la tribu ou la nation et consolidé par la morale traditionnelle a plus d'influence que les sentiments naturels manifestés dans le mariage et dans la parenté. Ces affections, ces convenances personnelles ont à s'adapter aux conventions dictées par l'opinion publique ou sont impitoyablement écartées. La volonté commune du groupe s'impose par dictature, et d'autant plus puissamment que la tradition est de plus longue provenance et moins raisonnée :

CHAPITRE V

« C'est ainsi que l'on a fait de tout temps » ! Il y aurait donc mort rapide de toute association par manque de renouvellement si les vicissitudes de la vie ne se chargeaient de modifier les groupements par des associations croisées ou de violentes disruptions.

Sous sa forme primitive, la société commençante des hommes, que les besoins de l'entr'aide et de la lutte ont reliés en une seule bande, n'a pas encore eu le temps de se constituer en un ensemble bien défini et les individus n'y sont pas encore rattachés d'une manière très solide. La grandeur de ces groupements varie : chez les Aeta de Luzon, Blumentritt les évaluait à 20 ou 30 associés ; dans l'Australie centrale, ils sont de 30 à 50 (Fison) ; au Brésil, les Botocudo s'associaient à 80 ou 100 compagnons ; les Bushmen de l'Afrique méridionale étaient plus nombreux, de 100 à 200 (Burchell).

Mais la horde n'est, pour ainsi dire, que la matière humaine dans laquelle la société plus savante, groupée en clans, en tribus, en nations, puise ses éléments pour s'organiser, conformément aux mille combinaisons qui conviennent au genre de vie et à l'idéal des communautés en formation.

A cet égard, la variété des constitutions est infinie et les individus ont à s'y accommoder de la façon la plus différente, suivant les milieux, les croisements, les alliances et les conquêtes. L'intégration des groupes secondaires dans les unités nationales plus vastes tend à se faire toujours de manière à sauvegarder les individualités ethniques traditionnelles, mais l'héritage du passé se modifie constamment.

On sait comment les tribus des Peaux-Rouges et celles de l'Australie cherchent à conserver la mémoire et l'orgueil de leur origine par les totem et les kobong, c'est-à-dire par les symboles des animaux ou des plantes dont les diverses tribus portent le nom révéré[24].

C'est principalement chez les peuples chasseurs que la tradition totémique s'est le mieux maintenue, parce que le représentant du clan est souvent exposé à se rencontrer dans la forêt ou la savane avec l'animal dont il se dit le Frère.

Élisée Reclus

N° 36. Pays de l'Honneur et de l'Infanticide.

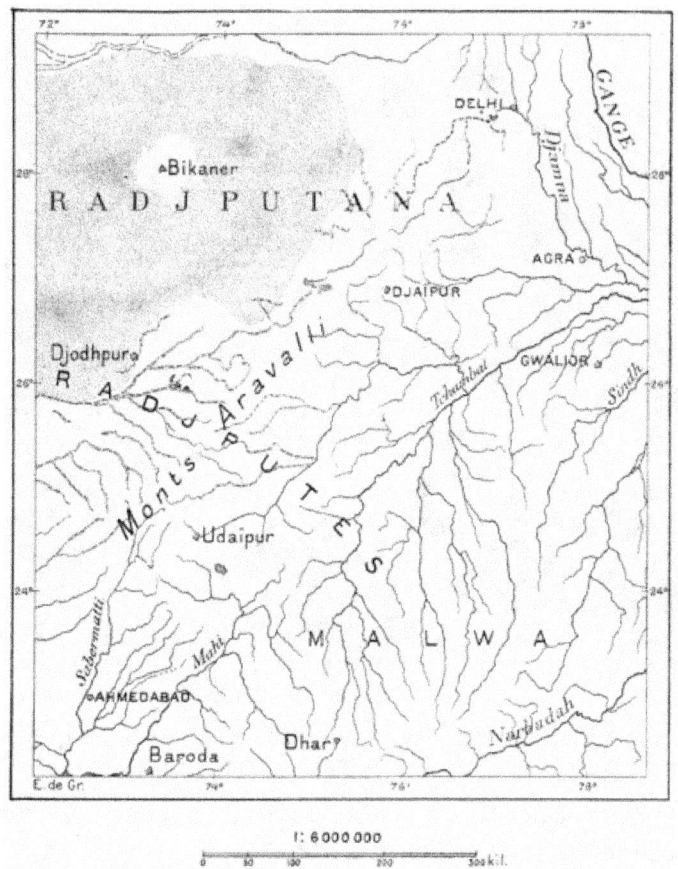

1: 6 000 000

Certaines nations se sont vouées en entier à quelque dieu protecteur : tels les Lièvres, les Serpents, les Loups, les Renards ; d'autres se composent d'une multitude de clans ou même de familles vivant côte à côte comme des animaux d'espèces diverses dans une ménagerie[25] : tels sont les villages des Indiens Moqui et Zuni dans les provinces de Tusayan et de Coriba (Arizona et Nouveau-Mexique). Ailleurs, surtout en Afrique, en Océanie, les traditions d'hérédité sont indiquées surtout par les dessins du tatouage, les marques cicatricielles, les ornements de la peau ; mais ici l'influence de la religion et de la descendance se mêle diversement avec l'art.

CHAPITRE V

VILLAGE D'ORAÏBI, ARIZONA

On remarquera l'entrée des chambres souterraines, les kiva, dont l'usage se rattache surtout à la célébration des rites.

L'instinct de l'appropriation, qui, dès les origines, s'était manifesté dans l'animalité et la préhumanité chez les pères et les mères, chez les géniteurs et chez les enfants, dans l'ensemble des clans et des tribus, ne pouvait se borner aux personnes ; il s'étendit également aux choses.

La propriété se constitua ; toutefois ce ne fut point la propriété telle que les économistes la comprennent aujourd'hui. Les primitifs étaient naturellement portés à considérer comme leur appartenant la pierre qu'ils avaient taillée ou le vase qu'ils avaient formé de leurs mains, et même lorsqu'ils donnaient à d'autres cet objet fabriqué par eux, le libre don établissait nettement leur qualité de propriétaire, mais ils ne s'imaginaient point, que la carrière d'où ils avaient retiré le silex, ou le champ de lave qui leur avait fourni l'obsidienne nécessaire à leur industrie pussent devenir leur propriété personnelle.

N° 37. Clans du village d'Oraïbi.

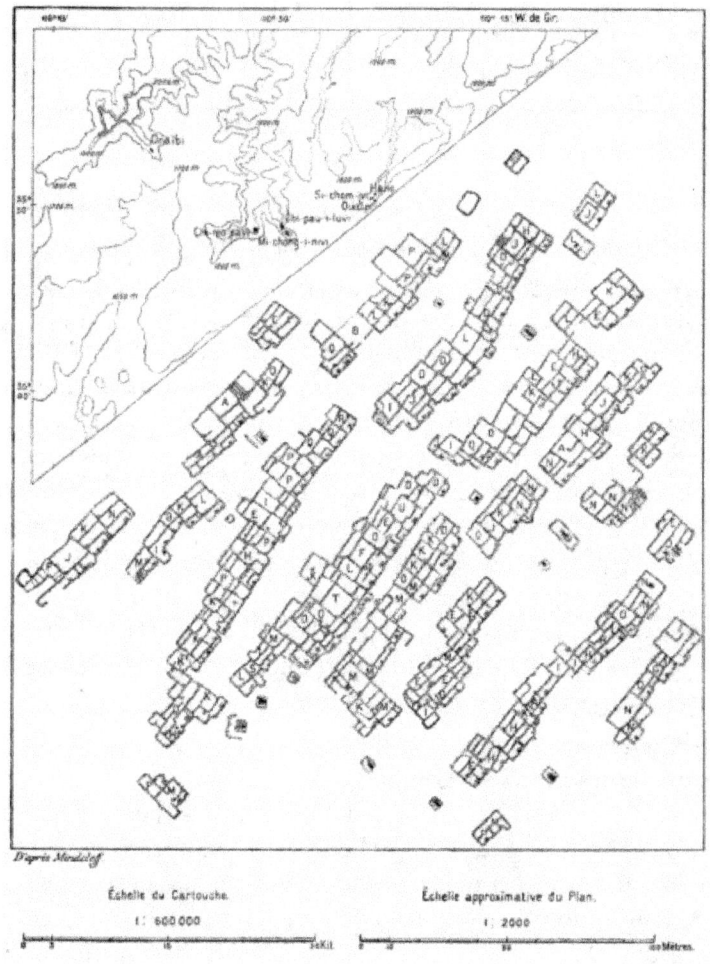

			P. Hibou.
A. Ours.	F. Faucon.	K. Roseau.	Q. Are.
B. Araignée.	G. Katcina.	L. Lézard.	R. Gourde
C. Serpent.	H Perroquet.	M. Lapin.	(melon).
D. Aigle.	I. Putois.	N. Sable.	S. Mite
E. Soleil.	J. Blé.	O. Coyote.	(papillon).
			T. Grue.

U. Mescal (jus fermenté de l'Agave).

Ils ne s'attribuaient point la savane, le fleuve ou la forêt comme leur domaine particulier, et n'auraient même pu se figurer que pareille mainmise eût été possible, car rien dans les mœurs de la tribu maternelle ou dans celles des autres peuplades qui parcouraient la Terre n'aurait pu les préparer à cette conception des choses. Pour la recherche de la nourriture ne fallait-il pas suivre librement la piste de l'animal à travers l'étendue herbeuse ou boisée, ou bien ramer, voguer vers les phoques ou les bancs de poissons ? Notre ancêtre avait toujours devant lui l'espace illimité. Même lorsqu'il commença à cultiver le sol, il se réservait de changer l'emplacement des semailles après sa récolte et tout compagnon qui venait reprendre la terre abandonnée par lui était le bienvenu. Le moissonneur ne se considérait pas comme propriétaire du terrain producteur plus que ne l'est la marmotte après avoir engrangé ses récoltes de graines à la fin de l'automne.

Seulement, en l'absence de tout droit écrit, un sentiment d'équité naturelle devait régler les rapports entre les diverses peuplades. Une sorte de « droit des gens », né de l'état même des choses, interdisait au groupe de chasseurs, de pêcheurs ou de fouilleurs la poursuite de son industrie en un territoire habité par un autre groupe, et ces conventions tacites, favorables à l'intérêt de tous, étaient généralement observées. La propriété collective se constituait donc, sans que des limites précises indiquassent le partage des domaines entre les tribus, et souvent même des espaces déserts, des lisières ou « marches » sans occupants restaient soigneusement évités de part et d'autre afin qu'il n'y eût aucun prétexte de conflit. Ainsi purent se maintenir longtemps des propriétés collectives où le travail et le parcours en commun, avaient la même jouissance de tous pour corollaire ; mais le seul fait que des tribus bien distinctes les unes des autres détenaient un certain territoire comme appartenant à l'ensemble des individus impliquait déjà le principe de la future propriété privée dans le sens moderne du mot.

En effet, tout changement produit dans l'intérieur de chaque communauté ou tout conflit extérieur pouvaient modifier l'équilibre au profit d'un membre particulier du petit corps social, clan ou tribu. Telle distinction spéciale accordée à un grand chasseur, à un guerrier heureux, à un habile prophète ou médecin lui permettait ordinairement d'accaparer une part plus grande des animaux, du sol ou des produits pour lui et sa maisonnée de clients ou d'esclaves. Ou bien, l'accroissement de la population dans un district ayant rétréci l'espace que s'était réservé le clan, la lutte pour l'existence qui en résulta amena des combats, et, par suite, tel ou tel individu qui s'était distingué, en capturant, par exemple, tous les habitants d'une hutte, put se croire autorisé par cela même à employer ses nouveaux esclaves, soit à la garde du troupeau qu'ils faisaient paître dans la savane environnante, soit à la culture du champ qu'ils avaient défriché. Sa bravoure ayant, paru à la communauté digne d'une récompense spéciale, on lui avait laissé le butin conquis.

Un des mots sanscrits les plus communément employés dans les Veda pour rendre le sens de « bataille » est *gavishti*, soit littéralement la « lutte pour les vaches »[26].

Dès les périodes préhistoriques, la propriété, due soit à la capture, soit à toute autre cause, se manifestait par des indices de possession, tels que des marques tracées sur le poil ou la chair de l'animal. Les chevaux devaient déjà suivre l'homme à l'époque magdalénienne, à en juger par le licol que l'on voit représenté sur une gravure de cheval, par la couverture rayée que l'on distingue sur un autre dessin. C'est la grotte de Combarelles, près des Eyzies, qui a fourni ce précieux témoignage[27]. Une figuration de mammouth semble porter aussi des traces de caparaçon, et dans ce cas l'énorme bête aurait précédé l'éléphant comme animal domestique.

La guerre sous ses mille formes, telle fut l'une des grandes causes, la plus importante de toutes celles qui amenèrent la constitution de la propriété privée. Jadis la plupart des économistes se plaisaient à trouver à l'appropriation du sol la plus noble origine, le travail. Mais l'observation de ce qui se passe chez les primitifs actuels montre que ce point de départ dut être bien exceptionnel. Le labeur accompli dans une communauté par l'un des membres profite naturellement à l'ensemble des coparticipants, sans que pour cela ceux-ci songent à décerner à leur compagnon zélé un privilège qui le distingue absolument des contribules. Les inégalités de pouvoir produites par les luttes intestines et les guerres expliquent bien mieux les inégalités de possession qui s'introduisirent dans le gouvernement des sociétés.

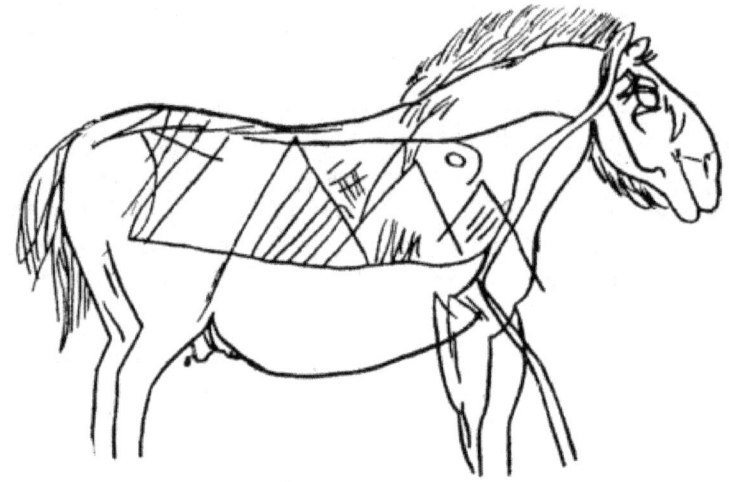

FIGURATION DE CHEVAL (GROTTE DE COMBARELLES)

1/8 grandeur du dessin préhistorique.

Mais, quelque forme qu'ait prise dans l'histoire l'appropriation d'un champ, d'un district ou d'une province par un seul individu, il reste toujours dans le souvenir des hommes et dans le droit traditionnel ou écrit des traces d'une forme antérieure de propriété collective. En maints endroits, les propriétaires de domaines particuliers travaillent ensemble les jours de fête et la terre redevient commune, notamment à Guam, l'île principale des Mariannes[28]. L'illusion du passé renaît joyeusement. Quel bonheur

Élisée Reclus

dans les villages de l'antique Béarn, lorsque tous, du vieillard aux enfants, se réunissent dans les granges, pour « éperruquer » les épis de maïs, en écoutant les histoires de la vieille grand'mère ou les chants des jeunes filles !

FIGURATIONS D'ANIMAUX GROTTE DE COMBARELLES

La bande d'animaux est la représentation à l'échelle approximative de 1 : 40 d'une portion de la paroi de la grotte ; la tête de cheval est à 1/8 de grandeur du dessin préhistorique ; les hachures représentent des stries de peinture noire.

Là où les terres sont divisées suivant leur nature, et où les champs cultivés sont devenus strictement des propriétés particulières, la communauté garde encore quelques droits collectifs sur les forêts ; les pâturages, et les terres sans valeur restent la propriété de tous. Même là où l'expropriation des pauvres a été complète, la tradition se maintient. Le lord anglais qui parcourt ses domaines d'Irlande comprend fort bien le sens caché du regard que lui lancent les

CHAPITRE V

paysans. La guerre se trouve donc par ses conséquences l'artisan le plus redoutable de l'inégalité entre les hommes. Un jeune guerrier, plus fort, plus souple, plus adroit, plus rusé que les autres et peu soucieux du respect traditionnel dû aux anciens et aux coutumes, avait grande chance de s'élever au-dessus des camarades, et d'être reconnu comme chef, non seulement pendant les expéditions de guerre, mais aussi d'une manière permanente, pendant les trêves et durant la paix. Ce fut le commencement de l'institution qui a pris sa forme définitive dans la monarchie, c'est-à-dire le gouvernement d'un seul, placé, de droit ou de fait, au-dessus des lois. Des millions de Louis XIV en germe ont précédé le « Roi-Soleil ».

Ainsi que Gumplowicz l'a fait remarquer très justement, la monarchie est aussi ancienne que l'humanité : elle est plus ancienne même, puisqu'elle existait déjà dans le monde animal[29]. Comme la plupart des institutions humaines, celle-ci était née chez nos ancêtres, les bêtes de la savane et de la forêt : mainte famille d'animaux avait son roi, comme le racontent les fables. Notamment certaines espèces de singes ont des chefs reconnus, devant à leur force physique, à la puissance de leurs bras, à la vigueur de leurs morsures le respect dont les entourent les autres singes de la peuplade. Les mêmes passions ont de part et d'autre des conséquences analogues et pendant le cours des âges les pratiques se sont toujours continuées de génération en génération et d'aïeul animal en héritiers humains, conformément au naturel atavique.

D'ailleurs les langues, interprètes de la pensée, nous montrent d'une manière évidente la genèse de la royauté. Dans presque tous les parlers humains, les titres appliqués aux chefs et aux nobles sont issus du fait de la lutte[30]. L' « empereur » est celui qui commande la bataille ; le « dictateur » dicte des ordres à ses soldats ; le marechal, le sénéchal, le connétable sont préposés à la conduite de la cavalerie ; le « duc » ou « herzog » conduit les bandes, le « jarl » ou « earl » est l'homme fort par excellence, le preux qui frappe à mort, le « chevalier », l' « écuyer », le « valet » se tiennent côte à côte dans le combat[31]. Cependant quelques titres expriment seulement d'une manière générale le fait simple de la domination, soit en paix, soit en guerre, telle l'appellation de « roi ». Dans les langues germaniques, les mots kning, kôonig, king attribuent même à celui qui commande une intelligence, une connaissance supérieure des choses. Déjà le sujet s'humilie devant son maître ; il appartient à des générations asservies depuis assez longtemps pour être devenues courtisanes.

VACHE MARQUÉE ET ORNÉE (PAYS DES MASAÏ, AFRIQUE ORIENTALE)

La monarchie a pu d'autant mieux se consolider chez l'homme qu'il est lui-même un animal « domesticable[32] » comme le chien et tant d'autres espèces. Dompté soit par la flatterie, soit par la terreur, puis maintenu dans la servitude par l'accoutumance, l'homme laisse prendre ses forces et sa vie par celui qui possède le vouloir ; mais, tout en abandonnant la dignité de sa personne, il reste homme par l'affection, les sentiments du respect et de la vénération, et c'est précisément celui qui lui a ravi la fierté qu'il finit souvent par aimer, respecter et vénérer plus que tous autres. « Chien couchant », il rampe aux pieds du maître qui l'insulte et le frappe.

C'est aussi dans le monde antérieur à l'homme que naquit et se développa cet esprit d'obéissance et d'abandon moral, encore si

CHAPITRE V

commun à notre époque, qui permit la naissance des monarchies en un grand nombre de sociétés humaines et qui, pendant le cours de l'histoire, facilita la fondation de ces fameux empires où des milliers d'hommes étaient heureux de se prosterner dans la poussière sur le passage d'un de leurs semblables. Que de fois le dernier hommage de ceux qui périssaient pour le caprice d'un monarque ne s'est-il pas élevé vers celui qui d'un signe les envoyait à la mort ! *Cæsar, morituri te salutant !* ce n'était point la suprême ironie du désespoir, mais bien le dernier acte de l'adoration.

Dans un des petits Etats des îles Palaos, les chefs portent le titre de *mad*[33] ou « mort » : nul, pense-t-on, ne peut les regarder sans mourir.

La tendance à l'imitation est aussi un des phénomènes naturels qui ont le plus contribué à développer l'esprit monarchique dans l'humanité : le faible aime à se modeler sur le fort, le pauvre sur le riche, le laid sur le beau et même le beau sur le hideux devenu souverain.

Il était donc inévitable que le fait d'imitation spontanée fût par degrés érigé en loi, en devoir. Là où la force est solidement constituée, quel est le sujet qui oserait se soustraire à l'obligation de copier son maître ? L'imitation se fait donc, lointaine, respectueuse, par la population tout entière, et cette imitation se changeant peu à peu en une sorte de stupeur, la parole, la pensée deviennent d'autant plus serviles.

Ainsi dans les îles Fidji, lorsqu'un chef tombait sur un sentier raboteux, tous ses compagnons affectaient de tomber également, et si un seul homme restait debout, il était tout aussitôt frappé par ses camarades comme un insolent et un rebelle[34]. De même, lorsque le « Grand Roi », vieillard et cacochyme, se plaignait du poids des ans, quel courtisan ne prétendait au mérite d'être comme lui faible et souffreteux ? Une reine a-t-elle le malheur d'être laide ? Ressembler à sa laideur est devenu la grande beauté. Est-elle difforme ? Il convient de se donner l'apparence d'une difformité semblable. Il est de solides privilèges que se réservent les souverains et qui restent interdits au commun des mortels ; mais ceux-ci ont toujours la ressource de singer leurs maîtres par des grimaces permises, réputées de bon goût.

Élisée Reclus

Un vieil instinct humain mène à la turpitude. (Hugo).

En même temps d'autres passions agissent dans des milieux différents et poussent à l'insurrection, suscitant l'héroïsme. Nulle part les circonstances ne sont identiques et par conséquent, les résultats politiques de la lutte entre tel groupe d'hommes asservis à une volonté supérieure et tel autre groupe dont les membres conservent, à divers degrés, tout ou partie de leur volonté individuelle doivent varier dans tous les lieux et à tous les âges. Cependant, au point de vue spécialement géographique, il importe de savoir comment les formes politiques des sociétés correspondent normalement aux diverses formes terrestres dans l'évolution primitive de l'humanité, et l'on peut établir à cet égard des règles générales, qui prévalurent aussi longtemps que la constitution de grands Etats centralisateurs disposant de moyens de coercition formidables ne vint pas effacer les contrastes originaires.

Prenons, par exemple, un pays de montagnes, dont la population, forcément clairsemée, se répartit par faibles communautés en des vallées d'étendue peu considérable, bien limitées par des cluses de passage difficile et par des arêtes de rochers qu'obstruent souvent les neiges ou les glaces. En ces petits mondes fermés, chacun a son travail défini par les conditions mêmes du milieu, et les journées sont bien remplies : fenaison et engrangement, jardinage, coupe des bois, surveillance des bestiaux, fabrication des fromages sont les besognes qui s'imposent pendant toute la partie vivante de l'année, et, pour un grand nombre des natifs, le travail continue pendant la saison froide, grâce à l'émigration temporaire. La défense est facile, vu l'escarpement des roches et l'inaccessibilité des chemins, et, dans le cas où ces conditions n'empêcheraient pas les ennemis d'attaquer les montagnards, la tactique à suivre n'a rien de compliqué qui oblige ceux-ci à s'en remettre à un chef unique pour l'intérêt de la patrie minuscule.

Chaque individu, de par ses habitudes et la conduite de sa vie, a volontiers confiance en soi-même : il peut bien s'entendre avec le « premier des pairs », avec le combattant reconnu de tous comme le plus vaillant ou le plus rusé, et cela même constitue pour celui-ci une certaine autorité effective en temps de péril public, mais que l'opinion ne sanctionnerait pas en temps ordinaire et qui est par conséquent presque nulle. Le danger du commandement ne prend un caractère de gravité redoutable que lorsque des tribus de montagnards dévalent en masse de leurs hauteurs pour faire la conquête des plaines basses et y fonder des empires, où ils changent, rapidement de mœurs et finissent par se perdre dans les nations ambiantes plus civilisées.

Les vallées de l'Himalaya et de l'Hindu-kuch, celles du Szelchuen, du Caucase, des Apennins, des Pyrénées, des Alpes occidentales offrent de très nombreux exemples de ces petites démocraties locales qui subsistèrent pendant des milliers d'années et dont plusieurs se sont maintenues sous des formes modernes. Dans la presqu'île de Malacca et les grandes îles indo-malaises, dans les îles chinoise de Haïnan et japonaise de Formose, les régions de l'intérieur, étoilant leurs vallées sur le pourtour d'un massif en forme d'épine dorsale, sont également, ou du moins étaient naguère, habitées de populations républicaines dont les institutions se déterminaient par la division des hautes terres en domaines distincts.

Toutefois l'architecture du massif ou de tout autre système de montagnes peut être de nature à faciliter la constitution d'un empire. Ainsi les bassins lacustres où se trouvent les villes de Tezcuco et de Mexico et qu'appuie tout un cercle de plateaux devaient par leur position même donner une grande prépondérance aux populations qui les habitaient, et celles-ci en profitèrent pour asservir les habitants des vallées divergentes, beaucoup plus faibles et sans cohésion naturelle. De même, les familles gouvernantes des Inca, auxquelles s'étaient soumises les nations des Aymara et des Quichua, vivant sur les hauteurs andines, entre les deux cordillères se trouvaient nanties, grâce à la forme du relief continental, d'une puissance d'attaque véritablement formidable, dont elles ne manquèrent pas d'user contre toutes les peuplades voisines habitant sur les pentes extérieures des monts, d'un côté le versant du Pacifique, de l'autre les forêts de l'Amazonie. En Europe même, un pays de montagnes et de larges vallées intermédiaires, la Suisse, qui présente un caractère mixte au point de vue géographique, offre également une double évolution dans son histoire : d'une part la défense victorieuse de son indépendance, grâce au cantonnement des pâtres en des bassins difficiles d'accès aux gens de la plaine, d'autre part l'extension conquérante de la communauté sur les campagnes inférieures. Ainsi la puissante Berne, à la fois plaine

Élisée Reclus

et montagne, oligarchie et république, s'empara du pays de Vaud, qu'elle opprima durement jusqu'à la fin du dix-huitième siècle ; les petits Etats associés qui entourent le lac des « Quatre cantons » tinrent sous leur domination politique le Tessin et la vallée du Rhin en amont du lac de Constance, de même que les grisons étaient maîtres de la Valteline, tels des aigles terrassant des moutons.

N° 38. Morcellement d'un territoire montagneux, il y a 600 ans.

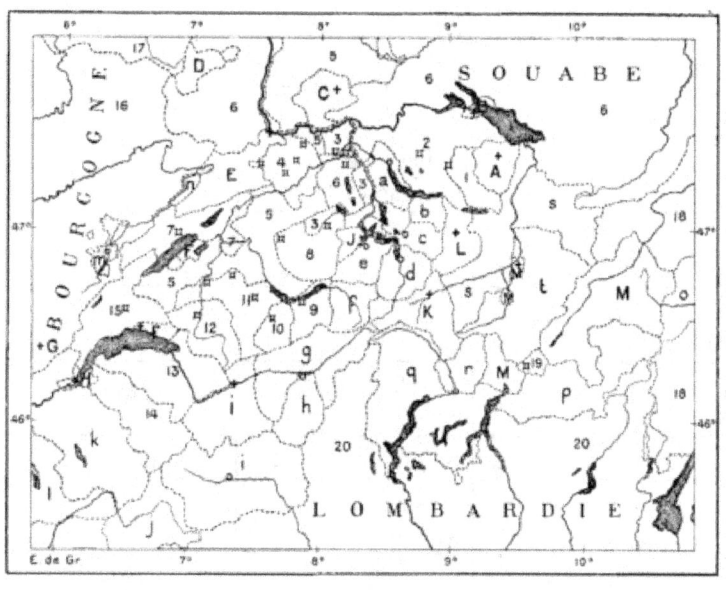

1: 3 500 000

Territoires ecclésiastiques.	d. Uri.	2. Kyburg.
	e. Stanz.	3. Habsburg.
A. Abbaye de Saint-Gall.	f. Haslithal.	4. Falkenstein, Thierst, etc.

B. Evêché de Constance.	g. Haut-Valais.	5. De Freiburg à Soleure et Brisgau (Zähringen).
C. Abbaye de Saint-Blasien.	h. Viège (Visp).	
D. Evêché de Strasbourg.	i. Val d'Aoste.	6. Lenzburg et Haute-Alsace (Hohenstaufen).
E. Evêché de Bâle.	j. Tarentaise.	
F. Evêché de Lausanne.	k. Genevois.	7. Neuchâtel.
G. Abbaye de Saint-Claude.	l. Savoie.	8. Brandis, etc.
H. Evêché de Genève.	m. Barochage de Pontarlier.	9. Unspunnen, etc.
I. Evêché de Sion.	n. Franches-Montagnes (1383)	10. Tellenberg.
J. Abbaye de Murbach.	o. Tyrol.	11. Wissenberg. etc.
K. Abbaye de Dissentis.	p. Valteline.	12. Gruyère.
L. Abbaye de Glaris.	q. Vallées du Tessin.	13. Chablais.
M. Evêché de Coire.	r. Bellinzona.	14. Faucigny.
Territoires démocratiques ou douteux.	s. Bludenz, Sargans, etc.	15. Cossonay, etc.
	t. Prättigau, Razuns, etc.	16. Bourgogne.
	Territoires féodaux ou douteux.	17. Lorraine.
a. Zürich.		18. Maison de Wittelsbach.
b. Rapperschwyl.		19. Bergallia.
c. Schwytz.	1. Toggenburg.	20. Lombardie.

Diverses contrées non montagneuses offrent à leurs habitants des conditions analogues à celles que présentent des vallées de faible étendue, soit qu'elles se ramifient sur le pourtour d'un massif ou qu'elles soient disposées des deux côtés d'une longue arête. Même en des plaines continentales, en des régions marécageuses, sur des côtés maritimes, en des archipels, se rencontrent des districts qui par leurs conditions naturelles favorisent la naissance de petites communautés distinctes jouissant d'une réelle autonomie dans un organisme fédéral.

Ainsi le régime primitif déterminé par la nature même des lieux devait se maintenir jusque dans les temps modernes en des pays comme celui des Frisons, où les communications étaient rendues difficiles, du côté de la mer par le manque de profondeur et la violence des tempêtes, du côté de la terre par des marais et des prairies tremblantes. Les espaces asséchés et fertiles qui occupent la zone intermédiaire étaient autant d'îlots évités par le va-et-vient des conquêtes, et peuplés de gens ayant eu de siècle en siècle la pratique de la liberté : ils pouvaient espérer l'oubli, à moins que le désastre d'un déluge ne les forçât à sortir de leurs retraites pour prendre part aux guerres des voisins.

Des oasis parsemées dans les sables, comme celles de l'Egypte et de l'Arabie, de même que des îles voisines les unes des autres et peu différentes en grandeur et en ressources, notamment celles de la mer Egée et de certains parages insulindiens, offraient des avantages analogues pour faciliter une constitution républicaine des habitants. Des peuplades de bergers, vivant chacune dans un pli de la steppe, ont pu également se maintenir pendant de longs siècles dans un bel équilibre de paix et de liberté ; mais lorsqu'un conquérant les ramassait en une horde, c'est-à-dire en un « camp de guerre », ou bien que, refoulées en masse par quelque révolution de la nature ou de l'histoire, elles étaient forcées par contre-coup de se déverser violemment sur le monde, tout changeait brusquement dans leur genre de vie et dans leur influence sur les autres hommes.

Il n'est pas de fléau comparable à celui d'une nation opprimée qui fait retomber l'oppression, comme par une fureur de vengeance, sur les peuples qu'elle asservit à son tour. La tyrannie et l'écrasement s'étagent ainsi, se hiérarchisent dans l'immensité des foules, ayant à leur tête un maître universel, à leur base une masse avilie d'esclaves, et comme intermédiaires une tourbe de gens, subordonnés d'une part, surimposés de l'autre, infligeant rageusement à leurs inférieurs les avanies dont ils ont eux-mêmes à souffrir.

CHAPITRE V

Dessin de G. Houx, d'après des documents photographiques.

TRIBU DE BERGERS ABABES, VIVANT DANS LES STEPPES

L'organisation politique d'un ensemble considérable d'hommes dépend en très grande partie de leur nombre, car la domination d'un maître mystérieux sur des inconnus par l'intermédiaire de « lieutenants », de « proconsuls », de « vice-rois » est d'un maintien beaucoup plus difficile que les privilèges d'un camarade, d'un compagnon d'existence sur les centaines ou même les milliers d'hommes de son entourage.

Il est de toute évidence que les vicissitudes, les révoltes locales n'ont qu'une faible valeur historique en comparaison de révolutions embrassant des nations entières par une série de réactions directes ou indirectes. De là le rôle capital accompli dans l'évolution par tous les faits qui rompirent l'isolement des tribus, pour les mélanger avec d'autres sociétés, rapprochées ou lointaines, ou les unir en une seule masse par des fédérations ou des conquêtes. Les changements du relief et des contours terrestres provenant de commotions volcaniques, d'écoulement de laves, d'écroulements, d'inondations, de tempêtes eurent leur part dans le déplacement des peuples et leur remaniement, ainsi que les contagions et les fléaux de toute espèce, les guerres, les poursuites et les retraités.

Les découvertes de passages à travers les montagnes, les savanes, les forêts, les fleuves, les bras de mer furent aussi au nombre des grands événements survenus dans la préhistoire. Il est vrai que ces derniers faits durent pour la plupart passer inaperçus, s'accomplissant en détail par mille initiatives locales, mais ce n'en furent pas moins des œuvres d'une importance de tout premier ordre dans le développement de l'humanité.

Différents par les mœurs et les coutumes, la couleur et la nuance de la peau, le crâne, la structure des organes participant à l'émission de la voix, les groupes humains que le milieu découpait en hordes, tribus et nations se sont trouvés si parfaitement isolés les uns des autres que la bouche ne s'est plus accommodée à prononcer les mêmes sons ni l'oreille à les percevoir. Les langues se sont créées comme s'étaient formés les types nationaux et, comme ces mêmes types, elles ont cherché leur état d'équilibre, les unes pour se maintenir simplement, les autres pour gagner peu à peu en extension.

Autour du monde historique actuel constitué par les civilisations conscientes, se dessine le monde préhistorique des langues non écrites, ou recueillies seulement par les sociétés d'évangélisation religieuse françaises, allemandes, anglo-saxonnes surtout ; et ces divers parlers, dont le nombre s'élève à plusieurs milliers, évoluent très diversement suivant les conditions qui les entourent : soit l'isolement, soit les relations amicales avec le voisinage, soit les pressions latérales qui les forcent à se déplacer, à se transformer, même à périr.

En Océanie, dans les terres si nombreuses de l'Insulinde, a lutte s'est produite entre les langues générales à grande extension, telles que le maori, le malais et les idiomes locaux. Le contact, les échanges commerciaux ayant eu pour conséquence définitive d'unir, d'unifier les individus, il se trouve qu'après des millions d'années d'intercourse, les grandes langues de trafic ont étendu leur aire sur de grandes surfaces ; cependant il ne manque pas de petites tribus, à Célébès, dans la Nouvelle-Guinée, en Australie, possédant chacune, comme des nids d'oiseaux, leur parler différent. De même, dans le continent d'Afrique, de grandes langues conquérantes, l'arabe, le suaheli, le haoussa, divers idiomes bantou, et maintenant les jargons anglais et autres sabir l'emportent graduellement sur les langages naturels, mais que de petites communautés où l'on se comprend encore par des mots inconnus ailleurs !

CHAPITRE V

L'Amérique méridionale est le continent où la population primitive est encore le plus clairsemée et où, par contraste, la série des vocabulaires distincts est le plus amplement représentée.

N° 39. Langues des Peaux-Rouges.

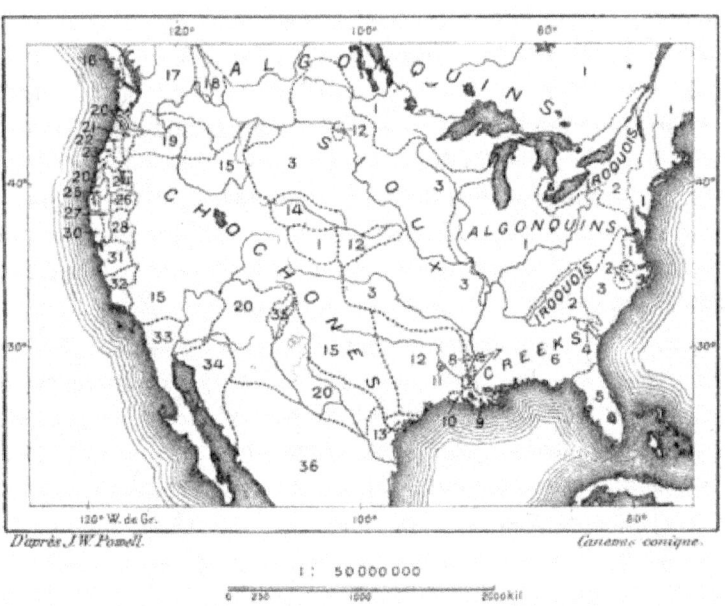

1. Algonquins.	20. Athapascan.
2. Iroquois.	21. Chinkokan et Wanlatpuan.
3. Sioux.	22. Kalapooian et Salichan.
4. Uchean.	23. Yakonan et Kusan.
5. Timuquanan.	24. Takilman, Lutuamian et Sastean.
6. Muskogies ou Creeks.	25. Quoratean, Weitspekan, Chimarikan et Wichoskan.
7. Tonikan.	
8. Natchez.	26. Palaihnihan et Yanan.
9. Chitimachan.	27. Copehan.
10. Attacapan.	28. Pajunan et Wachoan.

11. Adaizan.	29. }	K u l a n a p a n , Yukian.
12. Caddoan.	30.	Moquelumnan.
13. Karankawan.	31. Costanoan, Mariposan, Esselenian et Moquelumnan.	
14. Kiowan.		
15. Chochones.	32. Salinan, Chumachan et Mariposan.	
16. Wakashan et Chimakuan.	33. Yuman.	
17. Salichan.	34. Piman, Seri.	
18. Kitunahan.	35. Tañoan, Keresan.	
19. Chahaptian.	36. Zuñi, Coahuiltecan et Athapascan.	

L'appellation américaine a été conservée à défaut de noms usités en français.

Des milliers de groupes amazoniens ont chacun son dialecte, grâce à la paix qui s'est établie entre des tribus d'égale valeur en culture et sans ascendant spécial. Cependant à l'ouest, dans les montagnes, le quichua, l'aquava, le tahuelche eurent naguère un grand pouvoir d'absorption et, dans le Brésil central, le va-et-vient des bateliers sur les fleuves fit du guarani une langue qui mérita d'être appelée *lingoa géral*. Enfin, dans l'Amérique septentrionale, les langues des Peaux-Rouges étaient en guerre comme les tribus elles-mêmes, et l'on constate que plusieurs d'entre elles semblaient en voie de disparition : en Californie, dans l'Orégon, sur tout le versant du Pacifique, la pression des conquérants a poussé les nations indiennes dans un espace de plus en plus rétréci.

De même que la langue transmet fugitivement la pensée émanée du groupe, la main cherche à la défendre, à la maintenir, à l'éterniser même, puisque partout nous trouvons des signes gravés : marques symboliques, pictographies, hiéroglyphes, dont l'aboutissant est l'écriture où les traits répondent aux sons. Tous les archéologues nous rapportent des dessins rupestres, élémentaires pour la plupart, mais d'autant mieux choisis pour répondre à des idées simples. La croix, le cercle, la cupule, la grecque, le labyrinthe se retrouvent partout[35] : mais le difficile est de trouver la filiation entre les premiers signes et nos alphabets. Les Indiens de l'Amérique du Nord, les Quichua avec leurs nœuds de cordes, les Dahoméens de la Guinée avec leurs sécades ou signes inscrits sur des fragments de calebasses entretenaient des correspondances très vives et très détaillées à travers tout le pays.

Chez tous les peuples, la langue fut dite de tout temps et à bon droit « maternelle » : les mères furent toujours les patientes éducatrices de l'enfance. Le père se tait, mais la mère répète les mots, elle fait le perroquet pour encourager l'enfant à le faire aussi. La femme fournit le premier vocabulaire, le premier cahier de chansons, le premier recueil de contes ; c'est elle qui conserve et permet ainsi de développer toutes les acquisitions de l'humanité. Et de plus « tout ce qu'il y a de vraiment indispensable pour la conduite de la vie nous a été appris par les femmes, le sourire, les beaux gestes, la politesse, l'art de plaire »[36].

Les influences directes du sol et du climat que l'homme subit en premier lieu et qu'il apprend à combattre en créant et en développant des industries, en accommodant diversement son genre d'existence à des milieux différents, en s'entr'aidant d'individu à individu, de peuplade à peuplade et de nation à nation se compliquent des réactions qui se produisent dans son intelligence en lui suggérant des explications naïves de tous les faits du monde extérieur. L'enfant, homme ou peuple, ne saurait admettre la moindre hésitation quant à la causalité de tout ce qui frappe ses sens : il exige une réponse à toutes les questions qui se posent devant lui : mais n'ayant encore aucune science positive, il doit, pour comprendre l'univers, se contenter des hallucinations de sa vue, des rêves incertains de sa pensée, des interprétations que lui donnent sa peur ou son désir : il ne sait pas, mais il croit, et se sentirait irrité si l'on émettait le moindre doute sur l'objet de sa foi que partagent avec la même assurance les amis et les compagnons de clan, tous ceux qui se trouvent sous l'action d'un milieu identique.

Élisée Reclus

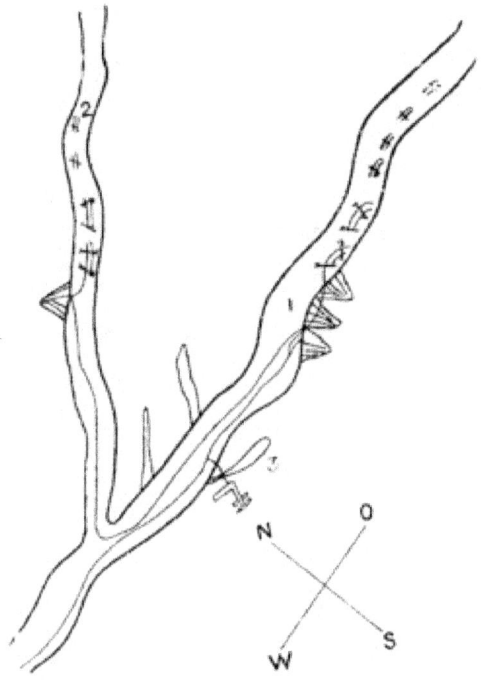

PICTOGRAPHIE DES JUKAGUIRES

Un voyageur ayant pris rendez-vous avec des Jukaguires au confluent de la Kolyma et du Korkodon (Sibérie orientale) trouva, non les indigènes, mais ce pictogramme gravé dans l'écorce d'un bouleau et il le lut ainsi : Cet été, quatre familles ont remonté le Korkodon (1) ; un homme (désigné par son signe totémique) est mort et fut enterré en 3. Les familles se sont établies plus haut en trois tentes ; puis deux d'entre elles, comprenant quatre pêcheurs, sont parties vers l'amont du Korkodon en deux grandes barques, tandis que les autres familles, ne comprenant que deux pêcheurs et n'ayant qu'une tente, ont remonté l'affluent Ras'socha (2).

Cet ensemble de croyances illusoires et d'espérances chimériques, ces légendes incohérentes sur le monde visible et invisible, ces récits primitifs que la tradition recueille et que la puissance de l'hérédité transforme en dogmes absolus et extra-terrestre sont ce que l'on désigne sous le nom de « religion ».

CHAPITRE V

En haine de tel culte dominateur dont les interprètes puissants voulaient imposer les pratiques, même aux non-croyants, des écrivains ont cru pouvoir affirmer que certaines peuplades, vivant sans religion aucune, étaient complètement dépourvues de l'idée d'un au delà : que, simplement occupées des intérêts immédiats de leur vie journalière, elles se bornaient à rechercher leur bien-être matériel sans s'interroger sur les causes des phénomènes environnants, sans en poursuivre l'origine dans le monde inconnu. Il existerait, disent-ils, des peuples foncièrement irréligieux : tels les Ta-Ola ou « Hommes des Bois » que les deux Sarrazin ont découverts dans les profondeurs sylvestres de Célébès.

Pour donner du corps à cette affirmation, on cite l'exemple de fouilles en des emplacements de villages préhistoriques, où nul objet ne paraît avoir servi aux cérémonies d'un culte : au milieu de tant d'outils, dont plusieurs eurent un usage encore inexpliqué, on n'en voit aucun qui semble avoir été employé par les prêtres pour faire apparaître des dieux secourables ou pour conjurer des génies mauvais. Quand même le fait serait incontestable et que les héritages légués par nos ancêtres n'eussent contenu — chose bien improbable — ni fétiches, ni amulettes, ni baguettes magiques, on ne serait pas autorisé à en conclure que l'homme primitif, simple machine à fonctions corporelles, n'était pas en outre sollicité par la curiosité de l'inconnu. Ignorer la cause d'un fait et néanmoins la supposer par imagination pure est un travers naturel à tous les hommes.

Mais sur quels témoignages s'appuie-t-on d'ordinaire pour avancer l'opinion que parmi les tribus qui vivent encore ou vivaient récemment en dehors de l'influence directe des blancs, plusieurs sont étrangères à toute idée religieuse ? Sur ceux des missionnaires ou autres voyageurs chrétiens qui devaient avoir une tendance naturelle à considérer leur propre religion comme la seule réelle : lorsque, à l'énoncé de leurs croyances, catholiques ou protestants étaient accueillis par des rires de moquerie ou par un étonnement stupide, ils en concluaient aussitôt que leurs interlocuteurs n'étaient pas des êtres religieux. C'est ainsi que presque tous les peuples de civilisation non européenne furent jugés d'abord. Australiens, Cafres, Hottentots, Polynésiens, qui pourtant ont une mythologie si complète et qu'il a été si utile d'étudier dans toutes les questions

Élisée Reclus

de mentalité comparée, ont été classés jadis parmi les peuples dépourvus de religion.

D'ailleurs, il est des sauvages qui aiment à écarter les questions indiscrètes. Un voyageur rencontre dans l'île de Ceylan de jeunes Veddah, fiers, solides, chevelus et barbus : « Y a-t-il un Dieu ? » leur demande t-il. — Nous ne savons pas ! — Le soleil et la lune vivent-ils ? — Qui le sait ? — Que devient l'âme après la mort ? — Nous l'ignorons. — Avez-vous peur des démons dans la forêt ? — Non. » De pareils entretiens ne prouvent qu'une chose, l'incompatibilité d'humeur entre les Veddah et leurs interlocuteurs blancs[37].

N° 40. Religions du Dahomey.

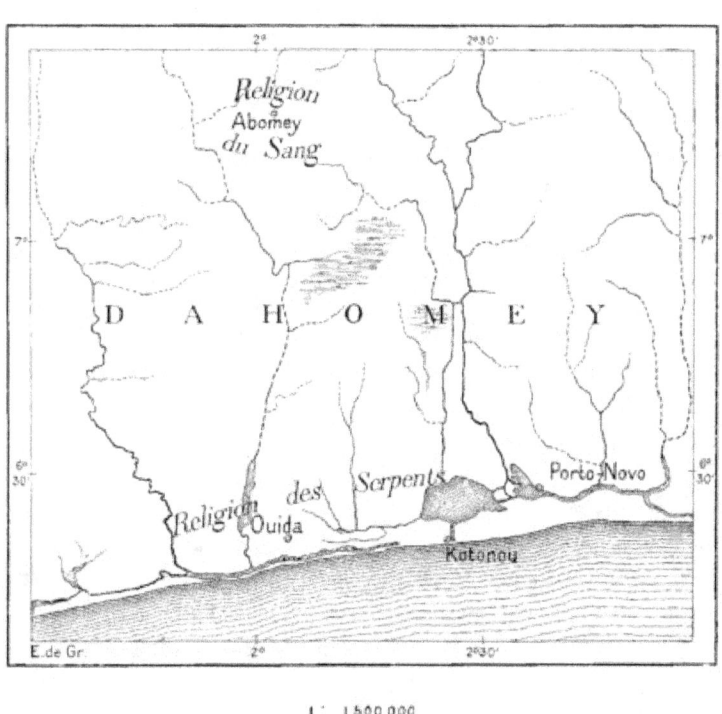

de mentalité comparée, ont été classés jadis parmi les peuples

Une autre source de confusion provient de la qualification d' « athées » que philosophes et théologiens ont donnée aux sectes, même profondément religieuses, qui ne mettent pas à la tête du panthéon, au sommet de l'Olympe ou du Mérou un maître suprême, un dieu unique, à la fois créateur, conservateur, destructeur. Ainsi, par une étrange contradiction, les bouddhistes, dont la doctrine ou plutôt les doctrines diverses témoignent d'une étude si consciencieuse et si approfondie de la nature présente et du monde de l'au delà, ont été déclarés antireligieux, parce que l'excès même de leurs sentiments éveillait en eux le désir de se perdre dans l'infini des choses.

Certainement il est des tribus ou populations qui, vivant dans un milieu favorable de paix et de bien-être, ont été relativement peu soucieuses des mystères de la vie et de la mort et, jalouses de leur liberté, n'ont pas laissé se constituer au-dessus d'elles une caste de prêtres, mais elles n'en étaient pas moins composées d' « animaux religieux »[38], comme tous leurs congénères humains. Par cette définition d'animal religieux donnée à l'homme, de Quatrefages avait l'intention de constituer un « règne humain » bien à part, suspendu, pour ainsi dire, entre le ciel et la terre ; mais du même coup les « frères cadets » de l'homme se trouvèrent emportés avec leur aine. Nombre de philosophes modernes, entr'autres Comte, sont disposés à admettre la religiosité de l'animal, au moins dans une mesure étroite, et Tito Vignoli reconnaît l'origine du mythe chez l'animal aussi bien que chez l'homme[39].

Les ouvrages anciens sont remplis d'historiettes ou de graves récits montrant combien nos ancêtres croyaient à la ressemblance originaire des conceptions chez tous les êtres organisés. Les bêtes passaient pour nos égales à tous les points de vue ; elles pouvaient être même nos supérieures, puisque plusieurs d'entre elles furent choisies comme objets du culte. N'adora-t-on pas chez mille peuples du monde, et notamment dans le pays africain de Ouida (Whydah), le serpent qui naît de la Terre et qui, s'enroulant en cercle, se mordant la queue, devient l'être qui ne finit point, le symbole de l'Eternité ? Dans la légende hébraïque, le serpent représente l'intelligence même, la science du Bien et du Mal. Dans les religions hindoues, si riches en transformations et en avatars de toute espèce, de la plante à l'animal et de l'animal au dieu, n'est-ce pas Ganesa, c'est-à-dire l'Eléphant, qui est devenu le type de la sagesse, et, dans l'île de Bali, n'en a-t-on pas fait, avec Dourga et

Élisée Reclus

Siva, la troisième personne de la Trinité ? Le singe Hanuman et surtout la vache sacrée des Brahmanes ne sont-ils pas aussi de très grandes divinités, vers lesquelles se tournent les regards de deux cent millions d'hommes ? Apis et Anubis régnèrent pendant de longs siècles sur les riverains du Nil, et le dieu Juifs n'avait-il pas, dans son entourage immédiat, donné la force souveraine à des taureaux ailés ou « chérubins », de même qu'à des « séraphins » ou grandes sauterelles ? C'est aussi un culte religieux qui fut rendu par les tribus primitives aux bêtes de la forêt, de la savane et de la mer, au cerf, au caribou, au chevreuil, à l'antilope, au castor, à l'ours, au bison, à l'ému, au phoque, à la baleine, au kangourou, tous animaux que des groupes de familles revendiquent encore avec orgueil comme ancêtres. Par une sorte d'atavisme, des Haïtiens — et on leur en fait un crime — adoraient le dieu de leurs ancêtres du Dahomey, le serpent Vaudou.

(Musée Guimet).
GANESA, L'ÉLÉPHANT, TYPE DE LA SAGESSE

CHAPITRE V

Même les chrétiens, au nom desquels des philosophes refusent la religiosité à ces animaux, dont le nom signifie pourtant « possesseurs du souffle », ou « qui ont une âme », les chrétiens ont souvent manqué à la logique dans leur histoire religieuse, puisque mainte assemblée de l'Eglise, affirmant la responsabilité de tel ou tel animal, le condamna au bûcher, à la hart ou à la hache. Et chaque évangéliste n'est-il pas souvent accompagné de son animal emblématique ? En réalité, chaque peuple se laisse aller volontiers à doter les êtres vivants de ses propres croyances. Les conciles chrétiens conjuraient les bêtes au nom de la « très sainte Trinité », et la mythologie du moyen âge, faisant des animaux les interprètes de la Vierge ou de Satan, des saints ou des démons, leur attribuait toujours la plus sûre connaissance de la « sainte religion ».

De même, les Péruviens, fils des Quichua et des Aymara, qui furent eux-mêmes les adorateurs du dieu Soleil, ont assez gardé leur ancien culte pour s'imaginer que les Hamas, leurs animaux de charge, ne manquent jamais, au moment où l'astre se lève, de se tourner vers lui et de le saluer par de légers bêlements. Trop timides pour oser, en présence des prêtres venus d'outre-mer, se prosterner devant l'orbe sublime qui fait soudain resplendir les monts, les Andins se donnent leur doux compagnon de voyage pour suppléant dans cette œuvre religieuse[40].

Les caravaniers musulmans de la Perse et de l'Arabie, ayant remarqué que les animaux du convoi, chameaux, chevaux et mulets, s'arrêtent soudain au moment où ils entendent la voix du muezzin qui, en tête de la caravane, sollicite les fidèles à la prière, en concluent que les bêtes elles-mêmes connaissent leur devoir envers Allah[41].

Mais sans recourir aux fables, il suffit d'étudier les bêtes avec lesquelles nous vivons, pour voir fonctionner en elles le sentiment religieux presqu'aussi nettement que chez les hommes. Sans doute, elles n'ont pas la parole pour exprimer leurs sensations, mais n'ont-elles pas les mouvements du corps, les gestes, les regards, les mille intonations de la voix, et ce frisson mystérieux qui fait comprendre soudain les sentiments et les pensées ? Il est certain que parmi les « candidats à l'humanité » le chien, le chat, le cheval, les animaux domestiques partagent souvent les frayeurs subites dont l'homme, le chef de la famille, se trouve atteint : êtres religieux comme

Élisée Reclus

leur maître, ils éprouvent aussi la terreur de l'inconnu, et leur imagination suscite des fantômes ; ils cherchent à remonter de l'effet à la cause, mais ne savent pas interpréter l'événement et s'en donnent des explications qui les effraient[42].

N'a-t-on pas également observé chez des animaux une inexplicable passion pour tel ou tel objet qui ne leur est pourtant d'aucune utilité pratique ? Ils y voient comme une sorte d'amulette, comme un fétiche, analogue à ceux dont se servent les nègres. Enfin, l'affection profonde, victorieuse de tous les déboires, résistant à toutes les épreuves, que tel animal voue à l'homme, son ami, n'entraîne-t-elle pas un véritable culte religieux exactement de même nature que celui dont nous brûlons pour ceux que divinise notre amour ?

LES ÉVANGÉLISTES SAINT LUC ET SAINT MARC
ET LEURS ANIMAUX EMBLÉMATIQUES
Sculpture du portail de l'église de St-Gilles (Vaucluse)
(XIIIe siècle)

Au fond, toutes les religions, celles de l'animal aussi bien que celles de l'homme, tous les cultes, si différents qu'ils apparaissent, si hostiles qu'ils puissent être l'un à l'égard de l'autre, ont des

CHAPITRE V

origines analogues et se développent suivant une marche parallèle. Chaque être humain, entraîné dans le tourbillon général de la vie et désireux néanmoins de sauvegarder, de développer sa force individuelle, cherche un soutien dans le monde extérieur pour se rassurer quand les craintes l'assaillent, écarter les dangers qui le menacent, réaliser les vœux qui le travaillent.

Que la frayeur soit le sentiment initial, comme le disent les livres sacrés et classiques, — « la crainte de Dieu est le commencement de la sagesse » — ou que ce soit, d'une façon plus large, le désir du mieux, la recherche du bonheur, ainsi que le démontre Feuerbach[43], l'homme veut se rattacher à tout ce qui, en dehors de lui, paraît à son imagination un moyen de protection efficace, et qu'il rend tel par l'ardeur de sa passion. Tel est bien le principe de la religion, toujours le même.

La croyance de l'individu, du groupe, de la peuplade ou de la nation prend ensuite le caractère spécial que lui imposent le milieu géographique primitif et le milieu historique, secondaire et complexe.

C'est un fait de signification profonde que le nom donné par les antiques Germains à leur plus haute divinité soit précisément celui d'Oski ou « Désir » : deux mille ans plus tard, la philosophie vient attester cette étymologie en reconnaissant que le dieu créé par l'homme est bien la figuration, de ses vœux. Ce que nous voulons, une puissance idéale imaginée par nous doit l'accorder : elle se crée pour nous satisfaire.

Toutes les religions eurent aussi à leur origine un élément nourricier d'importance capitale, le besoin de détente intellectuelle, qui se manifeste de deux manières : par le repos et par l'ivresse.

C'est une fatigue de penser, de comparer, de raisonner, de conduire sa vie, d'enchaîner ses agissements, de transformer logiquement des volontés en réalisations ; et que faire pour se reposer de cette fatigue, sinon déraisonner à plaisir, se laisser entraîner par la volupté de l'imagination déréglée, par celle du mysticisme qui rend possible toute impossibilité, par les délices de la folie ou même par celles de la mort, qui suppriment tout savoir et tout vouloir ? A l'activité succède le sommeil par un rythme normal ; de même l'alternance est naturelle de la vie raisonnable à celle qui méprise toute raison et cherche une autre justification de son existence. De là ce besoin des liqueurs fermentées ou des poisons affolants que l'on rencontre sous mille formes chez tous les peuples de la Terre et qui scandent si agréablement la vie des malheureux et même celle des heureux. Le famélique se donne ainsi les beaux rêves des éternels festins ; celui qu'on n'aime point se procure l'infini bonheur de l'adoration éperdue ; la paralysie vient à celui qui désire le repos.

UNE FUMERIE D'OPIUM

Cette lassitude de l'effort et ce besoin d'extase qui se manifestent plus ou moins chez tous les hommes prennent en tout temps et en tout pays un caractère général par le fait de la ressemblance des milieux, de la contagion, de l'imitation, et c'est ainsi que naissent les associations religieuses, occupant parfois de vastes étendues et d'apparence unitaire. Chacune de ces foules qui, d'un mouvement collectif, se trouve entraînée par la même passion, obéissant au même vent d'angoisse, de désespoir, de délire, de folie, aime à se conformer aux mêmes pratiques, à se procurer les mêmes hallucinations, et d'ordinaire par les mêmes moyens.

Des milliers de religions ont pris assez d'importance pour

se constituer en corporations, ayant leurs officiants, leurs prêtres ; quelques-unes ont jusqu'à leurs demi-dieux ou leurs dieux visibles, dont les paroles, les gestes, les moindres actions remplacent les raisonnements du fidèle et jusqu'au témoignage de ses sens. Des cérémonies collectives ont lieu pendant lesquelles l'individu abdique complètement. Pendant certaines heures imposées, il lui faut se lever, s'asseoir, tourner en mesure, prononcer certaines paroles, obéir à certaines ondulations, à des refrains traditionnels, respirer certaines odeurs, s'enivrer de certaines boissons, vivre et se mouvoir conformément à des mouvements imposés par un chef ou par des traditions immémoriales.

C'est ainsi qu'il apprend à pirouetter comme un derviche tourneur, qu'il devient anesthésique comme un Aïssaoua traversé d'épingles et de broches, qu'il « monte au septième ciel » comme un Paul ou comme un Mahomet, qu'il se fait même « assassin » pour obéir à la volonté d'un Vieux de la Montagne. La vie banale de l'homme en santé morale est remplacée par une vie nouvelle de rêve et de folie.

La façon dont l'être humain conquiert sa nourriture constitue l'axe de son ravissement religieux aussi bien que de toutes ses pensées, de son genre de vie, de ses coutumes, de sa science et de son art. C'est principalement autour du gagne-pain que se meut le cercle de son activité mentale[44]. Le chasseur et le pêcheur introduiront toujours dans leurs contes et poésies l'animal qu'ils poursuivent et le rangeront parmi leurs dieux. Le nomade cheminant sans cesse avec ses troupeaux se verra toujours, sur cette terre ou dans le monde lointain qu'il rêve, accompagné de ses chameaux, bœufs ou brebis, et maintiendra parmi eux l'ordre de préséance accoutumé. Enfin la parabole de l'immortalité de l'âme, qui, depuis des milliers d'années, eut constamment pour élément primordial le grain nourricier jeté dans la terre, aurait-elle pu prendre naissance autre part que chez une nation d'agriculteurs ? Qu'un peuple change de patrie par refoulement de guerre ou par migration spontanée : aussitôt ses légendes, ses traditions s'accommodent au milieu nouveau, et même dans nos grandes religions modernes, bouddhisme ou catholicisme, le code des croyances officielles le plus strictement réglé par les prêtres finit par se modifier, tout en gardant son cadre antique de cérémonies.

Élisée Reclus

Dessin de G. Roux, d'après des documents du Musée Guimet.

UN PRÊTRE TAÔISTE. — CONSÉCRATION D'UNE IDOLE

Spontanément l'homme primitif, sentant la vie fermenter en soi, attribue à tous les objets qui l'entourent une vie analogue à la sienne. Une pierre vient le frapper, il en veut aussitôt à la pierre qu'il croit être animée d'intentions ennemies. S'il lui arrive de buter contre une saillie du sol, il se rue contre cette aspérité comme si elle avait été méchante pour lui. Il aime la branche qui le caresse de ses feuilles, la fleur qui le réjouit de son parfum, et il invective le rameau qui le fouette au passage, la ronce qui le déchire, la baie amère qui trompe son désir.

Chaque impression, agréable ou désagréable, suscite aussitôt plaisir ou haine ; il se sent rattaché à tout son milieu par un flot de sentiments qui l'entretiennent dans une constante illusion religieuse

CHAPITRE V

relativement au monde extérieur. Sous sa forme rudimentaire, très facile à observer chez les animaux et chez les enfants qui battent ou lacèrent furieusement le brimborion dont ils se plaignent, cet animisme paraît ridicule à ceux qui voient parfaitement le rapport de cause à effet entre la pierre indifférente et la main hostile qui la lança ; mais la conception erronée de la vie universelle continue de se retrouver jusqu'à nos jours dans les idées morales et dans l'histoire religieuse.

C'est que les mille accidents de la vie journalière sont, pour la plupart, d'une genèse difficile à comprendre, la connaissance des phénomènes n'étant encore révélée que dans notre tout proche horizon ; et cependant le besoin de tout expliquer agissant nécessairement sous une forme au moins rudimentaire, l'homme primitif se sent tout naturellement porté à chercher dans les objets immédiats de son entourage les causes mystérieuses des événements qui le surprennent. Dans l'immense théâtre de la vie, chaque être lui semble avoir un rôle spécial d'utilité ou de dommage pour sa propre personne, « centre de l'univers » ; chacun lui paraît habité par un esprit favorable ou défavorable : chaque fontaine a sa naïade, chaque arbre sa dryade ; tout est merveilleusement animé et devient fétiche, jusqu'au caillou, jusqu'au brin d'herbe. Tout recèle une âme, qui sommeille peut-être, mais qu'il est facile de réveiller ou qui se réveille elle-même. C'est l'âge du pandémonisme, d'où le panthéisme devait surgir plus tard[45].

L'homme, environné par les esprits comme par une nuée infinie de moucherons, passe donc son existence à s'entretenir avec eux, proférant d'un côté des objurgations, de l'autre des actions de grâce.

Se croyant le noyau initial du monde, le sauvage doit s'imaginer que tous les phénomènes de la nature s'accomplissent pour lui, se liguent pour l'épouvanter ou s'animent pour faire sa joie. « Cela n'arrive qu'à moi ! » s'écrie encore le sauvage de la forêt comme le bourgeois de Paris. Alternativement, et parfois dans l'intervalle de quelques instants, il lui semble que des spectres se dressent autour de lui, sous forme d'arbustes et de pierres, puis les étoiles lui sourient et les feuilles lui

murmurent de douces paroles. Puisque tout, dans l'entourage de l'homme, peut, suivant les circonstances, terroriser ou rassurer,

Élisée Reclus

devenir génie favorable ou démon, il lui serait impossible de classer par ordre logique les divinités tantôt bienveillantes, tantôt mauvaises, qui se meuvent autour de lui. D'ailleurs, les mythologies s'entremêlent de tribu à tribu, de peuple à peuple, et, par suite de la différence des noms, qui deviennent autant de personnages divers quoique s'appliquant d'abord aux mêmes êtres d'imagination, le tout forme un ensemble absolument inextricable[46].

TOMBEAU D'UN CHEF INDIEN (COLOMBIE BRITANNIQUE)

CHAPITRE V

Figures que les naturels font aussi terribles que possible pour repousser les mauvais génies empêchant les morts de passer dans l'autre monde.

Dessin de G. Roux, d'après des documents photographiques.

Telle ou telle coïncidence bizarre, telle ou telle circonstance étrange, produisant ce que l'on se figure être un a miracle, peut donner à un objet particulier une importance de premier ordre dans les hallucinations de l'homme ; cependant les êtres adorés, vrais ou imaginaires, les « fétiches » — très bien nommés ainsi par les Portugais, *feitiços* ou « factices » — s'étagent suivant une certaine hiérarchie qui se ressemble d'un bout du monde à l'autre[47].

La bête féroce de même que le puissant animal ami sont parmi les grands fétiches. Les personnages exceptionnels, les magiciens guérisseurs et le roi, « mangeur d'hommes », occupent aussi un rang très élevé dans l'infini des personnes divinisées, de même que les êtres collectifs de la nature qui, tout en se composant d'un nombre infini de molécules indépendantes, apparaissent néanmoins comme des individus gigantesques, la Source, le Ruisseau, le Fleuve, la Montagne, le fier Promontoire, le vaste Océan, les Nuages, la Pluie, les Rayons solaires, la Terre elle-même, la féconde Gaïa, de laquelle nous sommes tous issus et dans laquelle nous rentrerons tous. Les points cardinaux, régions de l'espace indéfini, sont également des dieux pour les Mongols, les Yakoutes, les Russes yakoutisés[48]. Enfin le Ciel, dans toute son immensité, n'est pour ceux dont il embrasse la planète en sa rondeur infinie qu'un seul et grand individu qu'il faut craindre et supplier comme tout autre corps avec lequel l'homme se trouve également en contact. En toute logique on a donc pu considérer le peuple chinois, naguère adorateur des génies de la Terre et du Ciel, comme ayant à peine dépassé dans son évolution la période du fétichisme, et, en vérité, quels adorateurs pourraient s'imaginer qu'ils se sont développés en dehors de cette religion universelle[49] ?

Ainsi les millions et les milliards d'êtres redoutés qui représentent les âmes d'autant de corps distincts peuvent se résumer en un immense fétiche comme la Terre ou le Ciel. Les dimensions prodigieuses de ces dieux supérieurs n'empêchent point qu'on croie également à l'influence des tourbillons de déicules infiniment petits, et précisément les Chinois, qui célèbrent la fête du Ciel en de si minutieuses cérémonies, apportent encore beaucoup plus de sollicitude dans les mille observances qu'exige le culte du *feng-chui*, c'est-à-dire de la multitude sans fin des esprits de l'air et de l'eau ; nulle part l'art magique de se rendre les génies favorables n'a pris plus d'importance que dans la « Fleur du Milieu ». L'histoire moderne du monde chinois a été en grande partie déterminée par la résistance du peuple « jaune » à la brutalité de l'ingénieur européen qui vient sans respect, insolemment, bouleverser la terre sacrée et en violer les esprits. Chez nous, Européens, quelle révolution dans le monde social si les enfants étaient soudain privés de leurs poupées ? [50]

Le naturisme est cette religion qui naît spontanément de la croyance aux génies, innombrables représentants des forces agissantes de la nature : tout vit, ainsi qu'en témoignent la plupart des langues ; elles donnent un caractère sexuel : « il », « elle » à tous les objets. Avant l'invention du neutre, qui est d'origine moderne, toute forme extérieure était représentée par un substantif masculin ou féminin[51].

EX-VOTO EN FER FORGÉ A SAINT-LÉONARD (TYROL)

CHAPITRE V

A ces âmes de la Terre qui assiègent l'homme de toutes parts se joignent les âmes de ceux qui ont vécu, de ceux qui ne sont pas encore : le « naturisme » devient « animisme » ou plutôt se confond avec lui, car la mort frappe incessamment autour d'elle, et les souffles mystérieux, les « âmes », les « esprits » des êtres expirants vont se confondre avec les énergies, de nature également inconnue, qui sortent de la terre et des arbres.

L'homme se voit constamment environné par ces forces de diverse origine, mais de pouvoir égal : toutefois, les maladies, la mort intervenant dans son existence par de soudaines et parfois terribles apparitions, il se laisse facilement porter par son instinct à reconnaître en elles les plus redoutables déesses. Les Géorgiens traitent les fléaux pestilentiels de « grands seigneurs », et s'adressent à eux en un langage flatteur[52]. Le sauvage veut conjurer la mort quand elle se présente en ennemie pour lui enlever des compagnons, des amis, des parents ; il l'invoque comme alliée, comme protectrice pour abattre l'animal qu'il poursuit, le fauve qui l'attaque ou l'adversaire haï. Ce sont les âmes des morts, sorties de tous les cadavres tombés autour de lui, qu'il sent, qu'il perçoit tourbillonnant dans l'air en un voisinage propice ou inquiétant, suivant l'état de paix ou de guerre qui prévaut dans la population. On voit ces âmes, on les entend si bien que, pour leur échapper, ceux qui les craignent cherchent à les égarer dans la forêt, fermant les chemins, déplaçant les cabanes, murant ou bloquant les portes, changeant de costume pour n'être point reconnus, abandonnant même l'ancien langage pour en parler un nouveau[53].

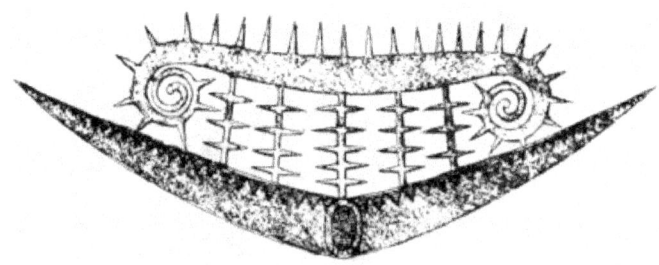

ORNEMENTS SACRÉS DES PIROGUES DU VILLAGE DE LIKILIKI (ILE D'UALAN, CAROLINES), RECUEILLIS LORS DU VOYAGE DE *La Coquille* (1822-1825).

Élisée Reclus

Parmi ces âmes en peine, il y en avait heureusement beaucoup qui arrivaient à se loger. Les parents du mort étaient souvent avertis en songe de l'endroit où s'était rendu le corps, de la transformation qu'il avait subie. Parfois ils entendaient sa voix dans un arbre et comprenaient qu'il s'y était réfugié ; d'autres se révélaient dans un animal de la forêt, qui avait pris la ressemblance de l'être disparu. Une transmigration des âmes s'accomplissant de la vie précédente en d'autres vies nouvelles, tout objet de la nature environnante, la roche ou la source, la plante ou la bête, pouvait devenir l'asile du fugitif. Une seule chose était certaine, la continuité de la vie, fait que les sauvages comprenaient d'ailleurs de la manière la plus simple ; sans pouvoir l'étudier au point de vue du dégagement des gaz de la combinaison organique en formes nouvelles, nos ancêtres gardaient l'invincible certitude que les âmes des morts leur tenaient toujours compagnie et se trouvaient avec eux, comme au temps de leur existence récente, en relations d'amitié ou de haine.

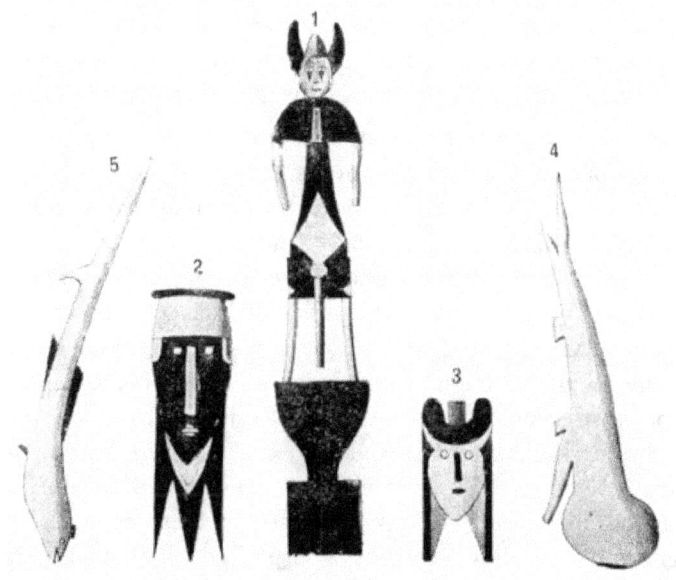

IDOLES PRINCIPALES DU VILLAGE DE LIKILIKI (ÎLE D'UALAN, CAROLINES)

1, 2, 3. Idoles principales. — 4, 5. Idoles inférieures.

CHAPITRE V

Ainsi, tout en ayant peur de la mort, cette transformation prodigieuse qui retire le souffle de la poitrine et fait pourrir les chairs, ils croyaient à la persistance de la vie sous mille formes. Le défunt n'était pas mort ; il disparaissait, mais en apparence, et s'il n'avait trouvé un refuge en un autre corps, la partie la plus subtile de son être, devenue plus invisible que l'air, se mouvait çà et là autour de l'ancienne demeure, surtout dans les feuilles agitées. Même de nos jours, dans le pays de Verviers, on défend aux enfants de jeter des pierres dans les haies, à la fête des Trépassés, de peur de blesser les âmes[54].

Mais vivantes ainsi qu'elles le sont, comment ces âmes peuvent-elles se maintenir en dehors des conditions nécessaires à l'entretien de l'existence ? Là commence le miracle. On s'imaginait volontiers que les esprits errants privés de leur corps l'avaient perdu malgré eux, par l'effet de quelque ruse de sorcier, de quelque violence des génies mauvais[55]. Eh bien ! il fallait combattre résolument ces ennemis. La piété filiale et cette solidarité humaine que des pessimistes prétendent ne pas exister, quoiqu'elle rattache les vivants à ceux mêmes qui ne sont plus, exigeaient donc du primitif qu'il essayât de remettre le mort dans un milieu qui lui convînt.

D'abord on cherchait à lui donner une demeure qui parût être de son goût ; c'est à cette occasion surtout que les rites funéraires devaient varier suivant la nature des contrées et les industries locales : le milieu déterminait les mœurs. Chez telle peuplade, on enterrait le mort près de la pierre de son foyer ; ailleurs, on enfermait son âme dans une poupée de bois ou dans une effigie de cire, dans un lambeau d'étoffe que l'on suspendait dans la cabane. La branche d'un arbre sacré, un échafaudage, une proue de bateau devenaient ainsi des lieux de séjour attribués aux morts. De même, la flamme sainte devait, chez nombre de peuplades, détruire le corps et s'unir intimement au souffle de l'homme, son âme véritable. Les plus braves donnaient à leurs trépassés la plus digne des sépultures, leur propre corps. Les Batta de Sumatra, les Tchuktchi de la Sibérie et d'autres mangeaient leurs vieillards.

Une manière plus raffinée de s'incorporer l'âme des morts est de boire les liquides qui s'écoulent du cadavre décomposé : c'est ainsi que dans mainte terre de l'Insulinde devaient procéder les épouses pour rester fidèles à leurs époux ; elles absorbaient en détail le corps du maître jusqu'à ce qu'il n'en restât dans la cabane qu'une momie desséchée. Les Alivuru (Alfuru) des îles Aroe, à l'ouest de la Papuasie, mêlent à leurs gâteaux de sagou les fragments du corps de leurs parents et se les assimilent ainsi dans l'espace de quelques semaines ; aux banquets funèbres, ils font circuler une coupe d'honneur où l'arrak se mêle au jus de cadavre : tous en boivent une gorgée pour communier avec le mort[56].

Mais il est des Tribus qui, ayant abandonné pour elles-mêmes la répugnante pratique, l'ont imposée à leurs esclaves : elles mangent leurs morts par procuration.

Dessin de George Roux d'après un document photographique.

INDIGÈNE DES ILES NICOBAR FAISANT SÉCHER LES OS DE SON
PÈRE AU FOYER DE SA HUTTE

CHAPITRE V

C'est par une substitution analogue que les Tibétains livrent aux chiens les cadavres des leurs et que les Parsi restituent les corps à la mère Nature par l'intermédiaire des charognards et des vautours. Les anciens Éthiopiens peignaient sur leur corps l'image des parents ou amis disparus[57]. C'est ce que nous faisons en portant sur nous des médaillons, des cheveux, des souvenirs de nos morts.

La manducation des cadavres, quoique provenant d'un sentiment de solidarité des plus intimes de la part des survivants, est assez rare parmi les hommes, et d'ordinaire, on laisse les morts retourner aux éléments primitifs par voie de décomposition lente. Les chairs sont presque toujours sacrifiées, tandis que, dans un très grand nombre de tribus, on garde les os, surtout les crânes et les tibias ; les riverains de l'Orénoque livrent les cadavres à la dent des poissons, ailleurs on les remet aux fourmis afin que le squelette promptement nettoyé puisse être gardé comme fétiche[58].

Sous quelque forme que persistent les corps, ils n'en sont pas moins censés vivre toujours, et il convient de les nourrir régulièrement, soit par d'amples repas, qui pouvaient devenir fort coûteux à la famille ou à la communauté, soit par l'offrande de miettes et gouttelettes, que l'on pensait devoir être suffisantes comme aliments de simples ombres : c'est ainsi que les Grecs et les Romains inclinaient leurs coupes de boisson sur le feu pour qu'un filet crépitant du précieux liquide leur conciliât les dieux et les génies. On munissait le mort d'un bâton pour qu'il continuât au delà du tombeau le voyage de la vie, peut-être vers des parages plus heureux ; dans les contrées où l'homme avait déjà su domestiquer des animaux porteurs, on lui donnait le cheval ou le bœuf pour compagnon, et le Viking des côtes septentrionales recevait un bateau pour continuer ses voyages de découverte et de conquête sur les rives nouvelles.

Le numéraire était-il connu chez les amis du mort, on lui remettait au moins une pièce pour qu'il trafiquât encore utilement avec les gens d'outre-tombe ; par un respect superstitieux des anciennes coutumes, les contemporains de Socrate et de Sénèque observèrent, et même, en beaucoup d'endroits, nombre d'Européens observent encore cette pratique funéraire. Enfin, quand le défunt était un grand chef, on le faisait accompagner sur le bûcher ou dans la fosse sanglante par toute une cour de guerriers, de femmes et d'esclaves.

Élisée Reclus

Ainsi dans l'immense multitude des morts qui remplissent l'espace, aussi nombreux que les feuilles des arbres ou que les grains de sable du rivage, s'établit une hiérarchie analogue à celle qui prévaut dans la société des diverses tribus : chez les peuplades égalitaires les disparus sont tenus pour des égaux ; chez celles où le pouvoir des uns s'est fondé sur la servitude des autres, le traitement des morts varie de l'apothéose à l'absolu mépris. La création d'un corps sacerdotal dut accuser la différence d'acception réservée aux trépassés, puisque magiciens et prêtres s'érigent en juges, en dispensateurs des punitions et des récompenses d'outre-tombe. Mais, en dépit des jugements que prononce l'homme de religion, un doute subsiste toujours. Les calvinistes, on le sait, proclamaient, après saint Paul, après saint Augustin, le dogme de la prédestination : le sort des hommes est fixé d'avance, à pile ou face ; de même, à Taïti, les âmes aveugles, sortant des corps au hasard, rencontrent l'une ou l'autre de deux pierres, l'une ouvrant le chemin de la vie éternelle, l'autre celui de l'éternelle mort[59].

SÉPULTURE D'UN CHEF GAULOIS

A ses pieds, des vases et de petits récipients contiennent des provisions et des plantes aromatiques destinées à la guérison des blessures. Le corps repose sur le char, dont les ferrures de la jante et du moyeu des roues ont seules été respectées par le temps.

CHAPITRE V

Les prêtres, comme les chefs, s'étaient élevés au-dessus de la foule par une sélection naturelle : les hommes d'une intelligence exceptionnelle ou d'une grande expérience, de même que les rusés compères, les meilleurs et les pires, devaient acquérir un ascendant considérable, grâce aux explications vraies ou plausibles qu'ils avaient su donner des prodiges de la vie et aux conseils qu'ils avaient distribués en temps opportun.

Jusque-là leur influence était légitime ; mais rien ne déprave comme le succès, et leur considération même devait les entraîner à d'hypocrites prétentions de savoir. La magie devint un métier, soit pour guérir l'homme des maladies physiques, soit pour écarter de lui le mauvais sort jeté par d'autres sorciers ou par les génies, et ce métier fut rétribué, car sans présent au dieu et à son interprète, il n'y a point de salut. La part de science vraie, mêlée à la prétendue science, grâce à laquelle ils pouvaient attirer la faveur des divinités d'en haut et conjurer la haine des « puissances de l'air », eut ses maîtres et ses disciples : des sociétés formées avec périodes de noviciat et degrés d'initiation se constituèrent, et peu à peu s'établit ainsi dans chaque tribu un groupe de privilégiés, d'autant plus redoutables qu'ils mêlaient à leurs fourberies conscientes ou inconscientes plus de connaissance réelle des faits. Le *medicus* latin conjurait la maladie par ses imprécations[60]. Le sorcier algonquin consulte les animaux du totem, en s'entourant de tortues, de cygnes, de corneilles, de pies (Schoolcraft) ; d'autres se cachent pour s'entretenir directement avec le Dieu du Ciel.

Cette institution d'une société supérieure, s'imaginant ou prétendant connaître les choses de l'au delà, livra les peuplades et les nations au régime de la terreur incessante, car il était inévitable que la caste, subdivisée en confréries secondaires, spéculât, même inconsciemment, sur la crédulité des naïfs ou leur effroi de la mort et de l'inconnu pour augmenter sa puissance et sa richesse. Devenue l'intermédiaire entre les hommes et les esprits, elle avait devoir et intérêt à représenter ceux-ci comme très méchants afin de faire apprécier leur intervention à un taux d'autant plus élevé. « Le grand Kalite », disent les sorciers de Palaos en parlant du génie qui gouverne les insulaires, « le grand Kalite aime à manger les hommes »[61]. Se plaire à verser le sang, c'est « avoir des entrailles de Dieu », répétaient aussi les Taïtiens quand ils pratiquaient leurs

Élisée Reclus

infanticides[62]. Le maître isolé dans le ciel des Juifs n'est-il pas aussi un « Dieu fier et jaloux » ? Et dans une auguste indifférence, Zeus s'assied au faîte de l'Olympe pour se réjouir de la guerre de ces peuples périssables, les Troyens et les Achéens, qui s'entr'égorgent à ses pieds[63].

Dessin de George Roux, d'après une photographie.
SORCIERS SOUDANAIS RENDANT UN ORACLE D'APRÈS LA POSITION
DES BÂTONS ET DES CAILLOUX

Cette haine sanguinaire, cette jalousie terrible de la foule des génies et du maître des génies, il ne pouvait y avoir qu'un seul moyen de les conjurer, le sacrifice : de même que, dans un incendie destructeur des forêts, le sauvage faisait la part du feu, de même il donnait un peu de sang au dieu avide qui voulait le boire à flots ; du moins gagnait-il ainsi du temps. Mais partout où la population vivait sous la terreur inspirée par le magicien, un peu de sang ne suffisait pas, il en fallait beaucoup et la soif du dieu n'était jamais satisfaite. De là le devoir pour l'adorateur de sacrifier ce qu'il

CHAPITRE V

avait de plus cher. Avant que l'ange de l'Eternel arrêtât la main d'Abraham prêt à égorger son fils Isaac, combien d'autres pères avaient dû mettre à mort leurs fils et donner à l'esprit redoutable les prémices de toute existence animale naissant dans leur domaine. Le père ne pouvait se racheter que par la mort du fils. A l'est du lac Stéphanie, les Boran satisfont le dieu Wak, le « Ciel », en lui abandonnant leurs enfants nés pendant les premières années du mariage, quatre ans chez les uns, huit ans chez les autres ; les nouveau-nés sont exposés dans la brousse et mangés par les bêtes. Après cette période de purification, les Boran, devenus Raba, sont tenus pour quittes envers leur dieu : un prêtre les circoncit et ils procréent des enfants, qu'ils chérissent[64].

AUTEL ÉRIGÉ EN L'HONNEUR DE DIANE

La légende d'Abraham indique une étape de l'humanité : elle symbolise l'adoucissement des mœurs qui se produisit dans l'histoire du peuple juif et fit substituer les égorgements et les holocaustes d'animaux aux sacrifices humains, mais après cette époque, combien de fois encore la frayeur du dieu amena les géniteurs à plonger le couteau dans le corps de leurs enfants ! C'est ainsi que les villes fondées par Josué écrasèrent de leurs linteaux de portes les cadavres des jeunes hommes ; de même Agamemnon, le « roi des rois », offrit aux dieux sa fille Iphigénie, et Jephté remit

Élisée Reclus

au bourreau la jeune enfant qui s'avançait avec ses compagnes pour l'accueillir avec des danses et des chansons. Bien plus, le « saint » roi David sacrifia son peuple pour se faire pardonner une désobéissance au dieu vengeur : « Puisque j'ai péché contre toi, prends mon peuple et tue jusqu'à ce que tu sois rassasié ».

Toutefois il n'était pas toujours nécessaire de verser le sang des siens : la guerre fournissait le moyen de désaltérer les dieux et les génies aux dépens de tribus ou de nations ennemies, et l'on vit en effet des peuples entiers disparaître pour satisfaire la vengeance des esprits acharnés. C'est ainsi que les Juifs offrirent à leur Yahveh les habitants de tout le « pays de promission », et dans les rares circonstances où, par un mouvement de pitié instinctive ou par suite d'une promesse faite inconsidérément, ils durent épargner quelques-uns des indigènes,

ils s'en accusèrent comme d'un crime. Si l'on peut remonter jusqu'aux origines des sociétés pour y surprendre cette idée du sang offert en sacrifice aux génies, on en constate d'autre part la survivance jusqu'à nos jours, puisqu'après les batailles les vainqueurs vont chanter leurs *Te Deum* au dieu des armées.

D'après une photographie autel chrétien de l'église de Camplong
(Hérault)

CHAPITRE V

Il n'est pas d'ancienne forme de religion qui, sous l'action des mêmes causes, n'ait persisté plus ou moins dans nos civilisations : telle le culte des têtes coupées qui prévalut chez tant de tribus préhistoriques et qui se retrouve chez certains Dayak de Bornéo. Le sauvage qui limite à son propre clan la partie de l'humanité envers laquelle il a des devoirs moraux se croit tenu, en stricte vertu, d'aller couper des têtes dans les tribus étrangères pour les rapporter à la femme qu'il a choisie ou bien à la tribu qu'il représente. Sans meurtre dont il puisse se glorifier, il n'est pas même considéré comme un homme : verser le sang humain est le premier devoir d'un candidat à la virilité. Et l'éducation qu'a reçue cet enfant de la forêt, pourtant très bon et très noble avec ses camarades de tribu, n'est-elle pas précisément celle de nos jeunes contemporains auxquels on enseigne qu'il est glorieux de tuer un ennemi ou même un nègre ou un jaune de quelque pays inconnu ? Le Dayak se vante d'avoir un poignard pour ancêtre[65] ; de même, c'est un grand honneur dans nos sociétés modernes d'être tenu pour le descendant d'hommes qui se sont illustrés par l'usage de la francisque, du glaive ou de l'arquebuse.

Le meurtre religieux, inspiré et réglé dans ses détails par la magie, devait en mainte circonstance être accompagné de repas anthropophagiques. Certes, le cannibalisme peut avoir chez les fugitifs la faim pour cause première, comme il l'a eue tant de fois pendant la période historique, dans les villes assiégées, sur les radeaux perdus en mer, dans les expéditions aventurées au milieu des glaces, des neiges ou des forêts vierges. Mais chez les hommes, aussi bien que chez les animaux, ces faits sont exceptionnels : il se produisent cependant, notamment dans l'Afrique nigérienne où la ville d'Ibadan avait encore il y a moins de vingt ans ses marchés toujours fournis de chair humaine considérée comme simple viande de boucherie. Au contraire, les repas dans lesquels l'homme se nourrit de son semblable par acte religieux sont toujours des cérémonies ayant un caractère de noblesse et de gravité. S'agit-il pour un guerrier de dévorer le cœur ou le cerveau d'un ennemi afin de s'incorporer le courage et la pensée de l'adversaire égorgé, c'est là un acte d'importance majeure dans l'existence de l'homme qui va se doubler ainsi en énergie physique et en force morale. Mais la manducation de la chair présente une signification bien

Élisée Reclus

plus grande quand il s'agit d'une victime plus qu'humaine.

Il semble d'abord que pareil fait soit complètement impossible, puisque les dieux sont plus puissants que l'homme. Toutefois celui-ci, inspiré par la passion frénétique du moi, peut accomplir des miracles, grâce à la subtilité des prêtres. Souvent, dans les dangers suprêmes d'une nation, les victimes ordinaires des sacrifices, bœuf ou agneau sans tache, pures jeunes filles, beaux jeunes gens sans défaut, ne suffirent pas à conjurer le courroux du dieu. Il fallut lui offrir des fils de rois, des rois eux-mêmes et jusqu'à des fils de Dieu : les fidèles, condamnés d'abord sans possibilité apparente de rémission, purent ainsi renouveler leur chair et leur sang par la chair et le sang d'un dieu, qui meurt, mais pour renaître aussitôt, qui se donne en sacrifice, mais pour resurgir comme juge souverain des vivants et des morts. Dans le sacrifice de la Cène, l'innocence de l'Homme-Dieu passe au dévorant et le péché de celui-ci passe au dévoré[66].

Cliché Giraudon.

ROME. — PROCESSION RELIGIEUSE. — SACRIFICE DES SUOVETAURILIA.

D'après un bas-relief du Palais St-Marc à Rome, puis de la bibliothèque St-Marc à Venise

Ainsi toutes les religions actuelles, qui se présentent sous des formes si diverses et si compliquées en apparence, dérivent également de ce premier besoin qui tourmente le primitif : il a

CHAPITRE V

soif de comprendre, ou du moins d'avoir une explication, vraie ou fausse, des phénomènes de la nature, des problèmes de la mort et de l'au delà. Dans les esprits sincères ce besoin de savoir se présente sous une forme pure et donne une grande noblesse à l'évolution religieuse : la recherche de la vérité s'allie à la bonté du cœur et à la profondeur de la pensée. Aux temps anciens comme de nos jours, d'une manière peut être plus vague, mais non moins passionnante, des hommes éprouvaient le sentiment obscur et lointain qu'il existait des causes générales déterminant les innombrables faits isolés et distincts[67] ; dans le chaos du fini ils sentaient un infini auquel ils voulaient donner un nom, et sous les mille manifestations duquel ils cherchaient un lien d'unité constituant une sorte de monothéisme et de panthéisme à la fois. Une autre force agissait encore en l'homme pour en faire un être religieux, l'amour qui le portait vers tout ce monde extérieur vivant d'une vie analogue à la sienne, vers les sources et les ruisseaux, vers les arbres et les rochers, vers les monts et les nuages, vers le ciel resplendissant, l'aurore, le crépuscule, le large soleil et tous les astres disséminés dans l'espace.

L'évolution religieuse devait, par le développement même de ses causes, entraîner l'homme à une singulière illusion. *Ab Jove principium*, dit le proverbe. Rien de plus faux. Ce sont les hommes qui ont créé les divinités en faisant les chefs et les prêtres, en instituant des hiérarchies, en subordonnant les faibles aux forts, les pauvres aux riches, les naïfs aux astucieux, mais en armant aussi les opprimés du sentiment de la révolte. La société imaginaire des cieux correspond à la société réelle de la Terre. Quand les nations eurent des rois visant à la monarchie universelle, elles créèrent du même coup le dieu souverain, trônant dans l'empyrée par-dessus les hommes et les génies. À toutes les oscillations de l'humanité répondait un mouvement de même nature dans le monde des dieux ; l'ascension et la décadence des maîtres de la Terre se doublaient dans l'espace de l'exaltation et de l'obscurcissement des divinités d'en haut, car l'imagination des hommes se modèle toujours sur la réalité.

Mais par l'effet de la persistance des institutions, de la durée des traditions, de l'accoutumance aux pratiques héréditaires, tous ceux qui profitaient de l'ancien état de choses cherchaient à le prolonger

Élisée Reclus

au delà du temps normal, et c'est ainsi que rois, prêtres, et leurs parasites ont toujours apporté tant de zèle à maintenir les images que leurs prédécesseurs avaient créées dans les cieux, à perpétuer les cérémonies religieuses et toutes les conventions morales qui en dérivaient.

Le consentement unanime de millions et de millions d'hommes, pendant de nombreuses générations successives, a fini par donner à de vaines figurations comme une solidité concrète, et lors du danger, quand les maîtres ont recours aux dieux, leurs créatures, l'appel que les puissants de la terre menacés font aux puissants du ciel ne reste pas sans écho. L'ensemble de toute l'organisation politique et sociale à laquelle appartiennent les dieux constitue un tout solidaire, agissant et réagissant par toutes ses parties les unes sur les autres : les rois ayant intronisé les dieux, ceux-ci, par contre-coup, prolongent la durée des monarchies et des églises.

Toute religion se fait une éthique à son usage, ou plutôt elle prend dans le fonds commun à tous les hommes les règles de conduite qu'il lui convient de prescrire. Il en résulte naturellement que les interprètes de tout culte se croient volontiers les créateurs de la morale : et ils se l'imaginent d'autant mieux que sorciers et magiciens, expliquant à leur gré les volontés d'en haut, se sont également enhardis à devenir les exécuteurs de ces volontés : après avoir prononcé les peines, ils aiment à les appliquer ou à les faire appliquer par leurs fidèles. Justiciers par les paroles, ils tiennent aussi à l'être par les actes. Aux temps originaires de la vie des nations, avant que les phénomènes de dédoublement se fussent accomplis dans les fonctions sociales primitives, nous voyons d'ordinaire les autorités se confondre dans le même personnage, prêtre ou magistrat.

Mais, quoique s'imaginant par la pensée vivre en êtres supérieurs de nature divine, en dehors de la société ambiante, les magiciens et juges n'en sont pas moins des hommes comme les autres, puisant des idées et des préjugés dans l'héritage ancestral. En châtiment à ceux qu'ils veulent punir, ils commencent par appliquer la peine du talion, c'est-à-dire une souffrance ou une privation identique à celle qui fut occasionnée, blessure pour blessure, maladie pour maladie, mort pour mort.

CHAPITRE V

C'est une erreur très accréditée d'identifier le talion avec la vengeance : une punition identique à la faute parut très équitable d'abord, et chez le condamné lui-même l'idée put s'en confondre avec celle de la pénitence : le pécheur repentant trouve juste de se punir ou d'être puni de la même manière dont il a péché et dans la mesure de sa faute[68]. La vengeance, le « coup pour coup » des enfants, n'est donc pas l'unique point de départ de l'évolution pénale. D'après Tarde, cette origine, quoique la plus apparente, serait de valeur secondaire : la genèse en serait le châtiment domestique, correspondant d'un côté au blâme, de l'autre au remords. A cette peine du talion, relativement acceptée comme juste, parce qu'elle était incomprise, combien d'autres punitions, jusqu'aux tortures et à la mort, furent-elles infligées, pour violations vraies ou prétendues de la morale, par les dispensateurs du pouvoir politique et religieux !

Le précepte fondamental du droit imaginé par ceux qui en bénéficiaient était de s'approprier virtuellement la vérité, la justice, et, en récompense, de s'attribuer la possession réelle des biens terrestres. Telle est l'une des principales causes de cette institution que l'on a nommée tabou dans les îles océaniennes et que l'on désigne sous tant d'autres appellations, notamment lois, devoirs, convenances, dans le reste du monde. Interdiction absolue au vulgaire, à la tourbe des profanes et des sujets, parfois aux femmes et aux enfants, sous peine d'amende, d'emprisonnement, de supplices, interdiction de toucher aux fruits, aux mets réservés à la table des supérieurs, de prendre part aux plaisirs des grands, de s'élever jusqu'à la connaissance des révélations suprêmes. L'inégalité était le résultat humain de l'appropriation des richesses, de la force du pouvoir : il fallait en outre lui donner une sanction divine, en faire l'une des assises de l'Univers.

Une fois armés du droit de punir, par malédiction ou par usage du glaive séculier, les prêtres ont même bientôt fait comprendre à leurs pénitents, par l'institution du « péché originel », que la faute mérite toujours une peine infiniment plus forte que celle du talion : d'aggravation en aggravation, elle finit par valoir au coupable une punition sans fin, le feu qui ne s'éteindra jamais ! Et, phénomène moral qui paraîtra tout à fait incompréhensible à nos descendants, les condamnés ratifiaient le jugement : ils croyaient en toute

Élisée Reclus

sincérité être vraiment dignes de la condamnation éternelle.

Quoi qu'il en soit, la religion « révélée d'en haut » ne peut aucunement se vanter de la conception première du juste et de l'injuste, conception dérivée de la morale.

Par l'effet de cette illusion d'optique qui se produit aussi bien dans le monde moral que dans le monde matériel, les hommes se trompent d'ordinaire sur le sens réel du mouvement lorsqu'eux-mêmes et l'ambiance se déplacent en sens inverse : ils se croient immobiles et s'imaginent que la nature est en fuite. Ils donnent un caractère de permanence dogmatique à leurs illusions religieuses en les contrastant avec la conduite de la vie qu'ils supposent essentiellement incertaine et dépourvue de morale rectrice. C'est le contraire qui est vrai : la morale existe par cela même que des individus, animaux ou hommes, vivent en société, s'aiment et s'entr'aident, tandis que les religions, ne se rapportant qu'à l'inconnu et ne vivant que d'hallucinations et d'hypothèses, sont un phénomène secondaire dans le développement général des hommes. Pourtant, il est bien vrai que dans le cours de leur durée les religions réagissent très énergiquement sur la conduite des hommes qui les professent : elles dirigent les passions humaines conformément à leurs dogmes et aux intérêts de leur culte, et ce qu'elles appellent spécialement du nom de « morale » est la pratique de la vie qui leur convient le mieux. Or les actes de l'homme varient infiniment avec la poussée de ses instincts et de ses attractions : ils oscillent entre les extrêmes, ayant pour mobiles, d'une part, l'amour et le dévouement sans bornes, de l'autre, la fureur de la haine et de la vengeance. « Que de maux a pu susciter la religion ! » dit le poète. Elle ajoute une férocité double à la férocité première, de même qu'à l'occasion elle exalte la tendresse jusqu'au délire. Avec les diversités des milieux, des conditions, des héritages de haine légués par la guerre, elle contribue à différencier les morales particulières de nation à nation : « Vérité en deçà, erreur au delà ! »

Ainsi les religions, bien que d'origine secondaire relativement à la morale, ont souvent exercé une influence considérable Sur les morales qui leur correspondent. Mais si l'on prend le terme de « morale » dans le sens restreint — le plus usuel — de conduite absolument conforme à l'altruisme, il est certain que la religion n'a pu avoir sur elle aucune action, si ce n'est pour l'obscurcir ou la

CHAPITRE V

dénaturer, en troublant les rapports naturels entre les êtres vivants. Ces rapports sont primordiaux : la morale d'altruisme est aussi ancienne, plus ancienne même que l'humanité.

Il est vrai, les animaux n'ont pu se répéter les fameuses règles formulées par les Buddha, les Confucius et les Christ : « Ne faites pas à autrui ce que vous ne voudriez pas qu'on vous fît » et : « Faites à autrui ce que vous désirez qui vous soit fait », ou mieux, « ce qu'il désire qu'on lui fasse » (André Lefèvre). Mais s'ils n'avaient pas la parole nécessaire pour se prêcher cette morale les uns aux autres, ils ont su la pratiquer. Le dévouement complet, le sacrifice de la vie à l'être aimé ou à la communauté des parents et amis se retrouvent dans l'histoire ordinaire de maint groupe animal, de la fourmilière au nid et de la couvée aux familles supérieures. Ainsi que le dit excellemment un historien philosophe, « l'équité et la bonté, voilà les deux piliers de l'équilibre moral ; pareils à cet olivier dont Ulysse avait fait le pied de sa couche nuptiale, ils ont pris racine quand se forma la première tribu, et nulle tempête ne les déracinera »[69].

L'entr'aide, dans toute son ampleur, telle fut, au milieu des infinis dangers de l'existence primitive, la sauvegarde des malheureux et de la race elle-même. L'homme a tellement besoin d'entr'aide que, solitaire, il se crée deux personnalités qui s'interrogent et se répondent et que le globe, ne se suffisant plus à lui-même, s'associe jusqu'aux radiants célestes et ajoute à ses propres forces celles de l'univers !

Nous vivons les uns par les autres, tout en puisant la force initiale en notre propre individu ; ce fut toujours une prétention naïve, enfantine, ou bien une chimère de désespéré que de vouloir, chacun pour soi, se suffire à soi-même. Puisque les conditions mêmes de la vie l'exigent, l'étroite solidarité d'homme à homme, c'est-à-dire la morale humaine dans son essence, fut toujours pratiquée, non seulement entre ceux qui se pressent à côté les uns des autres, mais aussi entre les morts et les vivants, entre ceux qui parcourent leur carrière consciente et ceux qui ne sont pas encore.

Quel précepte de morale peut dépasser en force et en ampleur le dicton recueilli par Radloffr parmi les populations sauvages de l'Altaï : « Quand tu vas mourir, ne jette pas ton pain ; quand tu quittes un champ, commence par le semer »[70] !

Élisée Reclus

Notes

1.   Transactions of the Royal Historical Society, vol. VI, 1892, page 97.

2.   Max Müller, Essais de Mythologie comparée, trad. de G. Perrot, page 307.

3.   Mac Lellan, Primitive Marriage.

4.   Guyau, Morale d'Epicure, page 160.

5.   Bachofen, Mutterrecht.

6.   Heinrich Cunow, Bases économiques du Matriarcat, Devenir social, janvier 1898.

7.   Elie Reclus, République Française, 23 fév. 1877.

8.   Liard-Courtois, Après le Bagne, p. 117.

9.   Ernst Grosse, Die Anfänge der Kunst, p. 36.

10.   Livre I, 173.

11.   Bachofen, Mutterrecht ; M. Kovalevsky, Tableau des Origines et des Evolutions de la Famille.

12.   Dalton, Ethnology of Bengal.

13.   George Wharton James.

14.   Heinrich Cunow, Le Devenir social, avril 1898, pp. 335 à 341.

15.   J. W. Powell, Wyandot Government.

16.   Laloy, Anthropologie, t. VIII, 1897, p. 110.

17.   Jacques Lourbet, Revue de Morale Sociale, 1899, p. 164.

18.   Mac Lellan, Primitive Marriage.

19.   Ludwig Gumplowicz, Neue deutsche Rundschau, vol. 1, 1895, p. 1143 et suiv.

20.   Michel Bréal et Anatole Bailly, Dictionnaire étymologique latin.

21.   J. Lubbock, Origines de la Civilisation.

22.   Garmijn, Bulletin de la Société belge de Géographie, nov. 1905.

23.   G. de Greef. Le Transformisme social.

24.   Fison and Howitt, Anthrop. Institute, 1884 ; Starcke, Famille primitive.

25.   Schurz, Die Speiseverbote.

26.   Max Millier, Essais sur la Mythologie comparée, trad. Perrot, pp. 36, 37.

CHAPITRE V

27.   Capitan et Breuil, Comptes rendus de l'Académie des Sciences, 9 déc. 1901, p. 1038.

28.   National Geogr. Magazine, May 1905, p. 236.

29.   Ludwig Gumplowicz, Neue Deutsche Rundschau, vol. 1895.

30.   Brehm, Thierleben.

31.   Thomas Carlyle, Sartor Resartus.

32.   Ludwig Gumplowicz, article cité, p. 6.

33.   Miklukho-Maklaï, Izvestiya Rousskavo Geograf. Obchtchestva, 1877.

34.   J. Soury, Etudes historiques sur... l'Asie antérieure, p. 321.

35.   Georges Courty, Sur les signes rupestres de Seine-et-Oise ; Charles Letourneau,passim, etc.

36.   Remy de Gourmont, Le chemin de velours ; Patrick Geddes.

37.   Rütimeyer, Globus, n° 13, 2 avril 1903.

38.   A. de Quatrefages, L'Espèce humaine, pp. 349 et suiv.

39.   Tito Vignoli, Myth and Science.

40.   P. Germain, Actes de la Société scientifique du Chili.

41.   Hermann Vâmbéry, Sittenbilder aus dem Morgenland.

42.   Girard de Rialle, Origine des Religions.

43.   Das Wesen des Christenthums ; — Das Wesen der Religion.

44.   Ernst Grosse, Die Anfänge der Kunst, p. 35.

45.   Elie Reclus, Notes manuscrites.

46.   Draper, Histoire du Développement intellectuel de l'Europe.

47.   De Brosses, Du Culte des dieux-fétiches, Paris 1760.

48.   Deutsche Rundschau Jahrgang XVII, Heft 12.

49.   Pierre Laffite, General View of Chinese Civilisation.

50.   J. Lubbock, Anthropological Review, oct. 1869.

51.   Max Müller, Essais de Mythologie comparée, trad. G. Perrot, p. 72.

52.   Sakhokia, Bulletin de la Société d'Anthropologie de Paris, séance du 16 avril 1904.

53.   Elie Reclus, Les Primitifs.

54.   Eug. Monseur, Cours d'Histoire religieuse, p. 8.

55.   Elie Reclus, La Mort, Société nouvelle, 1895.

56.   A. Bastian, Rechtsverhältnisse der Völker ; — Elie Reclus, Revue

Élisée Reclus

internationale des Sciences, n° 12, 1881.

57.   H. Lecky, Rationalism in Europe.

58.   Félix Regnault, Bulletin de la Société d'Anthropologie, séance du 9 janvier 1896.

59.   Marillier ; Remy de Gourmont, Le chemin de velours, p. 18.

60.   Pictet, Aryas, tome II, pp. 644-645.

61.   Miklukho-Maklay, Bulletin de la Société de Géographie russe, 1878.

62.   William Ellis, Polynesian Researches.

63.   Iliade, XX.

64.   Maud, Geogr. Journal, May, 1904, p. 568.

65.   De Baeker, Archipel Indien.

66.   Carl Vogt, Congrès de Bologne, p. 395.

67.   Max Müller, Origine et Développement de la Religion.

68.   G. Tarde, Les Transformations du Droit, pp. 18, 21.

69.   André Lefèvre, Religions et Mythologies comparées.

70.   H. Vambéry, Sittenbilder aus dem Morgenland, p. 314.

CHAPITRE V

CHAPITRE VI

LE SOLEIL LEVANT ET LE SOLEIL COUCHANT. —
MERIDIENS INITIAUX
CONVERGENCE ET DIVERGENCE DES ROUTES. —
MARCHE DE LA CIVILISATION

En remontant aussi loin dans le passé que nous le permet la perspective des événements connus ou découverts par les savants modernes, on constate que, jusqu'à une époque récente, la plus grande partie de la surface terrestre était divisée en aires ethniques isolées les unes des autres, ou du moins assez distinctes pour que la cohérence géographique du territoire restât ignorée des habitants eux-mêmes.

Nulle tribu de l'Amérique du Nord n'avait la conception d'un continent s'étendant de l'archipel polaire aux tièdes eaux de la mer des Antilles ; même les peuplades qui, dans leurs longues migrations, avaient parcouru le pays de l'un à l'autre versant ne pouvaient se faire qu'une idée très vague des régions traversées, et leurs traces s'étaient perdues comme le sillage d'un navire dans la mer. De même, dans l'Amérique méridionale, les terres de faible élévation, de beaucoup les plus étendues du grand corps, continental, et la moitié des régions montagneuses appartenaient à des peuplades errantes ou sédentaires, n'ayant qu'un très faible horizon géographique. Quant aux nations policées des plateaux, de l'Anahuac au Titicaca, elles étaient, pour ainsi dire, suspendues dans l'espace immense, sans relations avec le reste de l'humanité.

L'Amérique entière se trouve donc retranchée du monde historique jusqu'à une époque antérieure de quelques siècles seulement à la découverte de Guanahani par Christophe Colomb ; même de nombreuses populations américaines, demeurées inconnues longtemps encore après la découverte du double continent, n'ont été rattachées que tout récemment par les voyageurs à l'ensemble du genre humain.

Si le Nouveau Monde est resté, jusqu'aux siècles d'hier, en dehors du cycle de l'histoire, le groupe des masses continentales dit « Ancien Monde » ne lui appartient pas non plus dans son entier. Avant Vasco de Gama, l'Afrique n'en fit partie que par le bassin du Nil et par son littoral méditerranéen, Egypte, Cyrénaïque, Maurétanie ; d'immenses espaces dans l'immense Asie viennent à peine d'entrer dans le cercle de la connaissance humaine avec les grandes terres océaniques et les traînées insulaires de la mer du Sud.

Les pays qui, dans la lointaine perspective des temps, nous apparaissent comme émergeant du noir de la nuit pour s'éclairer d'une lumière d'aube se succèdent de l'Atlantique au Pacifique, diversement lumineux et sur une largeur inégale. Les territoires qui subirent l'influence grecque et romaine, le plateau d'Iran et les monts d'Arabie, l'Inde et la plaine que parcourent les fleuves chinois constituent cette zone de la première histoire, dont l'axe sinueux est marqué à l'ouest par la dépression de la Méditerranée, à l'est par le diaphragme de montagnes, dit Immaüs par les Anciens (Himalaya). Il faudrait peut-être y ajouter les îles de l'océan Indien qui font cortège aux péninsules gangétiques et l'Insulinde proprement dite.

Cette zone des terres protohistoriques, aux contours très indécis, se divise naturellement, d'après la forme des rivages et le relief, de même que par la répartition des foyers de civilisation indigène, en corps géographiques bien déterminés ; ainsi les îles, Cypre, Rhodes, Eubée, Sicile ; les péninsules, Attique, Argolide, Italie ; les bassins fluviaux, Nil, Euphrate, Indus et Ganga, fleuve Jaune et fleuve Bleu ; les plateaux et les montagnes, Anahuac et Tibet, Pyrénées et Caucase.

N° 41. Territoires du Soleil levant au Soleil couchant.

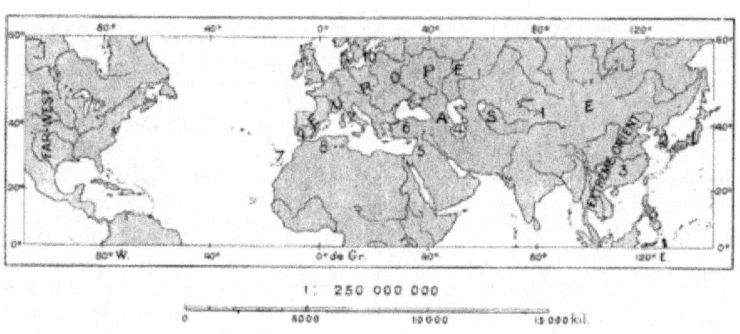

CHAPITRE VI

1.	Empire du Soleil levant, le Japon.
2.	Pays de la Rosée matinale, la Corée.
3.	Empire du Milieu, la Chine.
4.	Mer Caspienne, de Casispe — « éclairé par le Soleil levant », — un des noms du Demavend, dont la masse domine la mer.
5.	Orient. Le nom assyrien de la Syrie était Akkaru, signifiant Occident.
6.	Anatolie, du grec Anatole — « lever du soleil ». — Les pays bordant la Méditerranée orientale portent aussi le nom de Levant.
7.	Hespérie, du grec Hesperos — « couchant » — Nom donné successivement par les Grecs à l'Italie, par les Romains à l'Espagne et aux îles de l'Atlantique oriental. Ausonie, nom donné quelquefois à l'Italie ; les Ausones étaient les «Orientaux» des Egyptiens (André Letèvre).
8.	Maghreb. Le pays du Couchant en arabe.
9.	Royaume des Algarves — El Gharb — même nom que ci-dessus.
10.	Ost See — « mer orientale ». — Nom donné par les Allemands à la Baltique. Asie, d'Assie, pour les Assyriens le pays du Soleil levant. Europe, de Ereb, pour les Assyriens le pays du Soleil couchant.

Dans nombre de pays, des provinces et des villes sont désignées par leur position orientale ou occidentale. Ainsi en Chine de *tung*, est, et *nsi*, ouest, on a Chan-tung, Chan-Nsi, Kwan-tung, Kwan-Nsi, Liao-tung, Kiang-Nsi ; en Allemagne, Westphalie ; en Angleterre, Essex, Middlesex, Wessex, Westminster ; en Flandre, Ostende, Ostkerke, etc. Nous négligeons, les cas où le qualificatif est explicite (Pyrénées-Orientales).

Le Nord et le Sud sont beaucoup moins utilisés : mer du Nord, Suffolk, Norfolk, département du Nord, Normandie, Southerons (nom donné aux Anglais par les Ecossais), etc.

Ces diverses individualités de la surface planétaire se subdivisent à leur tour en corps de moindre étendue, et d'autre part se groupent

Élisée Reclus

en vastes contrées présentant les mêmes caractères généraux, des traits communs, de fréquentes relations mutuelles ; la proximité territoriale, les ressemblances et les chocs de cause à effet dans le développement historique permettent de réunir sous une même dénomination des pays géographiquement distincts, habités par des peuples différents.

Il est vrai qu'on peut désigner les parties de la Terre par leur position relativement aux points cardinaux : mais en ce cas les termes employés ne peuvent avoir qu'un sens tout relatif : chaque individu, se prenant, comme il l'est en fait, pour le centre de l'univers, a son « nord » et son « midi », son « orient » et son « occident » ; c'est par concession pure, abandon de la réalité spéciale à sa personne, qu'il consent à se servir d'expressions conformes à l'usage géographique.

C'est ainsi que le Provençal dit être « du Midi », quoique son lieu natal ne soit ni au sud ni au nord, et que le nom de « Levantins » est appliqué d'une manière générale à tous les habitants de mœurs et de langues européennes vivant dans les ports occidentaux de l'Asie.

Toutefois, par suite du déplacement graduel des centres de civilisation, il arrive forcément que tel ou tel pays reçoive des noms indiquant précisément que la position relative de la contrée a changé du tout au tout. Ainsi, l'Asie « antérieure », qui fut pour les Assyriens l'Occident par excellence, devint pour les Byzantins la contrée du Soleil levant, l'Anatolie (Natolie, Nadolo) ; plus tard, l' « empire d'Orient, l'héritier de Rome pour une bonne moitié de l'ancien monde œcuménique, embrassa dans son vaste domaine l'exarchat de Ravenne, situé dans cette même péninsule d'Italie appelée jadis Hespérie, la « Terre du Soleil Couchant ».

Les mots « Est » et « Ouest » changent donc de sens pendant le cours des âges, et, pour obtenir plus de précision dans la signification réelle de ces termes, on a dû, comme en botanique et en zoologie, ajouter un qualificatif au nom des pays : « Orient slave », « Orient grec », « Orient chinois », « Extrême Orient ». De même, aux Etats-Unis, on distingue entre l'Est, l' « Ouest » et le « Grand Ouest » (Far West). Les Canadiens parlent aussi du — Grand Nord ».

CHAPITRE VI

Cependant on a essayé de donner aux termes tout relatifs qui servent à désigner les points cardinaux une valeur conventionnelle définitive, comprise de tous les géographes. Ainsi le mot « Sud » ou « Midi », presque toujours associé à l'idée de chaleur excessive et de lumière aveuglante, aurait été spécialement réservé au Sahara et aux autres déserts de la zone torride, des deux côtés de l'Equateur[1]. Il en serait donc résulté, en bonne logique, que le mot « Nord » devrait s'appliquer à la fois aux terres glacées de l'hémisphère boréal et à celles de l'hémisphère austral. Mais pareille convention serait trop contraire à tous les usages pour avoir la moindre chance d'être adoptée, et par conséquent le terme « Sud », gardant forcément une signification de géographie stricte, ne se rapporte qu'à la position des terres relativement au pôle arctique.

D'une manière générale, conformément au langage ordinaire, l'équateur limite le Nord et le Sud, mais, plus spécialement et sans explication nécessaire, on comprend la division naturelle indiquée par les formes continentales elles-mêmes : l'Amérique se trouve naturellement partagée en nord et en sud par la mer des Caraïbes et le pédoncule des isthmes ; la Méditerranée est une autre zone de séparation formée par la nature, entre l'Europe, continent septentrional, et l'Afrique, continent méridional. Plus à l'est, le trait de partage est moins net ; cependant le contraste des climats du nord et du sud est parfaitement marqué par les versants opposés des montagnes qui, sous divers noms, se continuent du Caucase et du Demavend à l'Himalaya. Mais tout à fait à l'est du continent asiatique, la ligne de division entre Nord et Sud est difficile à tracer : elle se confond avec la racine de la grande péninsule indo-chinoise.

Souvent aussi on a tâché d'établir une différenciation précise entre l'Est et l'Ouest, et déjà, suivant les idées dominantes et les diverses contrées, les géographes ont choisi des lignes méridiennes de partage, divisant le monde en deux moitiés, considérées l'une comme orientale, l'autre comme occidentale. Le méridien de Paris, celui de Greenwich, qui est maintenant adopté, sauf quelques exceptions négligeables, par les marins du monde entier, ne pouvaient avoir qu'une valeur toute conventionnelle pour la facilité des calculs astronomiques entre la montée du soleil et sa descente, entre l'Orient et lePonant. Mais ils ne coïncident en rien

Élisée Reclus

avec une ligne de séparation naturelle. Parmi tous les méridiens que les astronomes ont menés de pôle à pôle, un seul, celui qui était censé joindre le Groenland aux terres antarctiques en passant par l'île de Fer, paraissait se confondre à peu près avec une division géographique puisqu'il suit dans presque toute sa longueur le fossé de l'Atlantique entre l'Ancien Monde et le Nouveau. Le maintien de ce méridien eût fini par fixer la signification des mots Est, Ouest, en leur donnant pour synonymes les expressions Ancien Monde et Nouveau Monde. A un certain point de vue, la chose eût été juste, puisque l'Amérique, située à l'Occident de l'Europe, a été découverte par des navigateurs qui cinglaient vers l'ouest ; mais en étudiant l'ensemble des terres suivant leur ordonnance, on constate que la masse du double triangle américain continue exactement la courbe de l'Asie autour du grand bassin océanique : au point de vue de la genèse des terres, elle se trouve donc à l'est de l'Ancien Monde, et la ligne méridienne la plus logique se trouve être celle qui passe par le détroit de Bering, dans l'immensité du Pacifique.

Si l'on tient, comme il est convenable, à choisir une ligne de séparation normale entre l'Est et l'Ouest, non seulement à cause de ses avantages géographiques, mais surtout en raison de l'influence que ce trait de partage a déterminée dans l'histoire elle-même, il faudra chercher la zone médiane de l'Ancien Monde des deux côtés de laquelle les événements prirent le caractère le plus original et le plus distinct, vers le début du groupement des hommes en société. Une première division de ce genre, très justifiée à quelques égards, est celle qui a valu leurs noms à l'Asie et à l'Europe. Pour les Assyriens, le pays d'Assie, dont le nom s'est diversement modifié depuis, était la région éclairée par les rayons du soleil levant, et le pays d'Ereb — l'Europe — comprenait toutes les contrées s'étendant vers la pourpre du soir. Il est certain que la division géographique entre les deux continents, marquée par les ramifications orientales de la Méditerranée, correspond à une différence considérable dans le mouvement historique des contrées riveraines ; cependant les résultats généraux de l'histoire comparée nous prouvent qu'il faut chercher beaucoup plus à l'est que la côte de Syrie le méridien de partage entre les deux moitiés du monde méritant le mieux les noms conventionnels d'Est et d'Ouest, d'Orient et d'Occident.

Il semblerait assez naturel, au premier abord, de fixer cette ligne de séparation à la limite des bassins fluviaux qui s'inclinent d'un côté vers les mers de l'Inde et de la Chine, de l'autre vers l'Atlantique par l'intermédiaire de la Méditerranée et des autres mers intérieures.

N° 42. Quelques Méridiens initiaux.

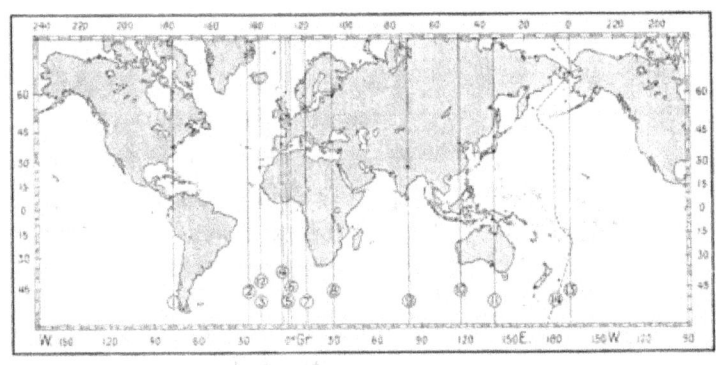

Echelle a l'Équateur 1: 450 000 000

	MÉRIDIENS INITIAUX	POSITIONS PAR RAPPORT À CEUX DE					
		Greenwich		Paris		Bering	
	—	(degrés)		(degrés)		(grades)	
1.	Washington	77° 2' 0"	W	79° 22' 15"	W	178,6889	
2.	St-Michel, Açores (M. Chancourtois)	26° 9' 45"	W	28° 30' 0"	W	144,775	
3.	Ile-de-Fer (Ferro)	17° 39' 45"	W	20° 0' 0"	W	139,1083	
4.	San-Fernândo (Madrid)	3° 42' 0"	W	6° 2' 15"	W	129,8	
5.	Greenwich	0		2° 20' 15"	W	127,3333	
6.	Paris	2° 20' 15"	E	0		125,775	
7.	(M. Bouthillier de Beaumont)	12° 20' 15"	E	10° 0' 0"	E	119,1083	
8.	Pulkowa (Pétersbourg)	30° 19' 15"	E	27° 59' 0"	E	107,1194	
9.	Udjeïn	75° 52' 0"	E	73° 31' 45"	E	76,7556	
10.	Pékin (Observatoire impérial)	116° 28' 49"	E	114° 8' 34"	E	49,6798	

Élisée Reclus

11.	Tokio	139° 46' 15'	E	137° 26' 0"	E	34,1528
12.	Conical Hill (M. de Sarrauton)	17° 30' 0"	W	19° 50' 15"	W	139
13.	Bering (E. Reclus)	169° 0' 0"	W	171° 20' 15"	W	0

14. Ligne au passage de laquelle la date est avancée d'un jour à bord des vaisseaux allant vers l'Ouest et retardée d'autant à bord des vaisseaux allant vers l'Est.

Les chiffres du bord inférieur du cadre correspondent à la division de l'Equateur en 360° comptés de 0° à 180° Est et de 0° à 180° Ouest de Greenwich ; les chiffres du bord supérieur correspondent à la division de l'Equateur en 240 grades, comptés dans un seul sens de l'Est à l'Ouest à partir d'un méridien traversant l'île Ratmanoff (Diomèdes) et identifié avec le 169° W Greenwich (Proposition E. Reclus).

La division de M. Sarrauton est déterminée par le phare du Cap Vert dont le méridien (environ 17° 30' W Greenwich) est numéroté 140 : il propose la division de l'Equateur en 240 grades et le méridien initial coupe alors le continent américain près du Cap du Prince de Galles à travers Conical Hill.

Mais cette frontière, en grande partie artificielle, notamment dans la traversée de l'Asie Mineure, passe au milieu de populations sujettes aux mêmes influences de sol et de climat, participant aux mêmes mouvements historiques et composées en grande partie d'éléments de même provenance ethnique. Il faut reculer la véritable limite entre le monde occidental et le monde oriental de manière à rejeter du côté de l'ouest tout le versant des deux fleuves jumeaux, le Tigre et l'Euphrate, ainsi que les principaux sommets de l'Iran. Cette région de la Perse et de la Médie, de l'Assyrie et de la Chaldée est intimement associée dans son histoire avec les pays de la Méditerranée, tandis que ses relations avec le monde de l'Orient furent toujours moins actives et plus fréquemment interrompues.

La vraie zone de séparation est indiquée dans le centre de l'Asie par une région territoriale qui se distingue à la fois par le haut relief du sol et par la rareté des habitants. Entre la Mésopotamie, dont les immenses foules dressèrent autrefois la Tour de Babel, et les plaines gangétiques de l'Inde, où l'on compte jusqu'à huit cents habitants par kilomètre carré, une zone médiane, ne contenant guère qu'un ou deux individus en moyenne pour le même espace, se dirige du golfe d'Oman vers l'océan Arctique. Elle commence immédiatement à l'ouest du bassin de l'Indus dans les régions presque désertes du Baluchistan, parsemées de rares oasis, puis elle se continue par les monts Khirtar et Suleïman-dagh enfermant dans leurs âpres vallées des tribus de montagnards fréquemment décimées par la guerre. Au nord-ouest de l'Hindustan, les hauts sommets de l'Hindu-kuch et d'autres cimes, inférieures seulement à celles de l'Hymalaya, marquent les bornes de partage, se prolongeant par les plateaux si difficiles à franchir auxquels on a donné le nom de « Toit du Monde » et qui, flanqués au nord d'arêtes parallèles, vont rejoindre le massif des a Monts Célestes ». Au delà de ces puissantes roches au diadème de glaciers, la zone faiblement habitée se poursuit dans la grande dépression sibérienne vers les rivages salins du lac Balkach, puis, au nord de la chaîne du Tarbagataï, vers les solitudes infertiles de Semipalatinsk, la « Steppe de la faim » ; enfin, l'entre-deux presque désert compris entre les bassins de l'Ob' et du Ienisséi va rejoindre les toundras du sol congelé. Les recherches de Gmelin et d'autres naturalistes ont constaté que, pour la faune du moins, la véritable séparation entre l'Europe et l'Asie se trouve dans ces terres basses et arides et non sur les hauteurs verdoyantes des monts Oural.

L'Ancien Monde est ainsi divisé en deux moitiés distinctes ayant une masse continentale à peu près d'égale grandeur. Dans toute sa partie méridionale et centrale, cette large bande de séparation est formée d'une série d'éminences qui comprend le nœud capital du système montagneux de l'Eurasie et n'est coupée qu'à de rares intervalles par des passages accessibles aux guerriers et aux marchands.

Ces portes difficiles étaient les seules qui fissent communiquer les populations des deux versants, les civilisations respectives de l'Occident et de l'Orient. De même qu'un glissement du sol peut barrer soudain le courant d'un fleuve, de même l'incursion d'une tribu de montagnards pouvait fermer complètement le transit entre l'Est et l'Ouest, coupant de nouveau le monde en deux. Et c'est là ce qui se produisit à maintes reprises.

N° 43. Zone de Dépopulation entre l'Orient et l'Occident.

Élisée Reclus

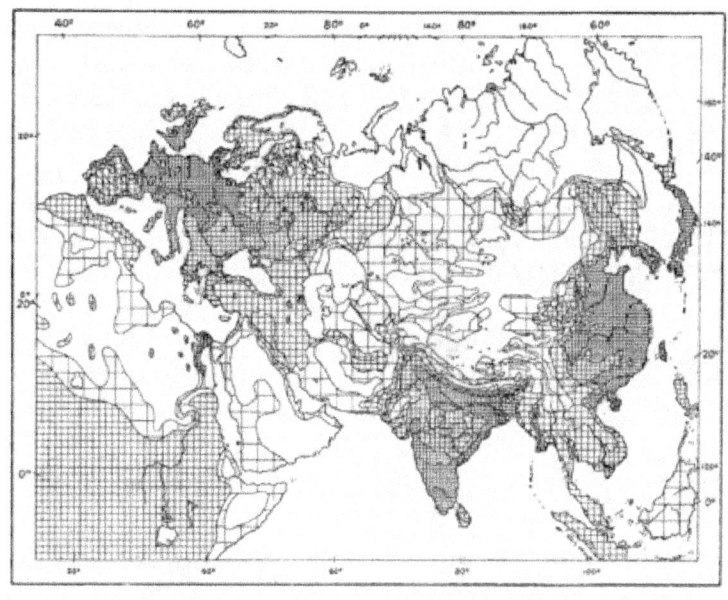

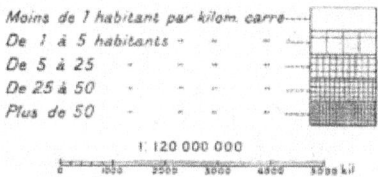

Moins de 1 habitant par kilom. carré----
De 1 à 5 habitants -   -   -   ---
De 5 à 25   -   -   -   -   ---
De 25 à 50   -   -   -   -   ---
Plus de 50   -   -   -   -   ---

1: 120 000 000

Souvent, et jusque dans le courant du dix-neuvième siècle, Afghans et Turkmènes arrêtèrent des armées au passage ; plus souvent encore celles-ci ne se hasardèrent qu'à l'entrée des gorges, craignant le long et âpre chemin en des contrées redoutables, sans gîtes de repos et d'approvisionnement. Pour traverser ces formidables barrières, il fallait aux Darius et aux Alexandre, aux Mahmud, aux Bâber et aux Akhbar toutes les ressources en armées et en argent de puissants empires. Encore de nos jours, les régions montagneuses de la ligne de partage opposent de très grands obstacles au transit, en dépit des routes d'accès, des caravansérails et des ports de refuge.

En adoptant cette manière de voir, on établit nettement pour

CHAPITRE VI

toutes les étendues terrestres le sens général des expressions Est et Ouest. Du côté oriental, toute la partie de l'Asie qui s'incline vers la mer des Indes proprement dite et vers le Pacifique se continue par les grandes îles et les archipels qui parsèment la vaste surface des eaux presque jusqu'aux rivages de l'Amérique. Du côté occidental, les péninsules antérieures de l'Asie et les bassins de la Caspienne et de l'Ob' s'ajoutent à l'Europe, à tout le monde méditerranéen, au continent africain, et par delà l'Atlantique embrassent les terres américaines. Car ce double continent qui regarde vers l'est par ses estuaires, par les vallées de ses grands fleuves et les pentes de ses plaines fécondes appartient incontestablement, aussi bien sous le rapport de l'histoire que par son orientation géographique, au cosmos européen. Il restera tourné vers l'Europe aussi longtemps que la grande porte de Panama ne sera pas largement ouverte pour donner toute leur initiative de commerce à Valparaiso, à Callao, à San-Francisco.

Certainement la plupart des nations et des tribus, restées longtemps séparées les unes des autres en humanités distinctes, poursuivaient leur existence sans avoir la moindre notion de cette différenciation entre Orient et Occident ; mais dès les premiers âges où les grands peuples de l'Ancien Monde prirent conscience de leur histoire, ils connurent la valeur du faîte qui sépare les deux versants. L'évolution humaine s'accomplit différemment des deux côtés, et chaque siècle dut accroître la divergence originaire de cette évolution, gravitant ici vers la grande mer, et là vers le bassin de la Méditerranée. Laquelle de ces manifestations était destinée à produire les conséquences les plus sérieuses, à contribuer pour la plus forte part à l'éducation du genre humain ? Actuellement il ne peut y avoir aucun doute à cet égard. Dans la lutte pour la puissance, l'Occident l'emporta certainement jusqu'à nos jours. Ce sont les nations de ce versant qui témoignent à la fois de plus d'initiative pour le progrès et d'une plus grande puissance de régénération. Et pourtant il semblait au premier abord que l'Est fût la moitié privilégiée de la planète : vues dans leur ensemble, les nations du versant oriental eurent leur période de supériorité réelle ; on peut même prévoir qu'elles la prendront à nouveau et que, ainsi que l'Atlantique évinça la Méditerranée de sa position suprême, sur la Terre, graduellement rapetissée, le Grand Océan

Élisée Reclus

assumera sur le fossé de l'Atlantique la prépondérance que lui assurent son étendue et le demi-cercle de ses rivages, épine dorsale de tout l'organisme continental.

Sans chercher à établir ici quelles furent les contrées d'où partirent les premières impulsions, il est probable que la place matérielle occupée il y a trois mille ans par les nations ayant déjà conscience de leur vie dans l'histoire du monde était moindre à l'occident qu'à l'orient du diaphragme asiatique. Les vallées et les plateaux que peuplaient les Mèdes et les Perses, les plaines de l'Assyrie et de la Chaldée, la contrée des Hittites, des enfants d'Israël et d'Ismaël, les côtes des Phéniciens, celles des Sabéens et des Hymiarites, les bords du Nil, les îles de Gypre et de Crète, enfin les parties de l'Asie antérieure où germa la civilisation qui, plus tard, devait si merveilleusement fleurir en Grèce, de l'autre côté de la mer Egée, toutes ces contrées ne formaient qu'un étroit domaine en comparaison des vastes étendues de l'Asie sud-orientale, de l'Indus à la rivière Jaune, et même à la Sibérie méridionale, si riche en inscriptions des âges disparus. Encore faut-il ajouter à ce territoire asiatique une grande partie de l'archipel malais, dont la civilisation est certainement d'une date très ancienne. Enfin, les terres océaniques, éparses sur une étendue liquide aussi vaste que toutes les masses continentales de l'Ancien Monde, semblent avoir fait partie d'une aire dont le développement historique était supérieur à celui des populations européennes à l'époque des Pélasges.

Certes les tribus sauvages de l'Europe pendant l'âge de pierre se déplacèrent aussi en tous sens et parcoururent des contrées fort éloignées les unes des autres ; mais la condition politique et sociale de ces tribus n'offrait pas de cohésion suffisante pour qu'il fût possible de fixer la mémoire de leurs allées et venues. Leurs voyages demeurent ignorés, comme s'ils n'avaient jamais eu lieu, tandis que les migrations également inconnues des insulaires du Pacifique se trouvaient du moins rattachées, par le lacis des navigations malaises, au monde de l'Inde insulaire et continentale : ainsi les Orientaux pouvaient se former une idée de cette mer immense, parsemée d'une voie lactée d'îles et d'îlots, qui s'étend au large de la côte d'Asie à des distance immesurées. Ce n'est pas dans ces lointaines régions qu'on eût pu concevoir l'Océan — ainsi que le firent les Grecs — comme un simple fleuve enfermant de son étroit courant les terres continentales. L'Indien et le Malais doivent l'avoir considéré plutôt comme un espace sans limites, allant se perdre dans l'infini des cieux.

L'Est se trouvait ainsi alors grandement en avance sur l'Ouest, à la fois par l'étendue de son domaine connu et par la plus grande cohésion de ses peuples. Mais depuis trente siècles, et sans qu'il y ait eu régression de sa part, car d'une manière générale l'évolution s'est faite partout dans le sens du mieux par l'accroissement des connaissances, il a été singulièrement distancé. On a même émis l'idée que la précocité de la civilisation orientale aurait été la cause de cet arrêt de développement, trop de hâte dans l'effort ayant toujours entraîné une plus rapide lassitude[2]. Des écrivains, s'abandonnant à des fantaisies mystiques et prenant pour base de leurs arguments une sorte de prédestination, ont essayé d'expliquer le contraste entre l'Est et l'Ouest par une différence de races originelle et indestructible. Les deux mondes, disent-ils, auraient, dès les commencements, différé en principe, l'esprit des Orientaux, nuageux et chimérique, porté aux raffinements subtils et aux ambiguïtés contradictoires, agissant en sens inverse de l'intelligence des Occidentaux, douée du génie de l'observation, d'une rectitude naturelle de pensée, de la compréhension des choses. Le mythe du Serpent dans le Paradis terrestre, symbolisant aux yeux de ces écrivains l'influence pernicieuse de l'Orient, dominerait toutes les relations d'un monde à l'autre.

Une conception pareille, qui donnerait aux Occidentaux une incontestable supériorité, ne repose évidemment que sur le souvenir du long antagonisme entre populations projetées les unes contre les autres par la guerre ou par les intérêts commerciaux, aux diverses époques de leur vie politique et sociale ; en réalité la simple constatation des faits a été prise pour une explication. Entre une civilisation décadente et une société en pleine voie de croissance, les conditions ne sont pas égales : pour les juger en équité parfaite, il faut se placer à des périodes correspondantes de leur vie collective. Il serait injuste par exemple de comparer les Etats-Unis dans leur triomphante jeunesse à la Chine dans son âge de sénilité. En écartant donc cette prétendue différence essentielle des races, il faut étudier les conditions telluriques du monde oriental et y chercher les causes du reta

Élisée Reclus

Gravure extraite de Sites et Monuments de France.

LE PIC DIT MIDI ET LE COL DE TOURMALET

rd de son développement comparé aux progrès de l'Occident.

CHAPITRE VI

En premier lieu, le Grand océan, avec ses milliers d'îles, n'a pour son immense étendue liquide qu'une très faible proportion de terres émergées en dehors de l'aride continent australien ; les centres de civilisation, tels que Samoa, Tahiti, les groupes de Tonga et de Fidji, séparés les uns des autres par de longues distances et n'ayant qu'une faible population, ne pouvaient exercer une influence considérable, les archipels étaient trop étroits pour donner naissance à un grand foyer de rayonnement intellectuel. La Nouvelle Zélande, assez vaste pour devenir la demeure d'une nation puissante, se trouve trop en dehors des voies historiques dans les mers solitaires du sud ; d'ailleurs, elle ne fut colonisée que tard, et peut-être trente générations à peine s'y sont-elles succédé.

Quant aux îles équatoriales, de Bornéo à la Papouasie (Nouvelle Guinée), elles sont grandes et très favorablement situées à l'angle sud-oriental du continent d'Asie, dans l'axe du mouvement général de la civilisation, mais la richesse même de leur végétation forestière et les facilités de l'existence permirent aux aborigènes de se maintenir dans leur isolement primitif, et la plus grande partie de ces archipels magnifiques fut ainsi laissée en dehors de la marche du progrès. Les aventuriers malais, aussi bien que les colons de races différentes, se contentèrent d'occuper les rivages maritimes. L'intérieur resta inexploré, et même se trouva parfois complètement fermé par l'épaisseur des forêts dans lesquelles se cachaient les « coupeurs de têtes ». Deux grandes îles seulement, les plus rapprochées du continent asiatique, Sumatra et Java, se rattachaient au monde civilisé de l'Asie orientale; la première d'une manière très incomplète, puisque les forêts de l'intérieur et les plateaux étaient encore occupés par des barbares, ennemis de tout commerce avec l'étranger. Si Java jouit en entier du privilège d'être associée au domaine de la culture hindoue, elle le doit à la facilité d'accès qu'offrent ses deux rivages et à sa configuration géographique.

Mais cette terre merveilleuse, augmentée de quelques districts de Sumatra et d'un petit nombre d'îles voisines participant à la même civilisation, ne constitue pas, comparée à l'immensité de l'Océan, un territoire assez étendu pour fournir un foyer d'illumination éclairant tout le monde insulaire de l'Extrême Orient. Bien plus, le groupe des grandes îles, pris dans son ensemble, a certainement contribué, par l'étendue même de son labyrinthe, à empêcher que se formât l'unité historique des régions insulaires. Bornéo, Célébès, les principales terres de l'archipel des Philippines, la Nouvelle-Guinée — elle-même presque continentale — et la côte aride du continent voisin, l'Australie, sont autant de contrées dans lesquelles l'étranger, marin naufragé ou colon aventureux, courait le risque d'être accueilli en ennemi, peut-être même en gibier. Enfin, le détroit de Torrès, la principale porte océanique entre l'Insulinde et la Polynésie, est presque complètement barré par des récifs coralligènes.

De même, il n'eut pas été possible jadis de trouver, sur les rivages continentaux, un centre commun de civilisation pour le monde oriental. Si remarquable que fût le progrès de la pensée dans les communautés qui naquirent sur les rives de l'Indus et de la « Mère Ganga », à Ceylan, sur les côtes de Malabar et de Coromandel, dans les bassins des rivières indo-chinoises, dans les plaines fleuries du Yangtse-kiang et dans la « terre Jaune » des « Cent familles », ces diverses civilisations ne se groupèrent jamais en un tout politique, et le lien, fort relâché, qui les unit ne se maintint que pendant une courte période, sous l'influence du prosélytisme religieux. Les communications entre ces diverses contrées furent toujours rares et incertaines. Des tribus nombreuses, habitant en groupes indépendants toutes les régions des montagnes, partageaient en fragments distincts le territoire des nationscivilisées. Si le Japon a pris dans ces derniers temps, grâce à la triomphante vapeur qui réduit toutes les distances, une position politiquement et socialement centrale, on sait que naguère il s'isolait avec soin, ramassant ses forces sur lui-même comme s'il eût constitué un monde distinct.

L'ensemble de l'espace occupé par les Orientaux policés présente à peu près la forme d'un éventail ; c'est là un fait géographique évident. L'axe du bassin de l'Indus, où furent chantés et priés les premiers poèmes vedas, pointe vers le sud-ouest ; les courants unis de la Ganga et du Brahmaputra s'unissent dans le labyrinthe de leur delta en coulant directement vers le sud ; les fleuves de l'Indo-Chine se dirigent vers le sud-est, tandis que les rivières de la Chine, et avec elles le mouvement de la civilisation, descendent vers la mer orientale. Ainsi les diverses activités de ces contrées sont

CHAPITRE VI

animées pour ainsi dire d'une force centrifuge : elles n'ont point de foyer naturel ; de plus la péninsule indo-chinoise, située au creux du monde oriental, constitue plutôt une barrière de séparation qu'un terrain de rencontre entre les Chinois et les Hindous : ses chaînes de montagnes parallèles, partiellement habitées par des tribus sauvages, sont autant d'obstacles intermédiaires. D'autre part, le plateau du Tibet, où sembleraient devoir passer les chemins naturels entre la Chine et la presqu'île gangétique, et qui, au point de vue géométrique, renferme le véritable milieu des terres sud-orientales de l'Asie, prolonge ses crêtes neigeuses à de telles hauteurs et sous un climat si dur que ses populations clairsemées sont obligées de se mettre à l'abri dans les profondes vallées qui fissurent le sol.

N° 44. Migrations océaniennes.

Au nord-ouest, le monde oriental est limité par les traits de force des hautes arêtes neigeuses et, en beaucoup d'endroits, par des espaces arides presque inhabitables. Les lignes de communication avec le monde occidental, toujours précaires et souvent interrompues, passaient par des cols périlleux de montagnes ou par de longs détours a travers les steppes sibériennes ; en outre, des voies maritimes, fort détournées et connues seulement de quelques navigateurs, se dirigeaient vers les contrées de l'Occident, soit en longeant les côtes presque désertes du Mekran actuel pour entrer dans le golfe Persique, soit en passant par l'étroite porte de la mer Rouge et contournant la péninsule d'Arabie, également pauvre en « points d'eaux », nécessaires à une navigation débutante.

C'est ainsi que par minces filets, presque goutte à goutte, la quintessence de la civilisation avait à se distiller avant de pouvoir atteindre le torrent de la culture occidentale. Mais, par un remarquable contraste, les veines par lesquelles devait se faire cet épancheraient d'un monde à l'autre sont disposées précisément en sens contraire des voies historiques de l'Asie extrême. Tandis que celles-ci s'épanouissent largement et n'ont pas d'autre aboutissant commun que l'immense ceinture maritime, les chemins de l'est convergent uniformément, quoique par des lignes courbes ou brisées, vers le bassin de la Méditerranée hellénique et romaine.

La longue fissure de la mer Rouge, qui unissait le pays des Hymiarites et l'Ethiopie à l'Egypte du delta, pointe directement vers la mer de Syrie dont la séparait une étroite plage sableuse ; la vallée serpentine du Nil s'ouvre dans la même direction ; le golfe Persique, continué au nord-ouest par le cours de l'Euphrate, se dirige en ligne droite vers cet angle de la Méditerranée où se trouve l'île de Cypre. Plus au nord, toutes les rivières, tous les chemins de commerce qui descendent de l'Anatolie, de l'Asie antérieure et des plaines sarmates à la mer Noire deviennent des affluents des mers helléniques à travers le Bosphore et l'Hellespont. Même la grande péninsule anatolienne se divise en petites presqu'îles secondaires enfermant les bassins qui tous s'inclinent vers la Grèce.

CHAPITRE VI

N° 45. Routes divergentes d'Extrême Orient.

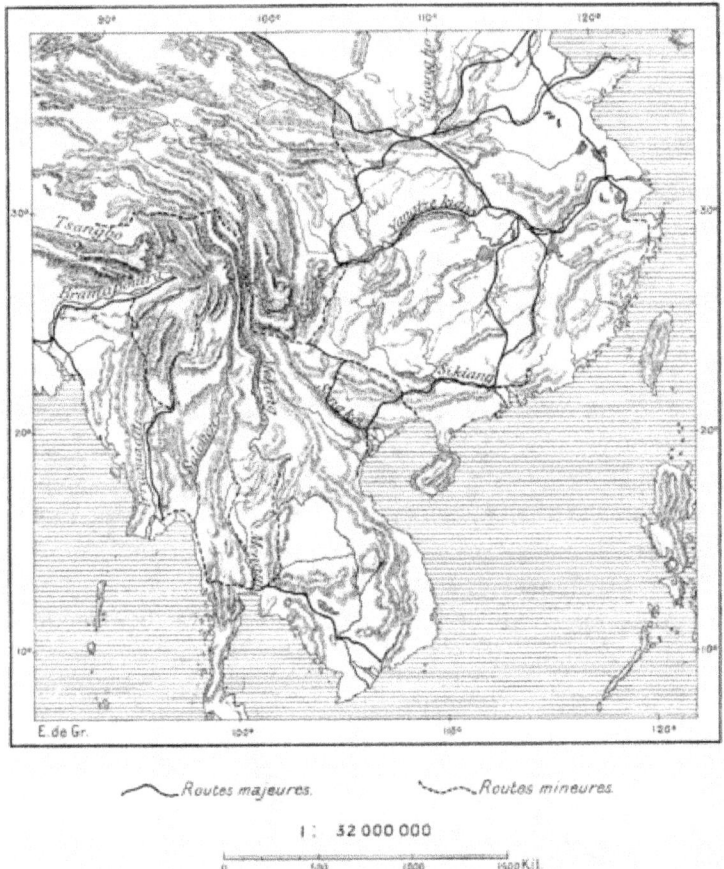

Ainsi le merveilleux cosmos de l'Attique, du Péloponnèse et des terres adjacentes devint, grâce à la convergence des voies, le point de rencontre nécessaire de toutes les civilisations asiatiques et le foyer d'élaboration et de renouvellement de tous ces éléments premiers par les nations helléniques. Tel fut, décrit en quelques phrases sommaires, le contraste historique des deux moitiés du monde durant les premiers âges où pénètre notre regard.

La façon courante d'envisager l'histoire est essentiellement égocentrique, c'est-à-dire qu'elle a pour raison d'être l'importance exceptionnelle donnée par l'écrivain à sa propre patrie. Chaque

Élisée Reclus

nation, considérant le pays natal comme le vrai centre de la Terre, s'imaginait volontiers que toute histoire devait débuter par celle du « peuple élu ». Tel autrefois le Juif ; tel aussi le Chinois. Cette manière de voir a dû naturellement céder à une plus large compréhension des choses ; mais, sous l'influence d'un même mobile de vanité collective, d'étroitesse d'esprit relative, des auteurs professent encore des idées très partiales sur la marche de l'histoire. C'est ainsi que nombre d'écrivains nous disent que « la civilisation se meut de l'Orient à l'Occident suivant le mouvement du soleil ». Ils ont évidemment dans l'esprit le développement spécial des nations de langues aryennes, suivant un itinéraire plus ou moins sinueux, se dirigeant du plateau d'Iran vers les bords de la Seine et de la Tamise.

On a même voulu dessiner sur les cartes cet axe du progrès et préciser en chiffres la mesure des étapes[3]. Toutefois les exemples abondent et surabondent pour démontrer que la marche de la civilisation n'est point réglée avec cette fatalité, et que très fréquemment l'histoire s'est orientée en sens inverse. Etant donnée une région centrale avec pente naturelle inclinée vers tout le pourtour de l'horizon, il est certain que les progrès de la culture s'accompliront dans la direction de l'orient aussi bien que dans celle de l'occident, et, dans nombre de contrées, là par exemple où le mouvement des peuples s'est propagé le long d'un fleuve ou bien s'est porté de terres infertiles et forcément presque désertes vers des plaines fécondes en moissons et en hommes, les progrès de toute nature se sont accomplis suivant les conditions du milieu.

L'histoire du progrès dans les dix mille dernières années, de Babylone à Chicago, cette autre Babylone, par Athènes, Rome, Paris, Londres et New-York, est donc un phénomène tellement évident qu'on en à inféré la loi de la coïncidence des mouvements apparents de la civilisation et du soleil.

Toutefois, en s'en tenant à l'étude stricte de l'histoire, notamment celle des Asiates orientaux, et écartant tout notion hypothétique, il faudra bien constater que la propagation des forces constituant la civilisation se fait de peuple à peuple, à travers le grand corps de l'humanité, de la même manière que, dans l'organisme humain, la vie se propage de cellule à cellule, à la fois du centre vers la périphérie et de la périphérie vers le centre.

CHAPITRE VI

N° 46. Convergence des routes de l'Asie antérieure.

1: 30 000 000

D'ailleurs, le monde actuel, où les foyers de civilisation se trouvent à la fois sur les points les plus opposés du globe, de l'Australie à la Grande Bretagne et du Japon au cap de Bonne-Espérance et à l'estuaire de la Plata, n'est-il pas la démonstration parfaite que la culture s'est librement répandue dans tous les sens ? Et comment l'histoire pourrait-elle se diviser nettement par tranches de durée, puisqu'elle a pour canevas, pour surface d'application, la Terre elle-même avec toutes ses inégalités, tous ses éléments fondamentaux

Élisée Reclus

répartis sans ordre visible, relief, roches, climat, flore et faune. La vie ne se découpe point en formules.

C'est par une illusion analogue à celle qui fait voir la civilisation cheminant d'un pas régulier de l'Orient à l'Occident que, dans un ordre inférieur de phénomènes, les hommes primitifs ont cru facilement à l'existence d'îles ou de régions des morts situées du côté de l'ouest par delà l'horizon. Des cartes de ce genre, dressées d'après les indications des indigènes, montreraient la très grande prépondérance des positions occidentales dans les sites présumés des paradis et des enfers mystérieux où les âmes des morts, reléguées loin de la terre des vivants, de l'autre côté des monts, des mers ou du moins de l'espace visible, reviennent à la vie des ombres[4].

N'est-il pas un rêve que nous avons tous fait, celui d'être emporté là-bas, vers le soleil couchant, pour nous ensevelir en pleine lumière dans les draperies changeantes de pourpre et d'or ?

Les générations se suivent d'une manière continue, chaque minute emportant des cellules usées, chaque minute apportant des cellules nouvelles, des individus naissant à la vie pour remplacer les morts. Les mouvements d'évolution se produisent donc d'une manière insensible, mais quand on les étudie à des intervalles d'années, de décades, de siècles, on remarque des contrastes, on distingue des physionomies différentes dans l'ensemble des individus et de leurs idées : la société ne suit plus la même direction, elle a d'autres allures, une orientation nouvelle. Les générations se distinguent l'une de l'autre, « comme les nœuds d'une graminée ». Dans l'arbre que tranche la scie, on voit les pousses annuelles de la végétation ; de même les siècles écoulés montrent des élans successifs, des avancements lents ou soudains, puis des retards et des arrêts apparents.

CHAPITRE VI

N° 47. Quelques Routes de la Civilisation eurasienne.

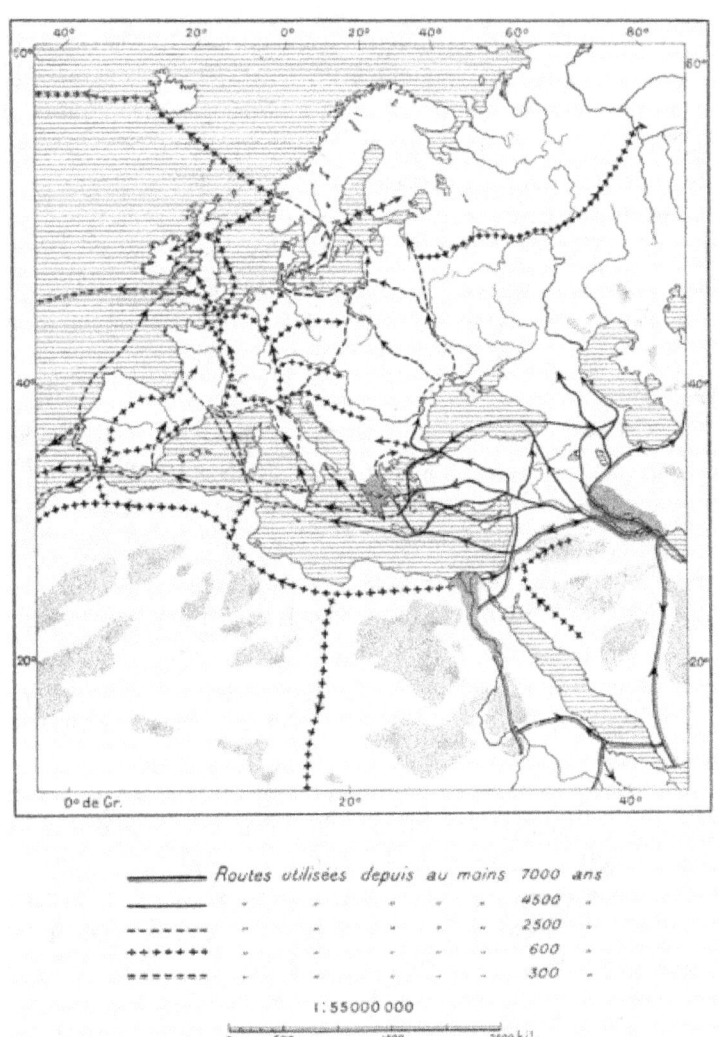

———————	Routes utilisées depuis au moins 7000 ans				
———————	»	»	»	»	» 4500 »
— — — — —	»	»	»	»	» 2500 »
+++++++	»	»	»	»	» 600 »
=======	»	»	»	»	» 300 »

1:55000000

Ces différences dans le mouvement général de l'Humanité et dans la marche particulière des groupes humains s'accomplissent-elles au hasard, sans loi, ou bien au contraire avec une certaine régularité ? Il semble bien que la succession des idées rectrices et celle des faits qui en découlent se produise avec une sorte de rythme, comme si un balancier en réglait les alternances. Des

Élisée Reclus

théories diverses ont voulu décrire ces variations. Ainsi Vico, dans sa*Scienza Nuova*, nous montre les sociétés évoluant pendant la série des âges par *corsi* et *ricorsi*, c'est-à-dire par progrès et regrès réguliers, décrivant des cercles dans le temps et ramenant toujours un même état de choses après l'achèvement du circuit. C'est là une conception un peu enfantine dans sa simplicité et nul disciple de Vico n'a pu l'admettre sans la modifier : il est trop évident en effet que l'on ne saurait citer aucune période de l'histoire qui reproduise identiquement une autre période : les conditions géographiques, économiques, politiques, sociales peuvent offrir certaines ressemblances frappantes, mais l'ensemble de la situation présente aussi des différences essentielles provenant des actions et des réactions qui se sont produites à l'infini dans l'immense organisme de l'humanité. Aussi a-t-on cessé de comparer naïvement le monde à un simple mouvement de va-et-vient, à une suite de « cours et de recours », et l'on parle plus volontiers d'une « spirale de civilisation », dont les cycles, sans cesse agrandis, se développent indéfiniment pendant le cours des âges.

Toutefois, il faut dire que cette spirale est de forme bien peu géométrique et que chaque événement vient en infléchir la courbe. Il arrive aussi, dans les périodes locales de retour vers la barbarie, que les spires se rétrécissent au lieu de gagner en ampleur. Le rythme des événements se conforme donc à des lois très complexes, et c'est par une simple figure de langage que l'on peut se permettre de l'assimiler à une oscillation ou giration régulière. Ce qui est vrai, c'est que, à bien des égards, les divers groupements d'hommes, tribus, nations, Etats, présentent des phénomènes de vie comme les animaux et les plantes : ils naissent, se fortifient, déclinent, meurent, et l'étude approfondie indique pour tous ces phénomènes des causes que l'on peut classer en catégories d'une manière générale, bien que les diverses sociétés s'enchevêtrent les unes dans les autres et que les institutions, les religions, les morales, les civilisations empiètent naturellement sur leurs domaines respectifs. Grâce à cette étude comparée, certaines évolutions d'une société permettent donc de prédire par analogie quelles en seront les conséquences inéluctables.

CHAPITRE VI

N° 48. Quelques Routes de la Civilisation mondiale jusqu'au Voyage de Magellan-Del Cano.

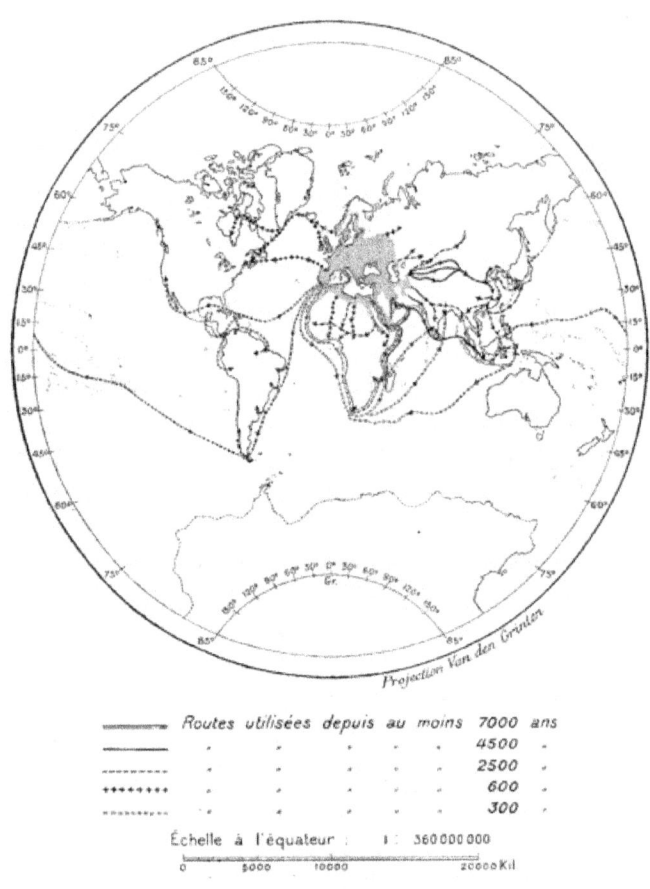

Routes utilisées depuis au moins 7000 ans
    »   »   »   »   »   4500 »
    »   »   »   »   »   2500 »
    »   »   »   »   »   600 »
    »   »   »   »   »   300 »

Échelle à l'équateur : 1 : 360 000 000

0   5000   10000   20000 Kil.

Les conditions les plus favorables au développement d'un groupe humain, peuplade ou peuple, consistent pour celui-ci à vivre en paix, mais non isolé, en échanges fréquents de visite avec des hôtes, en relations actives avec des voisins, chaque individu ayant d'ailleurs sa part de terre et de travail. Alors il n'existe aucune raison pour que la liberté et la valeur du groupe s'amoindrissent ; celui-ci a même de grandes chances de se développer normalement et de progresser en intelligence et en moralité.

Au contraire, lorsqu'une société se trouve engagée en des guerres acharnées, elle a tout à craindre et fatalement le malheur

Élisée Reclus

l'atteindra. Vaincue, elle devra s'humilier, s'avilir, flatter le vainqueur qui la décime et l'appauvrit ; victorieuse, elle acclamera ses chefs triomphants, les élèvera au-dessus des autres citoyens, leur donnera des privilèges et par conséquent des occasions de mal faire ; une ère de réaction s'en suivra certainement qui peut-être ira même jusqu'à la proclamation d'un cacique des caciques, d'un César, d'un maître absolu, confisquant à son profit les libertés de tous. Le mal sera d'autant plus grand et plus durable que la nation favorisée par le dieu des batailles aura augmenté la surface de son territoire, soit par des conquêtes immédiates, soit par des colonies, et sera devenue maîtresse de populations réputées ses inférieures ou même réduites en esclavage. Que l'annexion par la force soit de faible ou grande étendue, bourg, peuplade ou royaume, ce vol à main armée n'en aura pas moins des conséquences funestes pour le détenteur inique ; il ne pourra garder sa conquête qu'à force de crimes propres au conquérant : brutalité, déni de justice, violence et meurtre.

Mais il n'est pas besoin qu'une société fasse la guerre d'invasion ou s'empare d'un territoire étranger pour qu'elle soit exposée à tomber en état de déchéance morale, il suffit que dans son propre sein se produisent des scissions permanentes aboutissant à la formation de classes ennemies, de castes héréditairement hostiles. Que plusieurs partis se partagent le pouvoir ou qu'un seul le détienne, que des « aristocrates », devenus « meilleurs » par la force des armes, par un privilège de naissance ou le prestige de la fortune, se soient arrogé le droit de commander la foule, ou bien encore que des prêtres, de tous les plus avides d'autorité, poursuivent la double possession des âmes et des corps, il est certain que la guerre, sourde ou déclarée, règne entre les diverses parties de la société et qu'ainsi de puissants éléments de régression cherchent à l'emporter sur toutes les causes de progrès. Ils triomphent parfois et l'on peut alors constater un parallélisme historique entre cet événement et d'autres qui se produisirent ailleurs en des circonstances analogues. Même le phénomène peut avoir son pendant de l'autre côté du monde ; en Orient et en Occident des situations correspondantes se dénouent naturellement de la même manière, si bien qu'un historien philosophe, Ferrari, a voulu ériger en loi les ressemblances d'allures que présentent la Chine

CHAPITRE VI

et l'Europe ; il est certain que, malgré des différences essentielles provenant dû contraste des milieux, les oscillations générales des deux civilisations sont marquées par des courbes de périodicité remarquablement similaires.

L'étude approfondie des civilisations permet de discerner différents types d'évolution caractéristiques. De même que certaines nations apparaissent subitement, pour ainsi dire, dans l'horizon de l'histoire et font d'emblée partie de la civilisation mondiale, d'autres passent de la vie à la mort par un processus qui peut être lent ou rapide, calme ou accompagné de soubresauts.

Des Potamiens, dont les découvertes récentes nous montrent l'orgueilleux épanouissement, il ne reste que des tombeaux dans les vastes solitudes qui avaient nom Babylone et Ninive. L'Inquisition et l'oppression n'ont-elles pas rapidement remplacé les belles villes espagnoles qui s'étaient développées merveilleusement sous l'influence des Maures par des étendues inhabitées, les *despoblados* et les *dehesas* ? Les Tasmaniens, encore au nombre de 7000 lors du premier voyage de Cook en 1770, ont été systématiquement supprimés en une centaine d'années : le dernier homme de cette nation s'éteignit en 1869 et en 1876 la dernière femme ; c'est la mort violente, comme celle qu'ont à subir aujourd'hui les Arméniens. On en est réduit au travail récent de l'induction historique quant au nom des peuplades qui élevèrent des monuments épars depuis les îles du Grand océan jusqu'au continent africain, de l'île de Pâques aux Carolines et à Zimbabué. Combien d'autres civilisations ne se rappellent à nous que par de vagues indices !

L'évolution se produit aussi par le passage de la santé relative à la maladie. L'Egypte n'est certainement pas morte, mais que de changements successifs et de phases douloureuses dans son existence, depuis que nous la voyons apparaître, déjà puissante fille des dieux ! La Grèce, la Chine, l'Inde ne sont plus des nations initiatrices comme à certaines phases de leur histoire, et pourtant les éléments vivaces ne manquent point là comme ailleurs. Que dire d'un pays qui, tout en ayant perdu sa liberté, voit sa population augmenter rapidement ?

Un troisième processus dans la marche de l'histoire nous montre le passage d'une forme d'évolution à une autre. Ainsi le rayonnement de la Rome actuelle est d'un tout autre ordre que l'action extérieure exercée successivement par la Rome antique, la Rome impériale et la Rome papale. Nous avons ici un exemple typique de la vitalité d'un organisme qui retient des éléments de santé dans sa grave maladie et qui renaît à nouveau après avoir semblé à l'agonie.

Il y a enfin intervolution, c'est-à-dire que, par la force des choses, certains peuples subissent aujourd'hui fatalement une interpénétration réciproque, qui, pour ainsi dire, leur insuffle une nouvelle vie. Ainsi les peuples latins, dont il est de bon ton de déplorer la décadence, fussent-ils réellement déchus, ne pourraient manquer de retrouver le bel équilibre de l'homme en santé par la seule cohésion avec leurs voisins réputés supérieurs. La civilisation européenne se voit infuser un sang nouveau par l'accession des Japonais à sa manière d'agir ; les derniers Peaux-Rouges sont entraînés dans la circulation américaine ; tous les peuples « entrent dans la danse » et leurs meilleurs éléments s'en affinent puissamment. Il n'y a désormais plus de question de progrès que pour la Terre entière.

D'ailleurs, les va-et-vient, la série des actions et réactions, des progrès et regrès qui constituent l'histoire doivent s'accorder avec les grandes oscillations de la planète, elle-même influencée par les astres, et principalement par le soleil, le grand foyer de la lumière, de la chaleur, du magnétisme terrestres. La période marquée par l'accroissement et le décroissement alternatifs des taches du soleil est l'un de ces régulateurs cosmogoniques dont les savants, astronomes, géographes, économistes, ont cherché à déterminer l'action sur le climat, les récoltes, la série des années grasses et des années maigres, des temps de prospérité matérielle et de gêne. On a cru trouver ainsi un rythme d'environ onze années, qui d'ailleurs est assez vague, de même que, sur le soleil, l'alternance des taches. Brückner a également constaté, du moins pour les contrées de l'Europe occidentale, l'existence d'une période de longueur triple, comprenant alternativement une série d'années plus ou moins humides, qui, par contre-coup, donnent aux sociétés un rythme économique et politique correspondant.

Indépendamment de ces périodes dont la durée n'atteint pas même celle d'une vie humaine ordinaire, on pense constater de vastes

CHAPITRE VI

balancements terrestres et célestes dont l'influence se répercuterait nécessairement sur l'histoire de l'humanité ; ne semble-t-il pas évident que les grands cycles cosmiques doivent être accompagnés de phénomènes en retour dans la vie des hommes subordonnés à la nature ? On ne saurait en douter pour les alternances amenant l'embâcle d'un pôle et la débâcle de l'autre ; et l'on est porté à croire avec certains mathématiciens[5] que les oscillations séculaires du courant magnétique à droite et à gauche du pôle correspondent également à une « grande année » dans le développement du genre humain. Mais quelle est la durée exacte de la révolution complète de l'aiguille aimantée à l'est et à l'ouest du pôle boréal de la terre ? On ne le sait point encore d'une manièreprécise, puisque les premières observations ne furent pas faites avec la rigueur nécessaire : les annales du magnétisme terrestre sont en grande partie hypothétiques et les évaluations finales auxquelles sont arrivés les divers savants présentent encore de considérables écarts. Selon Chazallon[6], la boussole pointait vers le nord vrai en l'année 1663, et, après avoir constamment décliné vers l'ouest jusqu'en 1814, époque à laquelle l'angle de déclinaison formé avec le méridien terrestre dépassait 22 degrés et demi, elle revient vers ce méridien pour coïncider avec lui en l'an 2151. La période totale, ou plutôt la demi-période, car il faudrait aussi tenir compte du parcours de l'aiguille durant sa déclinaison vers l'est, comporterait donc 488 années. Brück nous donne une autre évaluation : 517 années[7]. Enfin, John Parker, ajoutant plus d'un siècle au résultat du précédent calcul, fixe la durée de l'année magnétique à 645 ans, et pense que cette année se confond avec la révolution de la planète autour du centre de l'orbite solaire[8].

Ainsi, l'on ne saurait sans témérité prétendre à la connaissance de la période d'oscillation magnétique : l'aiguille aimantée, incessamment flottante, a les allures les plus capricieuses en apparence, son mouvement varie d'année en année, de minute en minute, de seconde en seconde. Il serait plus imprudent encore de risquer un plan de concordance régulière entre les oscillations du magnétisme terrestre et celles de l'histoire des hommes. La tentative de ce genre faite par le mathématicien Brück aboutit aux affirmations les plus bizarres. Ayant fixé à 22 702 années — pas une de plus, pas une de moins — la durée totale de l'humanité,

Élisée Reclus

l'auteur divise l'histoire en 44 périodes magnétiques, les deux premières comprises entre la création du monde et le déluge. En 1900, le genre humain eut exactement 6924 ans, ce qui représente pour lui le commencement de l'âge mûr, et dix peuples chefs se sont succédé à sa tête ; plus de trente autres suivront jusqu'à ce qu'une révolution géologique détruise la croûte terrestre et, avec elle, ceux qui l'habitent. Dans l'exposé de cette hypothèse, certaines dates sont censées marquer autant d'explosions sociales : 493, 1009, 1523. Et pourtant l'auteur est obligé d'expliquer au lecteur étonné la signification de ces dates fulgurantes qui indiquent respectivement la « naissance de l'idée chrétienne », l' « anéantissement des idées païennes », l'affranchissement de l'idée chrétienne, « vraie avant toutes choses ». C'est dire que le rythme de l'histoire n'aurait d'autre règle que la fantaisie de l'écrivain.

A chaque phase de la société correspond une conception particulière de l'histoire. La théocratie a ses historiens qui voient les choses et jugent les hommes à leur façon, en se laissant aller à ce qu'ils croient être l'inspiration divine ; la monarchie aussi a ses écrivains qui comprennent les événements suivant leur éducation, leur compréhension propre, et qui peignent la vie de l'humanité sujette comme une ombre contrastant avec la splendeur glorieuse du souverain ; les aristocraties diverses, la bourgeoisie moderne possèdent également des interprètes spéciaux qui voient par les yeux, entendent par les oreilles, pensent d'après les intérêts et les préjugés de leurs maîtres. Enfin chaque nation, chaque cité, chaque petit clan de civilisés, chaque institution se fait représenter dans l'histoire par une image conçue à son point de vue propre, reculant à l'arrière-plan tout le reste du monde. Que l'on compare deux récits de forme impartiale dus à des écrivains honnêtes, mais de patriotismes rivaux, qui racontent une bataille livrée à la pleine lumière de ce siècle, et qui étayent leurs discours de documents détaillés, de statistiques réputées précises, quelle différence entre les deux versions ! Et que penser alors de l'histoire des temps sur lesquels nous ne possédons que des livres ou de simples fragments écrits, sans le contrôle d'aucune critique, par les représentants d'un seul peuple ou d'une seule caste, en vue de l'intérêt d'un petit groupe ou même d'un seul individu ? Evidemment, les faits matériels relatés par les ancêtres ne peuvent inspirer aucune

CHAPITRE VI

confiance, puisqu'ils ne sont pas éclairés par la discussion des témoignages contradictoires : les détails n'ont d'autre intérêt que celui de l'anecdote. Dans la recherche de la vérité historique, il faut se borner à regarder comme acquis les phénomènes généraux, les grands mouvements de va-et-vient que constate la marche de la civilisation prise dans son ensemble.

Mais il ne suffit pas de connaître l'incertitude des annales et légendes réunies sous le nom d'histoire ; ce que nous avons appris une fois continue de hanter notre cerveau, et, malgré nous, toutes sortes d'erreurs et de mensonges prennent dans nos souvenirs la place de vérités. Sans parler des récits bibliques, reconnus par tous comme des mythes, mais encore racontés dans les écoles sous la même forme que des événements véritables, n'est-il pas vrai que l'enseignement de l'histoire a gardé son caractère autoritaire et despotique ? Les personnages dominants, ceux devant lesquels on fait défiler les siècles, sont les hommes funestes qui suscitèrent la haine entre les peuples et cherchèrent leur gloire dans le choc et l'écrasement des armées : Sesostris, ce bellâtre qui vécut pour se faire sculpter en colosse devant tous les temples, ce fanfaron qui fit graver ses exploits, vrais ou controuvés, sur toutes les parois[2] ; Alexandre le Macédonien, barbare qui triompha des Perses grâce au génie de la Grèce, et qui mit son orgueil à se faire apothéoser en dieu d'Asie[10] ; César, qui représentait à Rome la démocratie victorieuse, et qui, en la couronnant, la priva désormais de toute liberté ; Napoléon, « la Révolution bottée, éperonnée », qui légua un siècle de vengeance aux nations vaincues.

Purifier l'histoire de l'influence exercée par ces incubes est donc la tâche par excellence des écrivains qui se placent à un point de vue vraiment humain, supérieur à toutes les haines de races, de nations et de partis. Des hommes d'étude en grand nombre se sont voués à cette œuvre, et, grâce à eux, l'histoire change d'âme pour ainsi dire. Elle se renouvelle par le sens moderne, infiniment plus large, qu'elle donne à son enseignement. Elle ne s'attache ni a un seul peuple, comme l'Histoire prétendue universelle de Bossuet, ni à une seule classe, comme la plupart des ouvrages placés encore entre les mains des enfants et des jeunes hommes. Etudiant l'humanité tout entière dans sa masse profonde, comparant le développement successif, parallèle ou entrecroisé des peuples, avec leurs mythes, leurs

Élisée Reclus

intérêts, leurs passions, elle refait le monde en vue du bien de tous. De même que l'homme fit jadis ses dieux à son image, l'historien reconstruit notre expérience en dégageant de la multitude indistincte des faits l'idéal qui de tout temps nous dirigea, mais inconsciemment jusqu'à une époque récente. L'échafaudage des faits généraux qui servit aux historiens d'autrefois nous est resté, et même il s'agrandit constamment par les apports des chercheurs ; l'édifice lui-même se rebâtit en des proportions plus amples, suivant un autre plan, avec uneordonnance plus logique, sans les chapelles et les salles d'honneur qu'on y avait ménagées. Vico nous dit que l'histoire se décompose en trois époques : des Dieux, des Héros et des Hommes. On voudrait encore nous maintenir de force dans l'un ou l'autre des deux âges qui se sont déroulés. Mais nous sommes entrés résolument dans celui des Hommes.

Tôt ou tard, l'histoire se partagera en deux périodes : celle du Hasard et de l'Ignorance barbare, celle de la Science ou de la Raison, comme le disaient déjà les Encyclopédistes. On s'est trop hâté de faire remonter l'histoire moderne à l'avènement de la Réforme[11], période où ceux qui se croyaient en possession de la vérité voulaient aussi l'imposer de force. « L'humanité ne finit par marcher droit qu'après avoir essayé de toutes les manières possibles d'aller de travers » (Spencer).

Dans ce nouveau cosmos, purement humain, l'étude de l'histoire ne comporte plus comme autrefois l'intervention divine du miracle, changeant à son gré la succession des événements, ni l'apothéose de quelques personnages légendaires, placés en dehors des simples mortels et dispensés par leur génie de se soumettre au cours ordinaire des choses : désormais la science du développement humain est sous la dépendance des mêmes méthodes que les autres disciplines intellectuelles ; elle ne progresse que par l'observation rigoureuse, la comparaison stricte, impartiale, et le classement des faits, soigneusement ordonné dans l'espace et dans le temps.

Quelles que soient les lois ou du moins les appréciations générales auxquelles ce long travail amènera les historiens, ils constatent déjà, sans aucune exception, que la série des événements s'accomplit par une alternance d'élans et de repos, par une suite d'actions et de réactions, ou bien de flux et de reflux, de « cours et de recours » comme le disait Vico. Hommes et peuples « font un tour et puis

CHAPITRE VI

s'en vont », mais ils s'en vont pour revenir en une ronde toujours plus vaste.

Depuis les origines des temps historiques, l'ampleur des oscillations n'a cessé de s'accroître et les mille petits rythmes locaux se sont mêlés peu à peu en un rythme plus ample : aux infimes alternances de la vie des cités succèdent les oscillations plus générales des nations, puis le grand balancement mondial, faisant vibrer la terre entière et ses peuples en un même mouvement. Et tandis que les tours et retours accroissent leur amplitude, une autre palpitation s'accomplit en sens inverse, prenant chaque individu pour centre d'appel et réglant plus harmoniquement sa vie avec les cercles plus vastes des cités, des nations et du monde. La Société est le « Géant » aux sens innombrables dont parle Aristote, mais ce géant ne se comprend lui-même que par les mille analyses de l'homme individuel, par « l'appréciation délicate » (Gobineau) de chaque minute du présent.

Notes

1.   Carl Ritter, De la Configuration des Continents, trad. E. Reclus, Revue germanique, nov. 1859.

2.   Gaëtan Delaunay, Mémoire sur l'Infériorité des Civilisations précoces.

3.   R. Brück, L'Humanité, son Développement et sa Durée.

4.   Fr. Ratzel, Mythen und Einfälle über den Ursprung der Völker, Globus, 14 juill. 1900; Johannes Zemmrich, Internationale Archiv für Ethnologie, 1891.

5.   R. Brück, l'Humanité, son Développement, sa Durée.

6.   Annales du Bureau des Longitudes.

7.   2. Ouvrage cité, p. V.

8.   Journal of the American geographical and statistical Society, 1870.

9.   Fr. Lenormant, Les premières Civilisations.

10.   J. Michelet, La Bible de l'Humanité.

11.   Elic Reclus, Notes manuscrites.

Élisée Reclus   ISBN : 978-1539808787

www.ingramcontent.com/pod-product-compliance
Lightning Source LLC
Chambersburg PA
CBHW070103290526

45789CB00005B/1909